- 天津市哲学社会科学规划项目"文化心理视角下消费者自我–品牌联结构建的心理机制"（TJJX20-007）成果
- 文化心理视角下消费者自我–品牌联结构建的心理机制系列研究之一

感官营销视角下消费者心理表象的诱发与影响研究

王 丛 ◎ 著

南开大学出版社

天 津

图书在版编目(CIP)数据

感官营销视角下消费者心理表象的诱发与影响研究 / 王丛著. -- 天津：南开大学出版社, 2025.6. -- ISBN 978-7-310-06719-0

Ⅰ. F713.55

中国国家版本馆 CIP 数据核字第 2025WJ5711 号

版权所有　侵权必究

感官营销视角下消费者心理表象的诱发与影响研究
GANGUAN YINGXIAO SHIJIAO XIA XIAOFEIZHE
XINLI BIAOXIANG DE YOUFA YU YINGXIANG YANJIU

南开大学出版社出版发行
出版人：王　康
地址：天津市南开区卫津路 94 号　　邮政编码：300071
营销部电话：(022)23508339　　营销部传真：(022)23508542
https://nkup.nankai.edu.cn

天津创先河普业印刷有限公司印刷　全国各地新华书店经销
2025 年 6 月第 1 版　　2025 年 6 月第 1 次印刷
240×170 毫米　　16 开本　　15.75 印张　　5 插页　　247 千字
定价：79.00 元

如遇图书印装质量问题，请与本社营销部联系调换，电话：(022)23508339

序　言

虚拟数字经济的发展为消费者-品牌关系的构建注入了新活力,《"十四五"数字经济发展规划》明确提出发展虚拟数字技术以牵引赋能实体经济。至此,在各种营销情境中,消费者与品牌之间的互动越来越多地通过虚拟数字技术来实现,如3D(三维)产品、数字嗅觉、味觉界面以及包括VR(虚拟现实)、AR(增强现实)、触摸屏在内的感官使能技术。同时,消费者的购买行为和商家广告设计也变得越来越数字化。在2019年新冠疫情暴发期间,40%的美国消费者和64%的中国消费者花在网上购物的时间已经远超实体店购物的时间。到了2020年,51%以上的全球广告支出用于在线广告,电视广告支出仅占28%。当现实的消费者-品牌互动和品牌体验转变为基于虚拟数字技术的互动方式时,理解想象中的产品互动和想象中的感官体验如何影响消费者心理与行为是至关重要的。而心理表象便是助力于此类感官体验的心理机制。在此背景下,我们承担了天津市哲学社会科学规划项目"文化心理视角下消费者自我-品牌联结构建的心理机制"(TJJX20-007),并展开了深入的调查研究和理论分析。

在研究过程中,我们首先系统回顾了感官营销视角下消费者心理表象的理论与分析框架,全面梳理了消费者心理表象的生成机制,消费者心理表象的诱发方式与精细加工以及感官表象的多模态特性。其次设计实证研究以验证消费者心理表象的诱发与影响机制。从消费者自我-品牌联结理论、文化心理理论、心理模拟理论、感官营销理论等理论视角探讨心理表象的诱发方法及其对消费者行为的影响。实证研究内容涉及心理表象在不同营销情景中的应用,包括消费者自我-品牌联结情景、文化心理情景、广告营销情景、线上购物情景以及新产品营销情景。实验设计涵盖了不同精细加工程度的心理表象的诱发，既有深思表象（叙事传输），又有自动表象（心理模拟）的针对性研究。最后提出了相关营销管理启示，并对消费者心理表象的未来研究问题进行了展望。

当然，对于心理表象这一复杂的消费心理现象，任何研究都不免带有片面性，不可能概括心理表象对消费者行为影响的全貌。因此，我们将在未来的研究中不断扩宽研究视野和研究进路，尝试将神经营销技术、生理心理技术、感官使能技术等融入消费者心理表象的相关研究中，从而为我国虚拟数字经济的发展以及消费者自我-品牌联结的构建提出更具建设性的营销管理启示。

是为序。

王 丛
2024 年 9 月

目 录

第一章 感官营销视角下消费者心理表象的理论与分析框架 1
    第一节 前言 3
    第二节 消费者心理表象的生成 5
    第三节 消费者心理表象的诱发与精细加工 9
    第四节 感官表象的多模态特性 12
    第五节 实证研究设计总览 15

第二章 消费者自我-品牌联结情景中心理表象的诱发与影响 21
    第一节 研究背景 23
    第二节 虚拟代言人动态性与品牌个性诱发的心理表象对消费者自我-品牌联结的影响 25
    第三节 品牌传记诱发的叙事传输对消费者品牌态度的影响 51

第三章 文化心理情景中心理表象的诱发与影响 79
    第一节 研究背景 81
    第二节 团团圆圆：食品形状诱发的心理模拟对购买意向的影响 83

第四章 广告营销情景中心理表象的诱发与影响 113
    第一节 研究背景 115
    第二节 广告类型诱发的心理模拟对广告信任的影响 118
    第三节 食品包装的图像类型诱发的心理表象对感知吸引力的影响 138

第五章 线上购物情景中心理表象的诱发与影响 165
    第一节 研究背景 167

第二节　图像类型与产品类型诱发的心理表象对产品评价的影响……170

第六章　新产品营销情境中心理表象的诱发与影响……193
第一节　研究背景……195
第二节　心理模拟对绿色环保食品购买意愿和感知创新性的影响……196

第七章　消费者心理表象的未来研究问题……223
第一节　心理表象的诱发方法……225
第二节　心理表象的测量……226
第三节　心理表象与解释水平……227
第四节　客体动作承载性与购买行为……228
第五节　过程表象与结果表象……229
第六节　心理表象的消极营销后果……229

附　录……233
附录1　品牌传记诱发的叙事传输对消费者品牌态度的影响实验材料……233
附录2　团团圆圆：食品形状诱发的心理模拟对购买意向的影响
　　　　实验材料……237
附录3　图像类型与产品类型诱发的心理表象对产品评价的影响
　　　　实验材料……239
附录4　心理模拟对绿色环保食品购买意愿和感知创新性的影响
　　　　实验材料……243
附录5　广告类型诱发的心理模拟对广告信任的影响实验材料……247
附录6　食品包装的图片类型诱发的心理表象对感知吸引力的影响
　　　　实验材料……248

后　记……251

第一章
感官营销视角下消费者心理表象的理论与分析框架

第一节　前　言

"imagination（从未停止想象），never lose my passion（从未失去热情），it's on my way（这是我的路）……"这首"Colorful Days"广告曲激发了人们对丰田威驰汽车的驾驶体验及其努力向前的品牌个性的无限想象。诱发想象力对消费者行为具有强大的影响。因此，多年来，心理表象（mental imagery）一直作为一种有效的营销策略被广泛使用。例如，苹果在其电脑中引入英特尔芯片时，使用"想象无限可能"作为他们的广告标语，美泰也用同样的广告语为芭比娃娃制作"病毒式"广告，而近十年的时间，三星则一直用"想象"作为企业形象标语。事实证明，用心灵的眼睛看，用心灵的耳朵听，甚至用心灵的舌头品尝，都会对消费者的心理和行为产生重大影响。大量且尚在不断增加的研究记录了这一影响效应，为心理表象对消费者行为的作用机制提供了理论支持和实证证据，同时也描绘了心理表象作用最大化时所需要的条件。为此，梳理这一领域内的相关研究，尤其是感官营销视角下消费者心理表象的诱发与影响研究，将为推动未来的实证研究提供一定的基础与铺垫。

尽管对心理表象的概念界定争论不断，但学术界广泛的共识是认为心理表象是从记忆中提取的或通过修改记忆中的信息而产生知觉或感觉表征[1]。这个定义强调了用于形成表象的潜在认知和知觉资源。需要注意到，一些研究对表象的概念理解可能只停留在视觉表象这一表层水平，但心理表象的研究应该采取更为广义的视角，将表象的焦点内容延伸至个体对整个身体经验的想象，并涵盖全部的五种感觉。因此，心理表象是感觉信息被工作记忆表征的一个过程（而不是一个结构）。综上可见，心理表象是一种前瞻性的、多模态的、由自动或有意诱发的记忆所形成的感觉和认知表征。该定义更加明确地阐述了表象的感官本质、它的诱发、记忆在表象形成中的作用，以及表象与记忆的区别。在接下来的文献梳理中，本研究将更全面地探讨表象定义中的每一个要素。

本研究提出了感官营销视角下消费者心理表象的分析框架（见图1-1），同时重点关注感官表象（sensory imagery）对消费者行为的影响机制，以期利用该研究框架提供更多新的思维透镜。首先，本研究将聚焦于理解表象的概念、表象与记忆的联系，以及表象形成时所使用的认知和知觉资源。重点讨论如何在实验和营销实践中诱发表象，以及该过程对表象精细加工的影响。随后探讨深思表象和自动表象之间的区别，将现有文献置入到"深思表象–自动表象"这一连续谱中。然后，本研究将突出阐述表象的多模态的感官本质，以及各种感官表象之间的相互依赖性。以往研究大多探讨了视觉表象对消费者行为的影响，本研究将兼顾消费心理领域中其他感官表象的研究成果，并指出消费心理领域中心理表象的未来研究方向。同时，梳理在不同营销情境中使用表象的成果。综上所述，本研究将着重探索：（1）消费者心理表象的生成机制；（2）消费者心理表象的诱发方法与精细加工；（3）感官表象的多模态特性；（4）心理表象在不同营销情境中的应用。

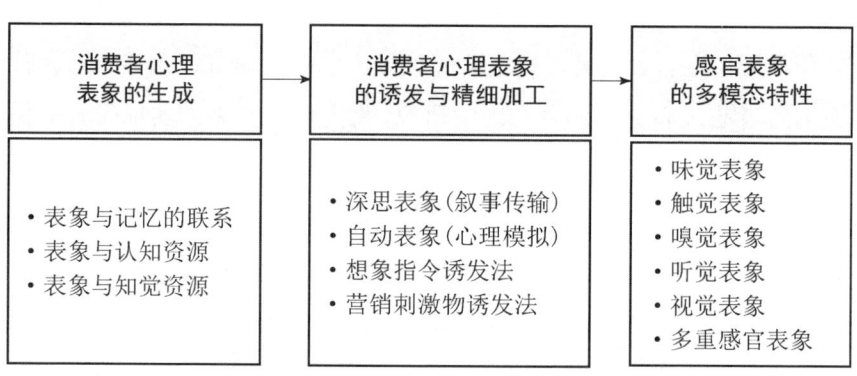

图1-1　感官营销视角下消费者心理表象的分析框架

表象研究的多样性使得对所有表象研究进行全面的回顾是不切实际的。在对表象的早期研究中，MacInnis和Price[1]为未来研究确定了明确的方向，他们将表象定义为"存在于某一精细加工连续谱之中的感觉过程"。他们探讨了表象的前因变量及其对消费者行为的影响，这一早期的文献综述在后续的几十年中激发了更多的消费心理领域的表象研究。

其他研究亦为心理表象的研究梳理提供了重要基础。Adaval[2]开启了表象研究的广阔视角，展示了心理学和消费者心理领域的表象研究现状，包括视觉表象如何与其知觉模拟相联系，图片和其他视觉线索如何影响表象的形成，自我如何参与到表象的形成过程中以及表象的文化差异。Van Laer[3]等对深思表象的一种形式——叙事传输（narrative transportation）进行了元分析，展示了这种表象形式的前因和后果变量。一些感官营销的综述性研究也为心理表象的研究回顾奠定了重要的基础，但这些研究强调实际的感官活动如何影响消费者行为，而本研究只聚焦于想象中的感官体验。

第二节　消费者心理表象的生成

一、心理表象与记忆的联系

在头脑中形成表象需要联通存储在记忆中的相同信息。记忆和表象间的一个关键区别是，记忆表现为回溯性的，聚焦于过去经历的，而表象则表现为前瞻性的，聚焦于未来事件的。例如，如果一个人被要求回忆过去的海滩度假情景或想象未来的海滩度假情景，那么，对这些体验的心智建构将会使用相似的认知和知觉资源。

对未来事件（对比过去事件）的想象，包括对产品体验的模拟，是构建性的、提取性的。当使用功能磁共振成像（fMRI）来比较情景记忆和表象的过程以及二者的神经资源时，过去表象和未来表象在构建阶段和精细加工阶段均出现了神经重叠。Addis等[4]将一个有待精细加工的提示词展示给被试（如一件衣服），同时要求被试回忆在特定时间范围内与该物件有关的过去事件，或想象在特定时间范围内与该物件有关的未来事件（如回忆去年的一件衣服vs.想象明年的一件衣服）。然后，要求被试在头脑中构建事件并详细描述该事件。结果发现，过去表象和未来表象在构建阶段和精细加工阶段均出现了神经重叠，尤其是在大脑的自传体记忆网络区域，神经系统有明显的重叠。记忆在表象形成过程中的重要作用对消费者行为有重要的启示，因为许多广告诉求不仅仅是为了促进消费者对记忆中的现有信息进行提取,而是为了引导叙事传输以及与未来相关的表象。

记忆和表象之间的联系对消费者行为有重要影响,包括虚假记忆的产生。虚假记忆本质上是"构建的心理表象"。如果经历过的某一表象其生动性不断增强,那么它会被记忆误认为是知觉到的、鲜活的经历,而非想象中的经历。Schlosser[5]研究了产品属性的虚假记忆与其表象之间的关系。被试与网站上的相机展开虚拟互动(vs.观看真实的相机照片),然后要求被试使用表象(vs.不鼓励使用表象)识别相机的不同属性,研究将虚假的积极属性作为因变量。表象的使用导致虚假的积极属性显著增加,但仅限于访问互动网站的被试。由此得出结论,表象的生动性能够引导被试看到现实中并不存在的东西,并能够创造虚假记忆。

虚假记忆效应也会出现在广告情景中,影响产品消费的回忆。Rajagopal和Montgomery[6]向被试展示了一则爆米花广告,广告中爆米花呈现出不同的表象(高表象vs.低表象),然后被试可选择吃爆米花或者不吃。初始研究一周之后,要求被试报告对广告产品的知觉,包括他们以前是否使用过该产品。对实际食用了爆米花的被试而言,表象对他们的知觉没有影响。但在高表象(vs.低表象)条件下,没有食用过爆米花的被试则更倾向于报告自己曾经尝试过这种产品。此外,他们报告使用情况的可能性与食用爆米花的被试一样。这项研究为记忆和表象之间的联系提供了支持,同时也证实了消费者会误记过去的消费体验。

二、心理表象与认知限制

记忆容量是有限的,且受到认知资源占用的影响,认知建构表象的能力也是有限的。当认知资源受到限制时,表象就会受损。在一定程度上,表象影响行为,施加认知限制也会影响表象的后效。

已有研究证实了认知限制对表象的影响。Shiv和Huber[7]展示了消费体验的预期满意度对消费者偏好的影响。他们指出,预期满意度能诱发形象生动的产品属性表象,导致这些产品属性在主观评价中的权重增加了。然而,当被试的认知资源受到认知负荷的限制时(例如,记忆一个九位数的数字),

预期满意度对消费者偏好的影响就会减弱。此外，认知限制（需要在工作记忆中保留其他信息）会造成想象力的下降，而这会削弱广告中表象的影响力。将真实的信息和生动的信息同时呈现给被试时（vs.仅呈现生动的信息），表象指令会导致对广告产品的购买选择显著减少。

在一项空间距离对广告说服效果的影响研究中，认知限制对表象生成的影响效应也得到了验证。被试与广告信息之间的空间距离会影响广告的说服力[8]。在空间距离上越接近广告信息，被试对广告信息所生成的心理表象就会越发形象生动，从而会增加广告的说服力。然而，在认知负荷条件下，空间距离的邻近性对表象生动性的影响则会降低，最终将会导致广告信息说服力的降低。

三、心理表象与知觉资源

表象的形成过程依赖于工作记忆中的感官信息的表征，这些信息可以通过认知精加工来获取和构建。感官信息也能在处理它的知觉形式中被激发出来。在神经科学领域，越来越多的研究支持表象的多模态性质以及知觉的感官体验和想象的感官体验之间具有相当大的神经重叠。

随着神经科学方法的普及，人们对知觉和想象之间的重叠有了更好的理解。研究者发现，视觉表象的功能与知觉类似，尽管它的水平较弱。知觉和表象都涉及了初级视觉皮层的激活。视知觉和表象之间知觉资源的重叠也存在于其他感官体验中。Herholz等[9]使用功能磁共振成像（fMRI）显示，当被试听着熟悉的歌曲，并在阅读歌词时想象着同一首熟悉的歌曲时，听知觉和听觉表象之间呈现显著的神经重叠。

类似的表象和知觉重叠的研究结论也出现在了味觉表象、触觉表象和嗅觉表象中。对于嗅觉刺激来说，表象和知觉之间的重叠不仅表现在神经上，还表现在其他生理方式上。Bensafi等[10]让被试在戴着测量鼻腔气流的鼻罩同时想象某种气味或实际嗅闻某种气味，因变量是实际嗅闻到的气味或想象气味的进气量（嗅闻量）。结果发现当个体想象一种气味时，他们通过嗅闻来形成这一表象。有趣的是，被试在想象负面气味时的嗅闻量要少于想象正面气味时的嗅闻量。此外，对于生动的心理表象，表象和知觉之间的神经重叠更大。对于能够构建更加生动的心理表象的个体来说，表象和知觉之间的神经重叠也会更大。

四、心理表象与知觉限制

正如认知限制制约了工作记忆的获取并抑制表象，知觉限制也制约了对知觉资源的获取并且限制表象。Unnava等[11]展示了广告情景中知觉限制制约表象的行为表现。在他们的一个实验中，被试在视觉上阅读或是在听觉上收听一则新车广告，该广告既包含视觉元素又包含听觉元素。对广告信息的回忆作为主要因变量。当广告以视觉形式呈现时，被试能够回忆起更多的富含听觉表象（而非视觉表象）的信息（即阅读抑制了视觉表象的形成）。类似地，当广告以听觉形式呈现时，被试能够回忆起更多的富含视觉表象（而非听觉表象）的信息（即听觉抑制了听觉表象的形成）。这表明，当知觉资源被用于一种模态时，同一模态中的表象便会被削弱。由于感官表象的形成需要知觉资源，因此这些知觉资源的占用会导致表象的弱化。

运动表象（motor imagery），即个体对自身与物体之间相互作用的想象，同样可以通过占用自己的手或限制运动来制约运动表象。Elder和Krishna[12]发现，当产品朝向（vs.远离）自己的主导手时，与产品互动的表象便会增加，从而提高购买意愿。当产品朝向的手被占用时（例如，握住夹钳），此时非支配手是唯一可用于想象交互的手，那么产品朝向对购买意愿的影响就不复存在了。Shen和Sengupta[13]得出了类似的研究结论。具体来说，当一个人的主导手被占用时，产品评价比非主导手被占用时要低。然而，当占用被试双手的物体有助于形成与产品互动的感官形象时（例如，在评价一盘面条时让被试拿着叉子），那么产品评价就会提高。Shen等[14]指出，与非触摸式界面（如带有鼠标的电脑桌面）相比，触摸式界面（如iPad）增加消费者了对情感丰富的产品，如冰淇淋的选购几率（vs.情感不丰富的产品，如U盘的选购几率）。他们认为，使用手指选购产品有助于大脑模拟伸手去拿冰激凌的过程，而手上有一只鼠标的情形则会阻碍这一过程。

五、未来研究问题

现有研究已经证实了表象对记忆的影响。然而，一个人准确记住的东西将会对预期形成的心理表象产生影响。鉴于表象所使用的认知资源和知觉资源，了解以往的经验以及个体当前状态如何影响其所形成的表象的类型、效价和生动性是非常重要的。与此相关的是，表象研究中的认知限制在很大程度上是通过施加认知负荷来实现操作化的。关于表象的知觉本质的研究主要使用运动限制作为知觉限制，这些限制因素都存在于日常营销情境中，因此理解这些限制因素与表象形成之间的相互作用是非常重要的。例如，在观看广告时仅仅是拿着手机便可能会成为一种知觉限制和认知限制。因此，需要更多的研究用于理解表象在真实营销情景中是如何运作的。

也许并不是大多数个体形成的表象都是由认知资源和知觉资源的组合创造出来的。因此，一个开放性的研究问题是知觉表象（perceptual imagery）和认知表象（cognitive imagery）如何对消费者行为产生不同的影响。未来研究需要检验究竟是依赖于认知资源的表象对产品评价的影响更大，还是依赖于知觉资源的表象对产品评价的影响更大。

第三节　消费者心理表象的诱发与精细加工

除上述探讨的知觉表象和认知表象外，另一个重要的表象研究维度是自动表象（automatic imagery）与深思表象（deliberate imagery）。MacInnis和Price[1]阐述了表象的精细加工连续体。在他们提出的模型中，表象可以在低水平精细加工或高水平精细加工的条件下出现。一些消费者行为研究聚焦于低水平精细加工表象，或称之为"自动表象"，也有研究侧重于高水平精细加工表象，或称之为"深思表象"。在消费心理研究领域中，心理模拟（mental stimulation）用于指代更为自动化的表象形式。

一、深思表象与叙事传输

深思表象是由一种自上而下的定向过程所形成的形象。因此，想象指令是诱发深思表象过程的关键。在消费者心理研究领域，想象指令被用于检验表象对记忆的影响效应、产品态度、购买意愿以及消费者行为。想象指令的操作化可以将其纳入广告本身，也可以在被试观看刺激物或与刺激物互动之前作为实验指令给出。

由于深思表象是一个意识过程，因此对这一过程的测量可以借助大量的自我报告和量表来进行。最常见的是测量表象的数量、生动性和表象生成的难易程度。此外，神经科学研究也为阐明表象的过程和性质做了大量的工作。神经影像学的研究比较了知觉和表象的神经激活，以及通过让被试接收到明确指令参与制造表象进而诱发表象。研究发现，当被试接到指令开始制造视觉表象时，大脑内的视觉皮层就会被激活，而其激活方式与实际视觉知觉的激活方式类似。同样，当要求被试想象听觉体验时（如贝多芬第五交响曲的前四个音符），被试大脑的听觉区域会变得活跃。因此，通过神经成像技术测量大脑活动便可以检测深思表象的过程。

处于表象精细加工连续体的最末端是叙事传输。这种形式的表象是人们构建假设场景的地方，通常以故事或叙事的形式呈现。在关于叙事传输的研究中，表象是以一种深思熟虑的方式被诱发的（例如，要求被试想象自己穿着鞋子跑过公园）。叙事传输通常用于评估广告说服力的变化，如要求一组消费者参与到表象或叙事传输中，而另一组消费者则不参与其中。由叙事过程所产生的想象故事增强了消费者自我-品牌联结，因为通常人们通过将自我融入故事来思考人生经历的意义所在。

叙事传输在广告说服中的具体作用依赖于受众对所呈现故事的沉浸程度。此时表象的生动性再次发挥了重要作用。如果这些故事增强了人物形象和所描绘经历的生动程度，那么受众则更容易沉浸于故事中并被故事说服。在广告情景中，这种叙事传输会产生更有利的品牌评价，特别是涉及自我时。叙事传输的这种自我参照成分增强了广告说服效果，因为消费者能够在所呈现的故事中展开对自己的想象。Jiang等[15]研究表明，对与自我相关的表象（self-related imagery）的评价结果取决于所伴随的图片的一致性。具体而言，当要求被试创造自己在某一酒店中的自我相关的表象时，当每个图像都与所描绘的视角相一致时,他们对酒店的评价会更为正面。对比任务目标是获取信息或者根本没有任务目标,当被试的任务目标是编造一个自己在酒店的故事时,也会出现上述情形。研究者认为,这种效应是由于一致性的视角从而使表象的生成更为容易。

Van Laer等[3]对影响叙事传输的因素及其对消费者的影响效应进行了元分析,同时提出了一个扩展的叙事传输表象模型。在这个模型中,与故事讲述者和故事接收者相关的前因变量结合在一起,共同影响叙事传输及其随后的消费者行为,如消费者的情感状态、认知、态度和购买意愿。重要的是,其中一些前因变量与消费者从记忆中对体验到的图像进行构建的能力有关。可识别的人物形象、可想象的情节和逼真度等因素直接影响消费者在脑海中构建叙事的难易程度,从而增强了故事的叙事传输。

二、自动表象与心理模拟

深思表象的操作化方法是使用想象指令引导被试生成图像,但自动表象的生成是更为自动自发的。例如,仅仅通过观看图片、阅读某一具体的单词或一段描述,或是看到一个物体或一个人就能够生成自动表象。自动表象处于低水平的精细加工端,是从刺激物中衍生出来的,在本质上它比深思表象更具感官特性。因此,自动表象的生成主要依赖于知觉资源而非认知资源。消费心理和心理学领域的研究已经检验了自动表象的一种形式——心理模拟。心理模拟在工作记忆外围自动地、无意识地运转。

由于自动化的过程无法用自我报告的方法进行全面的评估,因此研究者通常通过神经成像技术和实验室实验为自动表象提供实证支持。在神经影像学研究中,研究者让被试阅读与气味密切相关的单词(如大蒜),激活初级嗅觉皮层;让被试观看食物图片(如汉堡、饼干),激活初级和次级味觉皮层;让被试命名和观察工具,激活运动前皮质。在实验室实验中,研究者借助反应时、购买意愿和产品评价等为自动表象的存在提供实证支持。同时,这些实验室实验也证实了自动表象依赖于知觉资源运转。

三、未来研究问题

自动表象与深思表象有何不同？精细加工是如何影响二者之间的差异的？自动表象主要是知觉属性的，而深思表象主要是认知属性的？这些问题都值得进一步研究。以往研究在探索自动表象或深思表象的影响效应时通常是分开独立进行的，就此引发的另一个研究问题就是对二者的后果变量展开对比，以及确定哪种情况下更适合诱发哪种表象。例如，即使一个人正在想象着同一件事，自动表象和深思表象是否会对消费者行为产生不同的影响。自动表象可能与行为后果间的联系更为密切，而深思表象可能导致更多的评估后果。

第四节 感官表象的多模态特性

大部分消费心理学领域中有关表象的文献都集中在视觉表象上。尽管最近的一些研究检验了除视觉表象之外的其他感官表象的作用，但这一领域的研究工作仍欠缺系统性。基于此，对视觉表象以外的其他感官表象的研究工作便显得尤为重要了。

一、味觉表象

味觉是一种多重感官体验，因为舌头上的味道只是整体感官体验的一部分。因此，味觉表象可以通过凸显某种食物消费体验中的多重感官体验来诱发。聚焦于多重感官体验的广告能够诱发对食物味道的思考和食物味道表象，这比仅仅聚焦于一种感觉（即味觉的广告）能带来更为积极的味觉评价。食物的多重感官表象也会影响对食物份量的满意度。当要求被试想象吃甜点时的多重感官体验（即甜点的味道、气味和质地）时，他们选择的甜点份量比控制组的被试份量小。重要的是，多重感官表象实验条件下的被试选择的甜点份量与想象重复性消费的被试选择的甜点份量相似。这是一种可以减少消费的干预手段，但消费者会更享受自己所选择的食物份量。消费表象的反复生成会导致适应现象，即个体会减少对食物本身的需求。食物饱足是指反复摄入特定食物后,对特定食物的喜爱程度降低。因此当被试有机会消费时,其实际的消费量便会减少了。Morewedge等[16]证实,对消费的深思表象会影响实际的消费量。在一项研究中,一组被试被要求想象吃掉3份巧克力豆,另一组被试被要求想象吃掉30份巧克力豆。想象吃掉30份的被试比想象吃掉3份的被试实际消费的巧克力豆要少得多。

二、触觉表象

许多触觉表象的研究都与感知所有权和触觉互动性有关。手拿某个产品可以提升感知所有权。同样,想象自己手拿某个产品的行为也能够提升感知所有权。当要求被试闭着眼睛想象自己拿着1张毯子或1个软玩具球时,他们报告的感知所有权水平与实际拿着并触摸物体的被试是相同的。在想象时闭上眼睛会显著提高触觉表象的生动性。尽管没有明确地测试表象,Brasel和Gips[17]通过研究触摸屏的触觉互动性得到了关于感知所有权的类似结论。在他们的研究中,与没有触摸界面的条件相比,使用触摸屏更有可能产生感知所有权和禀赋效应。

Krishna和Morrin[18]在探索产品包装的触觉如何影响味觉知觉时,发现触觉表象同样可以影响消费者的评价。研究人员让被试阅读对水瓶的描述,在一种实验条件下,瓶子被描述为比其他品牌的瓶子更为坚固结实,在另一种实验条件下,瓶子被描述为比其他品牌的瓶子更薄或更脆弱。然后要求被试报告他们为这瓶水付费的意愿。由于被试没有与真实的瓶子进行互动,这些知觉是想象出来的,而想象出来的瓶子的触觉质量只对那些在触摸需求上得分低的个体重要,因为他们更容易受到非诊断性触觉线索的影响。

三、嗅觉表象

至少有3种不同的方法能够显示嗅觉表象的存在——神经成像技术(与实际嗅觉存在重叠)、自我报告的方法以及观测嗅觉表象的影响效应是否与实际的嗅觉相似。如果使用自我报告的测量方法,人们通常会报告自己无法想象出某种气味。嗅觉表象的自我报告法也容易导致许多问题,例如,仅仅是询问被试是否能够想象出某种气味,就可能让被试认为自己能,即使他们实际上并不能。因此，Krishna等[19]使用观测嗅觉表象的影响效应是否与实际嗅觉相似的方法来证实嗅觉表象的存在，并研究如何诱发嗅觉表象。他们研究了广告对消费者产生食物嗅觉图像能力的影响。鉴于味觉和嗅觉之间的紧密联系，嗅觉表象在影响食物消费欲望方面起着直接作用。想象食物的气味就能够诱发与食物真实呈现时相似的生理反应。具体来说，被试在想象巧克力蛋糕的气味时其唾液分泌会增加，但这种情况只有在同时呈现食物图片时才会发生。也就是说，嗅觉表象对消费者行为的影响，包括诸如分泌唾液之类的预期反应，取决于被试看到了食物或被试在视觉上想象食物的能力。因此，在广告中加入食物的视觉图像有助于嗅觉表象的形成。这说明，不同感官表象体验的跨模态影响是未来研究的一个关键领域。尽管大量研究表明实际气味对广告效果有积极影响，但嗅觉表象在广告中的作用值得进一步研究。

四、听觉表象

如前所述，已有研究证实了听觉表象占用与听觉相似的资源，并会对广告回忆效果产生影响。Elder等[20]还探讨了心理距离背景下听觉表象对消费者行为的影响。他们认为，与其他感觉（如味觉）相比，听觉是一种更为远端的感官体验，因为人们有可能听到远处的声音。例如，一个人可以听到几英里外的飞机的声音。研究者证实，这种物理距离能够映射心理距离，并对广告和广告的说服效果带来启示。在一项研究中，被试阅读即将到来的节日信息。该节日发生在本周末或明年，研究使用有助于诱发味觉表象的味觉相关词语（如"品尝迷人的味道"）或有助于诱发听觉表象的声音相关词语（如"聆听迷人的声音"）来描述这个节日。然后要求被试对其参加节日的兴趣进行评分。研究结果表明，与即将到来的周末节日相比，当节日发生在遥远的未来时，听觉表象能够显著激发更大的兴趣。尽管Elder等已经开展了消费心理领域中的听觉表象研究，但该领域内的类似研究几乎是空白。为此，未来研究还存在很大的探索空间。

五、未来研究问题

目前需要更多的研究工作来理解感官表象间的相似性和差异性。未来研究应继续探索多重感官表象的跨模态影响以及与表象相关的几种感觉之间的关系。一些尚未探索的问题包括：跨模态的感官表象与它们对应的知觉之间有何不同？环境中的真实的感官体验如何影响个体对感官体验的想象？同一感觉通道中的表象和知觉会争夺资源，但不同的感官是否会争夺相似的资源？或者当一种感觉被知觉而另一种感觉被想象时，是否存在交互的跨模态效应？

随着数字媒体消费、网络购物和广告的转变，感官表象在消费者行为中变得越来越重要。在以数字或虚拟方式体验感觉的消费过程中，表象是助力于此类感觉体验（如嗅觉、触觉和味觉）的关键方法学工具，因为这些感觉体验无法以虚拟方式直接传达给消费者。哪种感官体验驱动消费者行为的影响力更大？其影响力是否因消费情境而异？检验消费者的感官优势，或者消费者更依赖于哪种特定的感官线索，可能是一个有价值的研究起点。鉴于视觉在感官体验中的主导地位，它可能会成为默认的感官表象。然而，与其他感官表象相比，视觉表象的形成可能需要更少的认知或知觉资源，从而导致个体可能更为关注新颖的想象中的感官体验。未来的研究应该关注哪些想象的感官体验对驱动消费者行为的影响最大。

第五节　实证研究设计总览

大量且尚在不断充盈的国内外研究为心理表象对消费者行为的影响机制提供了理论支撑和实证依据。然而，纵观现有研究仍可发现，目前使用的消费者心理表象诱发方法和测量方法较为多样，对心理表象研究维度的视角切入较为多元化，研究结论也较为零散，影响机制尚未明晰，这在一定程度上制约了该领域的研究发展与营销实践。基于此，本书将抓住"消费者心理表象的诱发及其对消费者行为的影响"这一条主线，展现消费者心理表象的实验研究在营销领域的应用成果，并在此基础上对未来研究进行展望，以期提供更多新的思维透镜反思前人研究，激发更多有创意的研究设想。在系回顾了感官营销视角下消费者心理表象的理论与分析框架的基础上，本研究将采用实验法，探讨并检验消费者心理表象的诱发与营销应用。从消费者自我-品牌联结理论、文化心理理论、心理模拟理论、感官营销理论等理论视角探讨心理表象的诱发方法及其对消费者行为的影响。基本研究脉络如下：

首先，采用实验法设计诱发心理表象或心理模拟的营销刺激物，如图片或文字材料，操纵影响心理表象、叙事传输或心理模拟的变量，包括虚拟代言人动态性（高vs.低）与品牌个性（真诚vs.精致）、品牌传记（强vs.弱）、食品形状（角形vs.圆形）、广告类型（渐变式vs.前后对比式）、食品包装图像类型（实物照片vs.抽象插画）、图像类型（2D vs.3D）与产品类型（搜索型vs.体验型）、心理模拟策略（采用vs.不采用）等。

其次，探索该变量的哪个水平能够诱发更高水平（高精细加工）的心理表象，包括叙事传输（深思表象）和心理模拟（自动表象），从而通过心理表象这一中介变量进一步影响结果变量，包括消费者自我-品牌联结、品牌态度、食品消费偏好、食品购买意向、广告信任、注意力、感知吸引力、产品评价、绿色环保食品购买意愿和感知创新性等。

而后，采用多种维度的量表测量不同精细加工程度的心理表象（包括叙事传输和心理模拟）水平的高低。同时，使用模拟情景法或叙事传输法配合想象指令操纵心理表象，以探查不同类型、不同研究焦点的心理表象（如结果模拟/过程模拟、感觉模拟/客观模拟）对消费者态度与行为变量的影响。

最后，实验法的设计涵盖了不同营销情境中心理表象的诱发与影响机制，包括消费者自我-品牌联结情景、文化心理情景、广告营销情景、线上购物情景、新产品营销情景等。实验设计涵盖了不同精细加工程度的心理表象，既有深思表象，又有更为自动化的心理模拟的针对性研究。基于研究结论提出相关营销启示，并对消费者心理表象的未来研究问题进行展望。

综上所述，本研究着重探索感官营销视角下消费者心理表象的诱发与影响，并重点突出：（1）不同精细加工程度的心理表象（包括叙事传输和心理模拟）的诱发；（2）想象指令诱发法和营销刺激物诱发法的具体应用；（3）影响心理表象生成及其营销后效的调节变量；（4）不同营销情境中心理表象的诱发与影响机制。各章节的实证研究设计总览见图1-2。

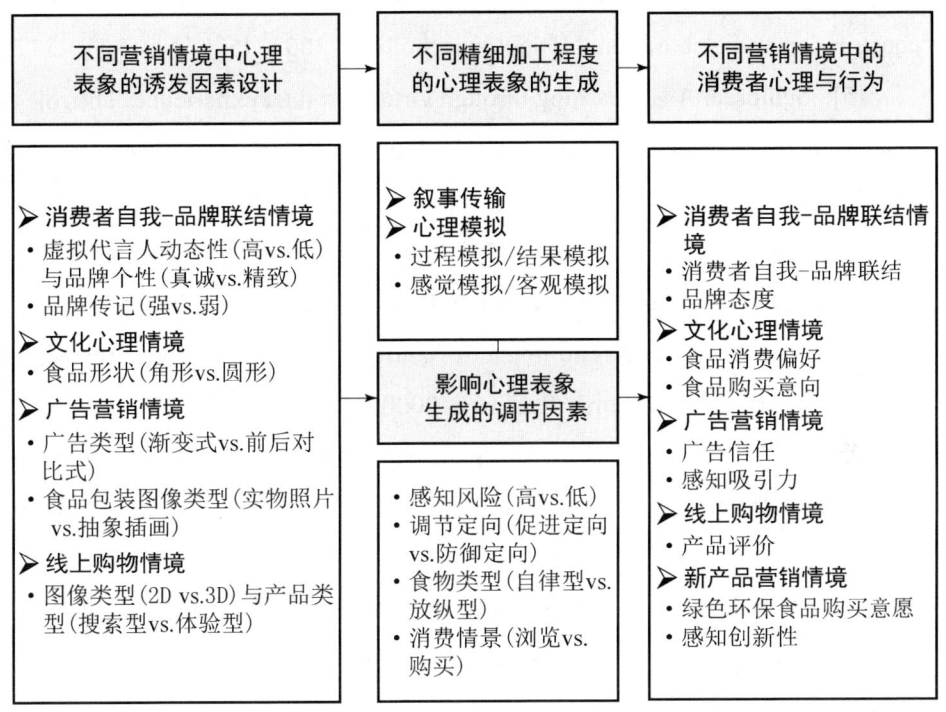

图1-2 实证研究设计总览

参考文献

[1] MacInnis D J, Price L L. The role of imagery in information processing: Review and extensions[J]. Journal of Consumer Research, 1987, 13（4）: 473–491.

[2] Adaval R, Saluja G, Jiang Y. Seeing and thinking in pictures: A review of visual information processing[J]. Consumer Psychology Review, 2019, 2（1）: 50–69.

[3] Van Laer T, de Ruyter K, Visconti L. M, et al. The extended transportation-imagery model: A meta-analysis of the antecedents and consequences of consumers' narrative transportation[J]. Journal of Consumer Research, 2014, 40（5）: 797–817.

[4] Addis D R, Wong A T, Schacter D L. Remembering the past and imagining the future: Common and distinct neural substrates during event construction and elaboration. [J]Neuropsychologia, 2007, 45（7）：1363-1377.

[5] Schlosser A E. Learning through virtual product experience: The role of imagery on true versus false memories[J]. Journal of Consumer Research, 2006, 33（3）：377-383.

[6] Rajagopal P, Montgomery N V. I imagine, I experience, I like: The false experience effect[J]. Journal of Consumer Research, 2011, 38（3）：578-594.

[7] Shiv B, Huber J. The impact of anticipating satisfaction on consumer choice[J]. Journal of Consumer Research, 2000, 27（2）：202-216.

[8] Jia Y, Huang Y, Wyer R S Jr, et al. Physical proximity increases persuasive effectiveness through visual imagery[J]. Journal of Consumer Psychology, 2017, 27（4）：435-447.

[9] Herholz S C, Halpern A R, Zatorre R J. Neuronal correlates of perception, imagery, and memory for familiar tunes[J]. Journal of Cognitive Neuroscience, 2012, 24（6）：1382-1397.

[10] Bensafi M, Porter J, Pouliot S, et al. Olfactomotor activity during imagery mimics that during perception[J]. Nature Neuroscience, 2003, 6（11）：1142-1144.

[11] Unnava H R, Agarwal S, Haugtvedt C P. Interactive effects of presentation modality and message-generated imagery on recall of advertising information[J]. Journal of Consumer Research, 1996, 23（1）：81-88.

[12] Elder R S, Krishna A. The "visual depiction effect" in advertising: Facilitating embodied mental simulation through product orientation[J]. Journal of Consumer Research, 2012, 38（6）：988-1003.

[13] Shen H, Sengupta J. If you can't grab it, it won't grab you: The effect of restricting the dominant hand on target evaluations[J]. Journal of Experimental Social Psychology, 2012, 48（2）：525-529.

[14] Shen H, Zhang M, Krishna A. Computer interfaces and the "direct-touch" effect: Can iPads increase the choice of hedonic food? [J]. Journal of Marketing Research, 2016, 53（5）: 745–758.

[15] Jiang Y, Adaval R, Steinhart Y, et al. Imagining yourself in the scene: The interactive effects of goal-driven self-imagery and visual perspectives on consumer behavior[J]. Journal of Consumer Research, 2014, 41（2）: 418–435.

[16] Morewedge C K, Huh Y E, Vosgerau J. Thought for food: Imagined consumption reduces actual consumption[J]. Science, 2010, 330（6010）: 1530–1533.

[17] Brasel S A, Gips, J. Tablets, touchscreens, and touchpads: How varying touch interfaces trigger psychological ownership and endowment[J]. Journal of Consumer Psychology, 2014, 24（2）: 226–233.

[18] Krishna A, Morrin M. Does touch affect taste? The perceptual transfer of product container haptic cues[J]. Journal of Consumer Research, 2008, 34（6）: 807–818.

[19] Krishna A, Morrin M, Sayin E. Smellizing cookies and salivating: A focus on olfactory imagery[J]. Journal of Consumer Research, 2014, 41（1）: 18–34.

[20] Elder R S, Schlosser A E, Poor M, et al. So close I can almost sense it: The interplay between sensory imagery and psychological distance[J]. Journal of Consumer Research, 2017, 44（4）: 877–894.

第二章

消费者自我-品牌联结情景中心理表象的诱发与影响

第一节 研究背景

理解感官品牌体验（sensory brand experience）对于消费者-品牌关系的构建至关重要。2020年，英特尔宣布对其品牌形象进行重大变革，包括更改其品牌标识，但保留每次打开计算机时都能听到的3秒钟的音频助记符，这个简单的五音符的叮当声，作为一种听觉体验，曾经帮助英特尔成为世界上最知名的品牌之一。感官品牌体验指消费者对品牌的感觉、想法和思考，品牌体验中既有分析过程又有想象、行动过程以及消费者通过品牌与他人产生联系的过程。品牌体验中的感官成分和想象成分与心理表象息息相关。富有想象力的品牌体验使得消费者与品牌之间的互动既有回溯性又有前瞻性特征。品牌相关的营销刺激物旨在引导消费者进行高精细化的表象加工，通过表征形式、信息内容和想象指令的设计作为影响消费行为的策略。如Jiang等[35]考察了品牌标识形状对心理表象的影响，他们发现，特定形状会使得某些联想更容易被激活，而这些联想将影响消费者生成的产品表象。如当被试看到跑鞋的圆形（vs.棱角形）品牌商标（logo）时，舒适性（vs.耐久性）联想便被激活了，从而引发对产品属性的积极判断。对多重感官体验（multisensory experiences）的研究诠释了品牌体验与心理表象是如何联系在一起的。多重感官体验是指消费者以多种感官形式接收到的体验，包括味道、声音、气味、触觉印象和视觉图像。个体不仅通过编码这些感官输入来对外界刺激（如香水）的多重感官印象做出反应，而且还会通过在自身内部生成的多重感官表象对外界刺激做出反应。例如，闻香水可能会让消费者不仅知觉到香水的气味并对其编码，而且会产生包含视觉、声音和触觉的内部表象，而所有的这些都是通过"体验"实现的。

感官品牌体验的研究可以追溯到20世纪70年代，涵盖了信息加工、体验营销、商店氛围、服务营销、品牌体验等多个领域。这些领域主要以3个核心理论来审视感官品牌体验的概念。(1)生态观点。该观点认为感官品牌体验是一个生态过程，它从刺激–有机体–反应模型（S-O-R）角度诠释感官品牌体验，强调商店氛围和服务场景在启动一系列消费者行为反应中的作用。(2)具身认知观点。该观点认为感官品牌体验是一个生物心理学过程，它是以身体状态为基础的。当身体与消费过程中暴露的营销刺激互动时，身体会收集品牌提供的神经生理学数据，即视觉、听觉、触觉、嗅觉和味觉数据。这些品牌数据通过神经回路发送到大脑的指挥中心，而后被加工、评估和识别为感官品牌体验。(3)现象学观点。该观点认为感官品牌体验是一个现象学过程，它是消费者自我建构的组成要素。现象学观点关注基于消费者主观世界的体验，如需求、欲望、动机或幻想。自我与意义型消费成为该观点考查的重点。在品牌意义的传递过程中，消费者对品牌中与自我建构有关的品牌标识和符号做出响应，从而构建消费者自我-品牌联结、自我延伸以及所有类型的消费者–品牌关系。

随着体验式经济的盛行，高质量的消费者–品牌关系对于品牌长久经营起到越来越重要的作用。由于技术的进步、产品同质化的加剧和同类产品的功能趋同等，市场竞争日趋加重。品牌想要更好地留住客户，不仅仅要满足消费者对产品的功能需求，更要满足消费者的情感需求。只有通过为品牌赋予一定的心理意义，增加消费者与品牌之间的情感联结，提供独特的感官品牌体验，才能使消费者自愿地与品牌联结在一起。

基于消费者自我-品牌联结形成的两个路径——认知路径和情感路径，以及与自我相关的品牌联想对自我-品牌联结形成的影响，构建消费者与品牌之间的关系，增加消费者产生与自我相关的品牌联想。因此，营销刺激物的设计在于引导消费者对自己相关的事件进行想象、预演，提取以往和品牌相关的记忆，即更容易进行心理表象，进而影响消费者的品牌态度和自我-品牌联结的构建。

第二节 虚拟代言人动态性与品牌个性诱发的心理表象对消费者自我-品牌联结的影响

一、引言

虚拟数字经济的发展与二次元文化的盛行为消费者-品牌关系的构建注入了新活力。国务院发布的《"十四五"数字经济发展规划》引用强调了虚拟数字技术的研发与实践。《2022 虚拟人产业研究报告》预测，至 2025 年国内虚拟人相关企业数量将突破 40 万家，2030 年虚拟人整体市场规模将达到 3095 亿元[1]。虚拟代言人正在成为品牌与消费者沟通、构建自我-品牌联结的新密码。虚拟代言人（spokes-character），也称品牌角色（brand-character）或品牌化身（brand avatar），指拟人化的品牌视觉形象，包括人类、动物、生物的 2D（二维）或 3D（三维）卡通形象，用于品牌标识和产品包装中，能象征性地传递品牌个性、文化和价值观[2]。本文中的虚拟代言人并非指为动画、电影或连环漫画创作而后通过授权与某品牌联名的虚拟角色（如小猪佩奇、米奇等），而是指某品牌专属的品牌角色，如米其林轮胎人、腾讯企鹅、三只松鼠等。本文只关注以 2D 卡通图像形式呈现的虚拟代言人，它通常是品牌标识、产品包装或者 App（手机应用）启动页面的一部分。一些虚拟代言人被设计成高动态性的图像，营造出"正在运动"的视觉效果，如威猛先生、美团的袋鼠、葵花药业的小葵花等；也有些虚拟代言人被设计成低动态性的图像，如天猫黑猫、京东金属狗、苏宁易购小狮子等。这两类不同动态性的虚拟代言人看起来各有千秋，但它们在增强自我-品牌联结方面的效果如何，我们却知之甚少。本文认为，虚拟代言人作为品牌形象的化身，其动态性的特征要与品牌个性相契合，才能有效增强自我-品牌联结。例如，葵花药业的小葵花医生图像，其问诊的动态性图像与"安全有效、温馨关爱"的品牌人设相得益彰，凭借"用妈妈心做儿童药"的真诚品牌个性与消费者建立心理联系。然而，究竟如何将虚拟代言人的动态性与品牌个性相匹配才能增强自我-品牌联结？产生最佳效果的内在机制是什么？这是一个兼具理论意义和实践意义的问题。

以往虚拟代言人领域的研究多集中在3个方面。第一，虚拟代言人的营销后效，如虚拟代言人在促销活动中的扩散作用[3]及其对消费者品牌记忆和品牌态度的影响[4]。第二，影响虚拟代言人营销效果的前因，如虚拟代言人的感知真实性与品牌依恋的关系[5]，独特化需求对虚拟代言人说服效果的影响[6]。第三，虚拟代言人与其他因素的匹配效应，如代言人类型与产品创新类型的匹配对创新产品购买意愿的影响[7]，代言人类型与品牌形象的匹配对消费者态度的影响[8]等。已有研究虽对虚拟代言人的前因后效进行了探讨，但鲜有研究探查虚拟代言人的动态性与品牌个性的匹配效应。基于此，本文拟从两个方面拓展虚拟代言人的相关研究。首先，本文关注虚拟代言人的动态性特征。除少量研究探讨了品牌标识的动态性对品牌态度的影响[9,10]以及App的虚拟代言人动态属性对品牌记忆的影响[11]外，目前对虚拟代言人动态性的研究还较为少见。其次，本文探索虚拟代言人的动态性与品牌个性如何匹配才能增强自我-品牌联结。自我-品牌联结（self-brand connection）指消费者使用品牌意义来构建、强化以及表达自我的程度，是消费者将品牌个性融入自我概念的程度[12]。尽管神经营销领域的研究证实了对品牌标识的加工流畅性能够增强自我-品牌联结[13]，但虚拟代言人作为品牌标识的一部分，其对自我-品牌联结的影响尚无人探讨。因此，本文将为虚拟代言人领域的研究贡献新的结果变量。具体而言，本文认为，对于品牌个性为真诚的品牌，将虚拟代言人设计为高动态性的，将会增强自我-品牌联结；而对于品牌个性为精致的品牌，将虚拟代言人设计为低动态性的，将会增强自我-品牌联结。本文开展了两项系列实验探究这一效应，同时探查心理表象在这一效应中的中介机制。

二、理论基础与研究假设

（一）虚拟代言人动态性与品牌个性的匹配对自我-品牌联结的影响

1. 虚拟代言人动态性

虚拟代言人动态性（dynamism），或称感知运动性（perceived movement），

指代言人图像被个体主观感知为正在运动或移动中。尽管并非动画或动图，但其拟人化的动作（如跳跃、奔跑或静止站立）却能产生动作持续进行的视觉效果[9, 10]。品牌视觉线索的动态性能够影响消费者–品牌关系。当一个品牌标识看起来正奋力抵挡某种隐含的力量如空气阻力时，该品牌会被感知为努力拼搏的个性，从而增加消费者的购买意愿[14]。Cian 等[10]利用眼动技术发现，高感知运动性（vs.低感知运动性）的品牌标识更能够增加消费者对品牌标识的融入度，进而产生积极的品牌态度。尽管品牌代言人对自我-品牌联结的影响已得到证实[15]，但鲜有研究探讨虚拟代言人动态性与品牌个性之间的关系如何影响自我-品牌联结，本文将尝试对这一议题进行探索。

2. 品牌个性

品牌个性指与品牌相关的一系列人的个性特征[16]。品牌个性影响消费者–品牌关系的形成和发展模式[17]，并且品牌个性与消费者自我概念间的匹配性影响自我-品牌联结的形成[12]。对品牌个性的两个水平（真诚维度/精致维度）的选取是基于 Aaker[16]和 Maehle 等[18]的研究。在 Aaker 开发的品牌个性测量量表中，真诚维度指友好的、真诚的、家庭导向、小城镇的。精致维度指精致优雅、精密复杂、自命不凡、精英阶层的。Maehle 等[18]对品牌个性的消费者感知研究发现，相对于品牌个性的其他维度，真诚的品牌个性涉及的产品大类最为广泛，感官信息一致性的品牌体验更容易构建消费者–品牌关系[19]。相较于能力维度和兴奋维度，真诚的虚拟代言人能够产生更高的品牌信任和支付溢价的意愿，进而影响品牌资产[20]。考虑在品牌延伸策略上，真诚的品牌在向下延伸上更加有利，而精致的品牌则在向上延伸和远距离延伸上更加有利。两种维度的对比较为鲜明，激发的消费者感知也更适于探索虚拟代言人动态性与品牌个性的匹配研究。因此，借鉴以往实验研究中对品牌个性的操纵范式[20, 21]，选取真诚维度和精致维度作为品牌个性的两个水平。

3. 消费者自我-品牌联结中"真诚品牌–高动态性，精致品牌–低动态性"的匹配效应

基于语义加工的激活扩散理论[22]和联想学习理论[23]解释虚拟代言人动

态性与品牌个性的匹配。当虚拟代言人动态性激活的心理语义与品牌个性激活的心理语义相匹配时，则二者引发的语义联想的匹配度较高，从而提高了消费者对信息的加工流畅性，使得消费者更容易生成高水平的心理表象，而心理表象则会进一步影响消费者的品牌态度[24, 25]和消费者自我-品牌联结[26]。

根据联想学习理论，消费者对品牌视觉线索的动态性特征进行联想学习，在环境线索和以往经验的影响下，消费者会将品牌视觉线索的动态性与品牌个性联想在一起，形成内隐于个体认知中的常人信念。例如，形成品牌标识"向前运动=现代品牌、向后运动=传统品牌"的常人信念[10]，"向右上方运动=高度创新性品牌"[27]以及"自主运动（如跳跃）=活泼品牌（如娱乐业）、物理运动（如垂直向下滑动）=稳重品牌（如保险业）"[29]的常人信念。在营销实践中，高动态性的虚拟代言人常以"活泼童趣、家庭生活、便捷服务"的形象示人，如美团使用奔跑袋鼠塑造"送啥都快，美好生活小帮手"这一助人为乐的品牌人设。低动态性的虚拟代言人常以"稳重、高端、品质"的形象示人，如天猫使用黑色卡通猫隐喻高贵和稳定品质。因此，在日常生活和营销实践潜移默化的影响下，消费者会将高动态性的虚拟代言人与"活泼童趣、家庭生活、便捷服务"等语义联想在一起，将低动态性的虚拟代言人与"稳重、高端、品质"等语义联想在一起。根据Maehle等对品牌个性的消费者感知研究，真诚的品牌个性激活"儿时记忆、家庭活动、积极服务"的语义联想；精致的品牌个性激活"高端、优雅"的语义联想。根据语义加工的激活扩散理论，高动态性的虚拟代言人与真诚的品牌个性激活的语义联想更匹配，低动态性的虚拟代言人与精致的品牌个性激活的语义联想更匹配，消费者会形成"高动态=真诚""低动态=精致"的常人信念。当产品或品牌的视觉呈现形式符合消费者的心理表征时，消费者会产生更积极的态度[29]。基于此，本文认为，当虚拟代言人动态性与品牌个性以"真诚品牌-高动态性，精致品牌-低动态性"的方式匹配时更符合消费者的心理表征，二者传递的排他性的语义联想更能满足消费者通过品牌强化自我概念、表达自我认同的心理需求。本文将这一效应称为自我-品牌联结构建中的"真诚品牌-高动态性，精致品牌-低动态性"的匹配效应。由此，提出如下假设：

H1：虚拟代言人动态性与品牌个性的匹配对消费者自我-品牌联结存在交互效应。

H1a：在真诚的品牌个性条件下，高动态性（vs.低动态性）的虚拟代言人能够产生更强的消费者自我-品牌联结。

H1b：在精致的品牌个性条件下，低动态性（vs.高动态性）的虚拟代言人能够产生更强的消费者自我-品牌联结。

（二）心理表象的中介效应

虚拟代言人动态性与品牌个性的匹配能够增强自我-品牌联结，中介机制是心理表象。心理表象（mental imagery）指产品或品牌线索激活长期记忆中储存的信息，以心理图像的形式诱发先前体验的知觉再现[30]。

心理表象生成的难易程度受到视觉线索的特征和刺激物呈现方式的影响[31]。高动态性的图像（如跳跃的动作）能够诱发消费者对该隐含动作持续进行的过程生成心理表象[9]。低动态性的图像（如静止站立）能够诱发消费者与视觉线索展开想象中互动的心理表象[32]。根据广告视觉线索的认知加工机制和联想学习理论[23]，刺激物和心理表征之间的匹配性能够提高加工流畅性，从而诱发心理表象的生成，而心理表象则进一步影响消费者自我-品牌联结[26]。由此，提出如下假设：

H2：心理表象在虚拟代言人动态性与品牌个性对消费者自我-品牌联结的交互效应中起到中介效应。

H2a：在真诚的品牌个性条件下，高动态性（vs.低动态性）的虚拟代言人能够诱发更高水平的心理表象，进而能够产生更强的消费者自我-品牌联结。

H2b：在精致的品牌个性条件下，低动态性（vs.高动态性）的虚拟代言人能够诱发更高水平的心理表象，进而能够产生更强的消费者自我-品牌联结。

综上，建立本文的模型框架图，如图2-1所示。

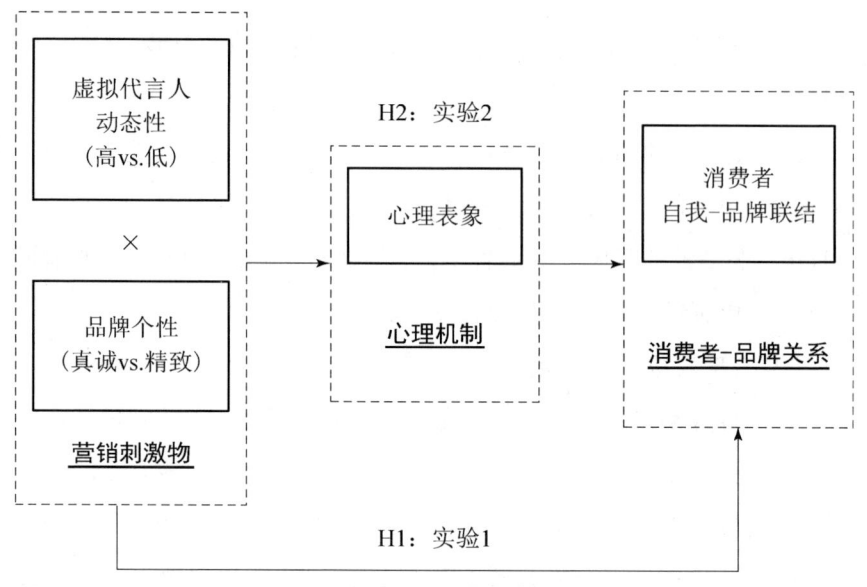

图2-1　模型框架图

三、实验1：虚拟代言人动态性与品牌个性对消费者自我-品牌联结的影响

（一）实验材料前测

1. 虚拟代言人动态性实验材料测评

对虚拟代言人动态性实验材料的编制参考 Cian 等[9]以及 Folse 等[20]的研究，使用 Photoshop 软件创建能够唤起不同程度动态性感知的虚拟代言人形象图片（图2-2）。在低动态性条件下，被试看到一只静止站立的卡通松鼠图像。在高动态性条件下，被试看到一只正在跳跃的卡通松鼠图像（使用虚线凸显拟人化的动作）。为了排除代言人面部表情、被试对虚拟代言人的熟悉程度和喜爱程度对研究的潜在影响，选择卡通动物的图片作为虚拟代言人形象，并将其面部表情设计为中性的。同时，保证不同动态性代言人图片的尺寸、颜色、背景等视觉线索均是相同的，以排除其他视觉线索的干扰，各组图片唯一的差异为动态性。

为检验不同虚拟代言人动态性的实验材料是否合适，通过问卷星平台招募 41 位被试（$M_{年龄}$=22.05 岁，SD=2.82 岁，61%的女性），随机分为 2 组（高动态性组 vs.低动态性组）参与前测。将不同虚拟代言人动态性的图片分别呈现给各组被试，采用 Cian 等使用的 2 个题项[9, 20]，要求被试对虚拟代言人动态性进行评分说，"我感觉此虚拟代言人是运动的"（1=十分不符合，7=十分符合），"我认为此虚拟代言人的动态程度是"（1=完全没有运动，7=完全运动）（Cronbach's α 系数为 0.82）。结果表明，高动态性组对虚拟代言人动态性的评分显著高于低动态性组 $M_{高动态}$=4.82，SD=1.30；$M_{低动态}$=3.61，SD=1.54；t（39）=2.74，$p<0.01$，d=0.85。结果确保了实验 1 选取的虚拟代言人动态性实验材料是有效的。

低动态性　　　高动态性

图2-2　虚拟代言人动态性实验材料（实验1）

2. 品牌个性实验材料测评

基于 Maehle 等[18]对品牌个性的消费者感知研究，大多数真诚品牌和精致品牌涉及的产品大类均包含食品餐饮一类。因此，选取餐饮品牌作为实验材料。对品牌个性实验材料的编制参考 Aaker 的研究[16]，为虚构的餐饮品牌"福莱味"创建 2 种不同类型的品牌个性文字材料。真诚的品牌个性文字材料为："福莱味是中国地方特色餐饮品牌，采用天然新鲜食材，家常手艺，实惠健康，良心烹饪，温暖服务，踏踏实实做好每一道菜。"精致的品牌个性文字材料为："福莱味是中华老字号餐饮品牌，采用高端有机食材，将精致烹饪艺术与品质食材完美结合，集中外烹饪之精华，打造特色菜、创新菜和名人宴。"

通过问卷星平台招募 32 位被试（$M_{年龄}$=22.41 岁，SD=1.98 岁，75%的女性），随机分为 2 组参与前测（真诚品牌组 vs.精致品牌组），将不同类型的品牌个性文字材料分别呈现给各组被试，采用 Aaker 等开发的品牌个性量表[16]，要求被试对品牌个性进行评分（7 分量表，1=十分不符合，7=十分符合）："该品牌在多大程度上具有真诚的特点（友好的、真诚的、家庭导向的、小城镇的）"（Cronbach's α 系数为 0.75）；"该品牌在多大程度上具有精致的特点（精致优雅的、精密复杂的、自命不凡的、精英阶层的）"（Cronbach's α 系数为 0.82）。结果表明，真诚品牌组在真诚维度上的评分显著高于精致品牌组（$M_{真诚}$=5.27，SD=0.59；$M_{精致}$=4.67，SD=0.82；t（30）=2.35，$p<0.05$，d=0.84）；精致品牌组在精致维度上的评分显著高于真诚品牌组（$M_{真诚}$=3.97，SD=1.08，$M_{精致}$=4.97，SD=0.71；t（30）=-3.11，$p<0.01$，d=1.09）。结果确保了实验 1 选取的品牌个性实验材料是有效的。

（二）被试选择与实验流程

实验 1 采用 2（虚拟代言人动态性：高 vs.低）×2（品牌个性：真诚 vs.精致）双因素被试间实验设计，因变量为自我-品牌联结。采用 G*power 3.1 软件对被试量进行事前预估，2×2 交互效应采用中等效应量 f=0.25，α=0.05，统计检验力达到 80%总样本量至少为 128 名。通过问卷星平台招募 183 名被试。剔除作答时长过短或过长、注意力测试题错误、内容乱填等无效样本后，最后实际总样本量 N=146（$M_{年龄}$=22.66 岁，SD=2.92 岁，59%的女性）。被试被随机分配成 4 组，高动态性-真诚品牌组 39 人，高动态性-精致品牌组 40 人，低动态性-真诚品牌组 31 人，低动态性-精致品牌组 36 人。

正式实验中，被试被告知近期某国内餐饮品牌正筹备推出一款虚拟代言人，为了更好地了解消费者需求，企业邀请其为虚拟代言人提出一些意见，希望其仔细阅读品牌简介并查看虚拟代言人图片，基于真实感受填写后续评价。虚拟代言人动态性与品牌个性由虚拟代言人图片和品牌简介中呈现的文字材料来操纵。接下来，被试填写因变量自我-品牌联结量表。采用 Escalas 和 Bettman[33]使用的 7 个题项（"该品牌能够反映我的个性"，"我愿意用该品牌表明自己的身份"，"跟人与人之间的关系一样，我认为我和这个品牌有某种情感上的联系"，"我使用该品牌可以向别人表达我是什么个性的人"，"该品牌能让我成为我想要成为的那类人"，"该品牌反映了我是什么样的人，也能让别人觉得我是什么样的人"，"我认为这个品牌很适合我"；7 分量表，1=非常不符合，7=非常符合）（Cronbach's α 系数为 0.92）。

之后，被试报告了对虚拟代言人的喜爱程度（"我认为此虚拟代言人是讨人喜欢的"；7 分量表，1=十分不符合，7=十分符合）以及熟悉程度（"我对此虚拟代言人熟悉"；7 分量表，1=十分不符合，7=十分符合），以排除混淆变量的潜在的干扰。然后，要求被试完成虚拟代言人动态性以及品牌个性的操纵检验题项（具体题项同前测）。最后，要求被试完成注意力检测题目和一系列人口统计问题。

（三）实验结果

1. 操纵检验

独立样本 t 检验的结果表明，被试对虚拟代言人的喜爱程度（$M_{高动态}$=5.47，SD=1.15；$M_{低动态}$=5.33，SD=1.25；t（144）=0.70，p=0.48，d=0.12）以及熟悉程度（$M_{高动态}$=4.25，SD=1.51；$M_{低动态}$=4.36，SD=1.39；t（144）=-0.43，p=0.67，d=0.08）上均不存在显著差异。高动态性组对虚拟代言人动态性的评分显著高于低动态性组（$M_{高动态}$=4.63，SD=1.25；$M_{低动态}$=3.72，SD=1.44；t（144）=4.09，p<0.001，d=0.67）。该结果证明了实验 1 对虚拟代言人动态性操纵的有效性。真诚品牌组在真诚维度上的评分显著高于精致品牌组（$M_{真诚}$=5.33，SD=0.87；$M_{精致}$=4.11，SD=1.18；t（138）=7.09，p<0.001，d=1.18）；精致品牌组在精致维度上的评分显著高于真诚品牌组（$M_{真诚}$=3.84，SD=1.10；$M_{精致}$=4.88，SD=1.18；t（144）=-5.49，p<0.001，d=0.91）。该结果证明了实验 1 对品牌个性操纵的有效性。

2. 假设检验

消费者自我-品牌联结。以自我-品牌联结为因变量进行 2（虚拟代言人动态性：高 vs.低）×2（品牌个性：真诚 vs.精致）双因素被试间方差分析。结果表明,虚拟代言人动态性与品牌个性的交互效应显著（$F(1,142)$=43.69，p<0.001，η_p^2=0.235），H1 得到了验证。进一步简单效应分析发现，在真诚的品牌个性条件下，高动态性（vs.低动态性）的虚拟代言人能够产生更强的自我-品牌联结（$M_{高动态}$=4.62，SD=0.15；$M_{低动态}$=3.87，SD=0.17；F（1，142）=10.61，p<0.01，η_p^2=0.069），H1a 得到了验证。在精致的品牌个性条件下,低动态性（vs.高动态性）的虚拟代言人能够产生更强的自我-品牌联结（$M_{高动态}$=3.55，SD=0.15；$M_{低动态}$=4.91，SD=0.16；F（1，142）=37.95，p<0.001，η_p^2=0.211），H1b 得到了验证。见图 2-3。

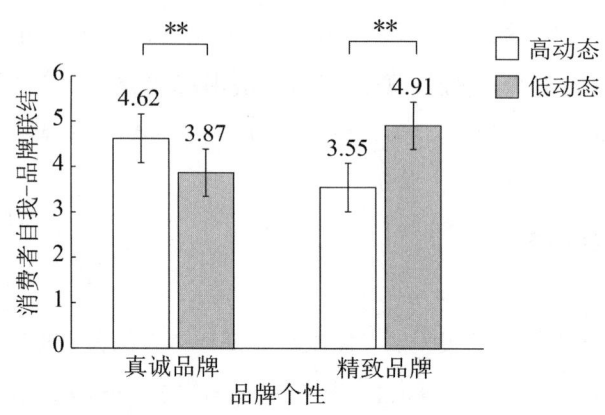

注：** $p < 0.01$。

图2-3 对消费者自我-品牌联结的交互作用（实验1）

（四）讨论

实验1证明了虚拟代言人动态性与品牌个性的匹配对自我-品牌联结存在交互效应。具体而言，在真诚的品牌个性条件下，高动态性（vs.低动态性）的虚拟代言人能够产生更强的自我-品牌联结；在精致的品牌个性条件下，低动态性（vs.高动态性）的虚拟代言人能够产生更强的自我-品牌联结。同时，实验1排除了对虚拟代言人喜爱程度和熟悉程度的干扰。然而，实验1采用的餐饮品牌实验材料属于体验型产品，如果将品牌个性实验材料更换为搜索型实体产品，能否得出相同的结论呢？因此，实验2将更换实验材料和营销情景来验证"真诚品牌-高动态性，精致品牌-低动态性"匹配效应的稳健性，并进一步揭示该效应背后的中介机制。

四、实验2：心理表象的中介效应

（一）实验材料前测

1. 虚拟代言人动态性实验材料测评

对虚拟代言人动态性实验材料的编制过程同实验1。在低动态性条件下，被试看到一只静止站立的卡通小猫图像。在高动态性条件下，被试看到一只正在跳跃的卡通小猫图像（图 2-4）。为检验不同虚拟代言人动态性的实验材料是否合适，通过问卷星平台招募41位被试（$M_{年龄}$=22.68 岁，SD=3.23岁，49%的女性），随机分为2组（高动态性组 vs.低动态性组）参与前测。

将不同虚拟代言人动态性的图片分别呈现给各组被试,要求被试对虚拟代言人动态性进行评分(题项同实验1;Cronbach's α 系数为 0.92)。结果表明,高动态性组对虚拟代言人动态性的评分显著高于低动态性组($M_{高动态}$=5.05,SD=1.22;$M_{低动态}$=3.74,SD=1.52;t(39)=3.05,p<0.01,d=0.95)。结果确保了实验 2 选取的虚拟代言人动态性实验材料是有效的。

低动态性　　　　　　高动态性

图2-4　虚拟代言人动态性实验材料(实验2)

2. 品牌个性实验材料测评

基于 Maehle 等[18]对品牌个性的消费者感知研究,大多数真诚品牌和精致品牌涉及的产品大类均包含首饰一类。因此,选择手表品牌作为实验材料。对品牌个性实验材料的编制过程同实验 1,为虚构的手表品牌"迪沃希"创建 2 种不同类型的品牌个性文字材料。真诚的品牌个性文字材料为:"迪沃希是一款老牌手表品牌,简约的设计,专业的制表工艺,实用又耐用,以诚信服务和可靠质量赢得您的信赖。"精致的品牌个性文字材料为:"迪沃希是一款全球知名手表品牌,独具匠心的设计,全球顶尖的制表工艺,高端又时尚,以超凡质感和高雅品味带给您尊贵的体验。"通过问卷星平台招募 45 位被试($M_{年龄}$=22.09 岁,SD=1.82 岁,89%的女性),随机分为 2 组参与前测(真诚品牌组 vs.精致品牌组),将不同类型的品牌个性文字材料分别呈现给各组被试,要求被试对品牌个性的真诚维度(Cronbach's α 系数为 0.80)和精致维度(Cronbach's α 系数为 0.80)进行评分(题项同实验 1)。结果表明,真诚品牌组在真诚维度上的评分显著高于精致品牌组($M_{真诚}$=5.64,SD=0.75;$M_{精致}$=4.08,SD=0.66;t(43)=7.31,p<0.05,d=2.21);精致品牌组在精致维度上的评分显著高于真诚品牌组($M_{真诚}$=2.96,SD=1.22;$M_{精致}$=5.22,SD=0.72;t(41)=-7.78,p<0.001,d=2.26)。结果确保了实验 2 选取的品牌个性实验材料是有效的。

（二）被试选择与实验流程

实验 2 采用 2（虚拟代言人动态性：高 vs.低）×2（品牌个性：真诚 vs.精致）双因素被试间实验设计，因变量为自我-品牌联结。采用 G*power 3.1 软件对被试量进行事前预估，2×2 交互效应采用中等效应量 f＝0.25，α＝0.05，统计检验力达到 80%总样本量至少为 128 名。通过问卷星平台招募 172 名被试。剔除作答时长过短或过长，注意力测试题错误，内容乱填等无效样本后，最后实际总样本量 N＝138（$M_{年龄}$＝23.49 岁，SD＝3.86 岁，59%的女性）。被试被随机分配成 4 组，高动态性-真诚品牌组 30 人，高动态性-精致品牌组 38 人，低动态性-真诚品牌组 32 人，低动态性-精致品牌组 38 人。

正式实验中，被试被告知近期某手表品牌正筹备推出一款虚拟代言人，为了更好地了解消费者需求，企业邀请其为虚拟代言人提出一些意见，希望其仔细阅读品牌简介并查看代言人图片，基于真实感受填写后续评价。虚拟代言人动态性与品牌个性由虚拟代言人图片和品牌简介中呈现的文字材料来操纵。接下来，被试填写因变量自我-品牌联结量表（题项同实验 1，Cronbach's α 系数为 0.90）。

然后，被试填写心理表象量表，共 5 个题项，改编自 Babin 和 Burns 开发的心理表象量表[34]（"在阅读以上内容过程中，我想象戴着迪沃希手表"，"我脑海中浮现出很多关于该品牌的图像"，"我脑海中浮现的画面是清晰的"，"我脑海中浮现的画面是生动的"，"我试图在脑海中想象自己戴着迪沃希手表的程度是"；7 分量表，1＝非常不符合，7＝非常符合）（Cronbach's α 系数为 0.87）。之后，被试报告了对虚拟代言人的喜爱程度、熟悉程度，以排除混淆变量的潜在的干扰。然后，要求被试完成虚拟代言人动态性以及品牌个性的操纵检验题项（题项同实验 1）。最后，要求被试完成注意力检测题目和一系列人口统计问题。

（三）实验结果

1. 操纵检验

独立样本 t 检验的结果表明，被试对虚拟代言人的喜爱程度（$M_{高动态}$＝5.12，SD＝1.18；$M_{低动态}$＝4.94，SD＝1.51；t（136）＝0.76，p＝0.45，d＝0.13）以及熟悉程度（$M_{高动态}$＝3.50，SD＝1.56；$M_{低动态}$＝3.13，SD＝1.38；t（136）＝1.48，p＝0.14，d＝0.25）上均不存在显著差异。高动态性组对虚拟代言人动态性的

评分显著高于低动态性组（$M_{高动态}$=4.43，SD=1.09；$M_{低动态}$=3.06，SD=1.26；t（136）= 6.77，$p<0.001$，d=1.16）。该结果证明了实验2对虚拟代言人动态性操纵的有效性。真诚品牌组在真诚维度上的评分显著高于精致品牌组（$M_{真诚}$=5.23，SD=0.85；$M_{精致}$=3.89，SD=1.03；t（136）=8.21，$p<0.001$，d=1.42）；精致品牌组在精致维度上的评分显著高于真诚品牌组（$M_{真诚}$=3.45，SD=1.14；$M_{精致}$=5.47，SD=1.03；t（136）=-10.94，$p<0.001$，d=1.86）。该结果证明了实验2对品牌个性操纵的有效性。

2. 假设检验

消费者自我-品牌联结。以自我-品牌联结为因变量进行2（虚拟代言人动态性：高vs.低）×2（品牌个性：真诚vs.精致）双因素被试间方差分析。结果表明,虚拟代言人动态性与品牌个性的交互效应显著（$F(1,134)$=59.91，$p<0.001$，η_p^2=0.309），H1再次得到了验证。进一步简单效应分析发现，在真诚的品牌个性条件下,高动态性（vs.低动态性）的虚拟代言人能够产生更强的自我-品牌联结（$M_{高动态}$=4.60，SD=0.17；$M_{低动态}$=2.88，SD=0.17；F（1，134）=52.26，$p<0.001$，η_p^2=0.281），H1a再次得到验证。在精致的品牌个性条件下，低动态性（vs.高动态性）的虚拟代言人能够产生更强的自我-品牌联结（$M_{高动态}$=3.76，SD=0.15；$M_{低动态}$=4.52，SD=0.15；F（1，134）= 12.55，$p<0.01$，η_p^2=0.086），H1b再次得到验证。见图2-5。

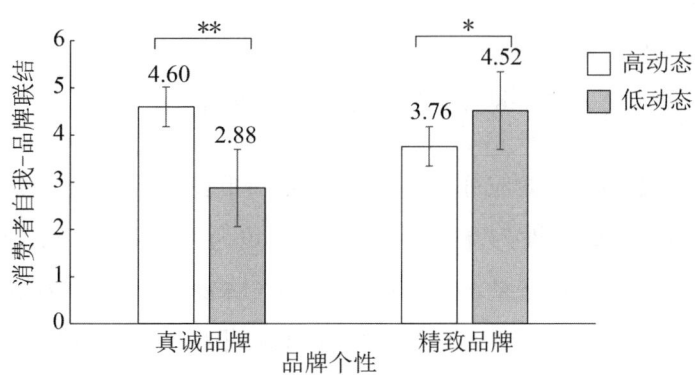

注：**$p<0.01$，*$p<0.05$。

图2-5 对消费者自我-品牌联结的交互作用（实验2）

心理表象。以心理表象为因变量进行 2（虚拟代言人动态性：高 vs.低）×2（品牌个性：真诚 vs.精致）双因素被试间方差分析。结果表明，虚拟代言人动态性与品牌个性的交互效应显著（$F(1, 134)=59.37$，$p<0.001$，$\eta_p^2=0.307$）。进一步简单效应分析发现，在真诚的品牌个性条件下，高动态性（vs.低动态性）的虚拟代言人能够诱发更高水平的心理表象（$M_{高动态}=5.05$，$SD=0.17$；$M_{低动态}=3.29$，$SD=0.17$；$F(1, 134)=53.53$，$p<0.001$，$\eta_p^2=0.285$），H2a 得到验证。在精致的品牌个性条件下，低动态性（vs.高动态性）的虚拟代言人能够诱发更高水平的心理表象（$M_{高动态}=3.97$，$SD=0.15$；$M_{低动态}=4.71$，$SD=0.15$；$F(1, 134)=11.52$，$p<0.001$，$\eta_p^2=0.079$），H2b 得到验证。见图 2-6。

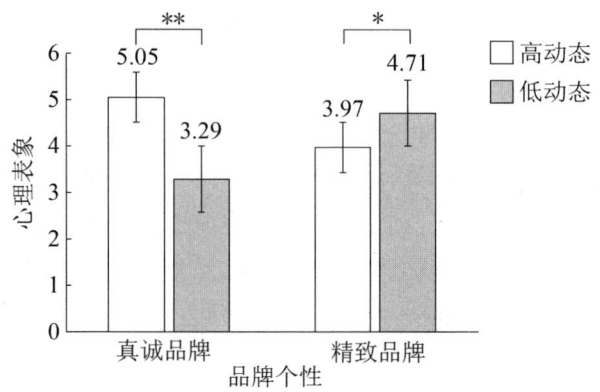

注：** $p<0.01$，* $p<0.05$。

图2-6 对心理表象的交互作用（实验2）

心理表象的中介效应分析。以自我-品牌联结为因变量，以代言人动态性为自变量，品牌个性为调节变量，心理表象为中介变量，以人口统计学变量年龄和性别作为协变量，使用 PROCESS（Model 8；5000 bootstraps）进行有调节的中介效应分析。将代言人动态性编码为"1=高动态性，0=低动态性"，将品牌个性编码为"1=真诚，0=精致"。结果发现，心理表象在代言人动态性和品牌个性的交互项对消费者自我-品牌联结的影响中起中介效应（indirect effect $\beta=1.62$，$SE=0.31$，95% CI=[1.05, 2.27]不包含 0）。代言人动态性与品牌个性的交互效应显著影响自我-品牌联结（Int_2：$\beta=1.01$，

SE=0.31,95% CI=[0.40,1.63]不包含0),代言人动态性和品牌个性的交互效应显著影响心理表象(Int_1:β=2.61,SE=0.33,95% CI=[1.95,3.27]不包含0),心理表象又能显著影响消费者自我-品牌联结(β=0.62,SE=0.07,95% CI=[0.49,0.75]不包含0)。进一步分析发现,在真诚的品牌个性条件下,心理表象的间接效应显著(indirect effect β=1.07,SE=0.20,95% CI=[0.72,1.48]不包含0);在精致的品牌个性条件下,心理表象的间接效应显著(indirect effect β=−0.54,SE=0.19,95% CI=[−0.94,−0.21]不包含0)。因此,H2得以证明。见图2-7。

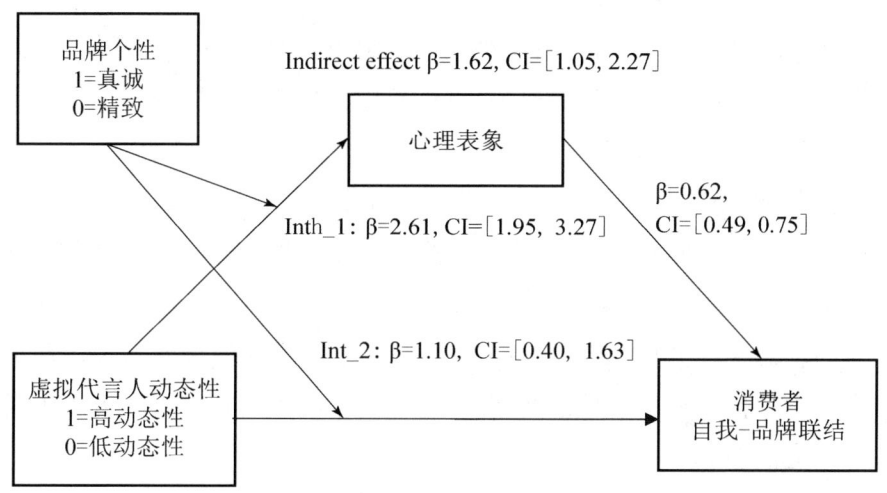

图2-7 心理表象的中介效应(实验2)

(四)讨论

实验2通过更换实验材料和营销情景再次证实了H1,即"真诚品牌-高动态性,精致品牌-低动态性"的匹配能够增强自我-品牌联结。实验2证实了该效应的稳健性并验证了其内在机制心理表象,同时控制了人口统计学变量。因此,H2、H2a和H2b均得以证明。

五、实验3:加入控制组

实验3的目的是考察在广告设计或品牌营销中,与不采用代言人相比,采用虚拟代言人是否可以使品牌受益?因此在实验3中加入没有代言人的控制组。同时，为了进一步增强研究结论的稳健性，选择体验型产品大类家居品牌作为刺激物，设计了新的虚拟代言人形象的图片。然后，在验证虚拟代言人动态性与品牌个性对消费者自我-品牌联结的交互效应的基础上，进一步验证心理表象的中介效应。实验3采用3（虚拟代言人动态性：高动态vs.低动态vs.控制组）×2（品牌个性：真诚vs.精致）被试间实验设计，中介变量为心理表象，因变量为自我-品牌联结。

（一）实验材料前测

1. 代言人动态性材料测评

同实验1，在正式实验之前，为创建有效的刺激材料（高/低动态代言人），使用Photoshop软件创建能够诱发不同的动态性感知程度的虚拟代言人形象图片。为了排除偏见、代言人面部表情、被试对代言人的熟悉程度和喜爱程度对研究的潜在影响，选择卡通动物的图片作为虚拟代言人形象，并将其面部表情设计为中性的。本研究共创建了2个版本的代言人，其中能够诱发较少的动态性感知的虚拟代言人是一只静止站立的卡通狐狸，而能够诱发较多的动态性感知的虚拟代言人是一只看起来跳动的卡通狐狸，利用虚线增强对此代言人动态性的暗示。此外，2个版本的代言人在外观上是相同的。见图2-8。

低动态性　　　　　　　　　　　高动态性

图2-8　虚拟代言人动态性实验材料（实验3）

为了确保两个版本的代言人在除了动态性感知之外的维度上没有差异，通过问卷星平台招募大学生被试38名。其中男生15人，女生23人，年龄21.65±1.53岁。将被试随机分配成两组，每组被试观看两幅代言人图片中的一幅，并进行代言人动态性感知的测量。要求被试在观看代言人图片之后，根据自身的真实感受对代言人的喜爱程度、熟悉程度以及动态性感知进行评价。独立样本 t 检验的结果表明,两种代言人在喜爱程度($M_{低动态}$=4.76,SD=1.09,$M_{高动态}$=5.41,SD=0.87;t(36)=-1.99,p=0.05,d=0.66)、熟悉程度($M_{低动态}$=3.47,SD=1.36,$M_{高动态}$=3.82,SD=1.01;t(36)=-0.87,p=0.39,d=0.29)上均不存在显著差异,排除了喜爱程度和熟悉程度的潜在影响。同时,两种代言人在动态性感知($M_{低动态}$=2.86,SD=1.00,$M_{高动态}$=4.94,SD=0.76;t(36)=-2.68,p<0.001,d=2.34,Cronbach's α 系数为 0.82)上存在显著差异,高动态代言人在动态性感知上的得分显著高于低动态代言人。上述结果表明,对代言人动态性的操纵是有效的,上述两个版本的代言人图片可作为主实验的刺激材料。

2. 品牌个性材料测评

实验3以虚拟家居产品"瑞源家居"作为实验材料,通过以下4个方面对真诚的品牌个性和精致的品牌个性进行操纵:(1)通过平面广告内容(增强家庭生活氛围vs.增强个人精致生活氛围);(2)品牌标识字体设计(艺术体vs.宋体);(3)广告色调(自然柔和,以暖黄色为主vs.高贵精致,以红棕色为主);(4)广告定位("给全家带来幸福"vs."只为奢华而生");(5)广告标语("健康环保、母婴放心、贴心服务、无忧退换"vs."高雅精致、私享尊荣、独家定制、全球限量")等方面依次进行真诚的品牌个性和精致的品牌个性的区分。

为了确保操纵品牌个性的描述材料是有效的,将被试随机分配成两组,每组被试分别阅读真诚的品牌个性的广告和精致的品牌个性的广告,并分别进行真诚的品牌个性(Cronbach's α 系数为 0.81)和精致的品牌个性(Cronbach's α 系数为 0.82)感知测量。通过问卷星平台招募大学生被试共 37 名,其中男生 20 人,女生 17 人,年龄 23.67±4.56 岁。结果显示,真诚的品牌个性组在真诚题项上的评分显著高于精致的品牌个性组($M_{真诚}$=5.15,SD=1.00,$M_{精致}$=3.90,SD=0.84;t(35)=4.09,p<0.001,d=1.35),精致的品牌个性组在精致题项上的评分显著高于真诚的品牌个性组($M_{真诚}$=4.04,SD=0.86,$M_{精致}$=5.66,SD=0.70;t(35)=-6.29,p<0.001,d=2.03)。因此,

结果表明，对品牌个性的操纵是有效的，上述两个版本的品牌个性广告可以作为主实验的刺激材料。

（二）被试选择与实验流程

实验 3 采用 3（虚拟代言人动态性：高动态 vs.低动态 vs.控制组）×2（品牌个性：真诚 vs.精致）被试间实验设计，检验代言人动态性与品牌个性对消费者自我-品牌联结的交互效应。利用 G*power 软件计算出在显著性水平为 0.05 且效应量为中等水平（f=0.25）时，预测达到 80%的统计力水平的总样本量至少为 158 名。实验 3 通过问卷星平台招募 197 名大学生被试。通过一道注意力测试题（在 28367945 这串数字中，正数第三个数字是 6？请选择：1=非常不符合，7=非常符合），剔除未正确回答此问题的数据样本。同时，将数据样本中全部填写相同值或极端值以及答题时间过长或答题时间过短的数据样本剔除。最终得到有效样本 171 份，其中男生 76 人，女生 95 人，年龄 24.41±4.52 岁。

被试被随机分配到 3（虚拟代言人动态性：高动态 vs.低动态 vs.控制组）×2（品牌个性：真诚 vs.精致）被试间实验设计中，其中，高动态代言人×真诚的品牌个性匹配组 31 人，低动态代言人×真诚的品牌个性匹配组 27 人，无代言人×真诚品牌个性匹配组 27 人，高动态代言人×真诚的品牌个性匹配组 28 人，低动态代言人×精致的品牌个性组 32 人，无代言人×精致品牌个性匹配组 26 人。实验采用情景模拟法，要求被试仔细阅读材料，并将自己想象为购买情景中的顾客。首先，被试被告知需要评估某个家居品牌的虚拟形象代言人，并告知他们想象一下他们正准备买一套沙发，在搜索沙发时看到了"瑞源家居"的品牌广告。然后，要求被试尽可能认真仔细地阅读品牌广告的内容。最后，被试被要求完成心理表象量表（Cronbach's α 系数为 0.81）和自我-品牌联结量表（Cronbach's α 系数为 0.90）。同时，为了检验对代言人动态性和品牌个性的操纵是否有效，并排除对代言人喜爱程度和熟悉程度的影响，要求被试完成对代言人喜爱程度、熟悉程度、动态性感知（Cronbach's α 系数为 0.75）以及真诚的品牌个性（Cronbach's α 系数为 0.74）和精致的品牌个性（Cronbach's α 系数为 0.78）感知测量。最后，要求被试报告他们的性别和年龄。

（三）研究结果

1. 操纵检验

独立样本 t 检验的结果表明，被试对两种代言人的喜欢程度（$M_{低动态}$=4.71，SD=1.30，$M_{高动态}$=4.89，SD=1.20；$t(116)$=-0.81，p=0.420，d=0.18）、熟悉程度（$M_{低动态}$=3.44，SD=1.62，$M_{高动态}$=3.98，SD=1.43；$t(116)$=-1.93，p=0.057，d=0.35）的评价均不存在显著差异，因此，排除了喜爱程度和熟悉程度的潜在影响。被试对两种代言人动态性的感知（$M_{低动态}$=3.54，SD=1.16，$M_{高动态}$=4.05，SD=1.15；$t(116)$=-2.37，$p<0.05$，d=0.44，Cronbach's α 系数为 0.75）存在显著差异，高动态代言人在动态性感知上的得分显著高于低动态代言人。上述结果表明，对代言人动态性的操纵是有效的。

独立样本 t 检验的结果表明，真诚的品牌个性组在真诚题项上的评分显著高于精致的品牌个性组（$M_{真诚}$=5.36，SD=0.80，$M_{精致}$=4.11，SD=0.97；$t(169)$=9.22，$p<0.001$，d=1.40，Cronbach's α 系数为 0.74），精致的品牌个性组在精致题项上的评分显著高于真诚的品牌个性组（$M_{真诚}$=3.91，SD=0.95，$M_{精致}$=5.07，SD=1.03；$t(169)$=-7.67，$p<0.001$，d=1.17，Cronbach's α 系数为 0.78）。上述结果表明，对品牌个性的操纵是有效的。

2. 假设检验

消费者自我-品牌联结。方差分析结果显示，品牌个性的主效应不显著（$F(2, 165)$=2.223，p=0.138，η_p^2=0.013）；代言人动态性的主效应显著（$F(2, 165)$=13.405，$p<0.001$，η_p^2=0.140）。代言人动态性与品牌个性的交互效应显著（$F(2, 165)$=19.689，$p<0.001$，η_p^2=0.193），进一步验证了 H1 假设。进一步简单效应分析发现，品牌个性为真诚时，使用不同动态性代言人对消费者自我-品牌联结存在显著影响（$F(2, 165)$=10.370，$p<0.001$，η_p^2=0.112），其中使用高动态代言人（$M_{高动态}$=4.71，SD=0.18）组的消费者自我-品牌联结显著高于使用低动态性代言人组（$M_{低动态}$=3.72，SD=0.19；$t(56)$=4.11，$p<0.001$，d=5.34）和控制组（$M_{控制组}$=3.68，SD=0.19；$t(56)$=3.98，$p<0.001$，d=5.56），同时低动态代言人组和控制组的消费者自我-品牌联结不存在显著差异（$t(56)$=0.13，p=0.895，d=0.21）。品牌个性为精致

时，使用不同动态性代言人同样对消费者自我-品牌联结存在显著影响（$F(2, 165)=23.967$，$p<0.001$，$\eta_p^2=0.225$），其中使用低动态代言人组（$M_{低动态}=4.78$，$SD=0.17$）的消费者自我-品牌联结显著高于使用高动态性代言人组（$M_{高动态}=3.60$，$SD=0.19$；$t(58)=-5.02$，$p<0.001$，$d=6.54$）和控制组（$M_{控制组}=3.04$，$SD=0.19$；$t(58)=6.76$，$p<0.001$，$d=9.65$），同时高动态代言人组和控制组的消费者自我-品牌联结不存在显著差异（$t(58)=1.85$，$p=0.070$，$d=2.94$）。见图2-9。

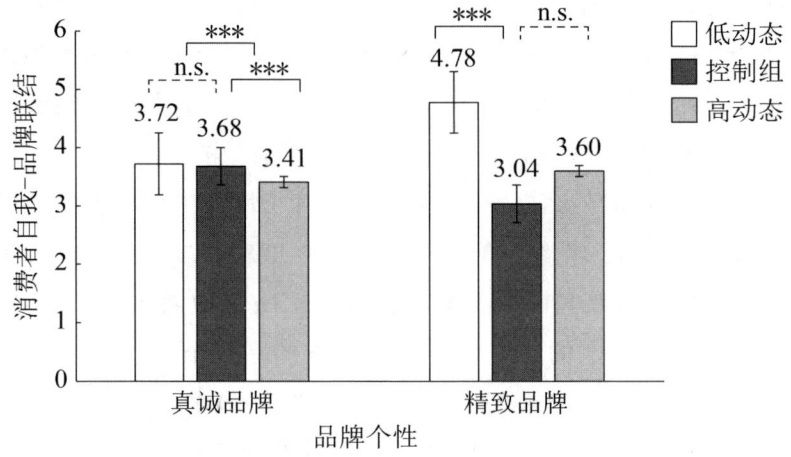

注：*** $p<0.001$，n.s.表示不存在显著差异。

图2-9 对消费者自我-品牌联结的交互效应（实验3）

心理表象。对心理表象进行3（代言人动态性：高动态 vs.低动态 vs.控制组）×2（品牌个性：真诚 vs.精致）方差分析，结果显示，代言人动态性与品牌个性的交互效应显著（$F(2, 165)=16.894$，$p<0.001$，$\eta_p^2=0.170$）。进一步简单效应分析发现，当品牌个性为真诚时，使用不同动态的代言人对心理表象水平存在显著影响（$F(2, 165)=13.858$，$p<0.001$，$\eta_p^2=0.144$），其中使用高动态代言人组（$M_{高动态}=5.33$，$SD=0.15$）的心理表象水平显著高于使用低动态性代言人组（$M_{低动态}=4.33$，$SD=0.16$；$t(56)=4.79$，$p<0.001$，$d=6.45$）和控制组（$M_{控制组}=4.40$，$SD=0.16$；$t(56)=5.69$，$p<0.001$，$d=5.99$），同时低动态代言人组和控制组的心理表象水平不存在显著差异（$t(52)=-0.317$，

$p=0.752$,$d=0.44$)。品牌个性为精致时,使用不同动态的代言人同样对心理表象水平存在显著影响（$F(2,165)=21.760$,$p<0.001$,$\eta_p^2=0.209$),其中使用低动态代言人组（$M_{低动态}=4.97$,$SD=0.15$)的心理表象水平显著高于使用高动态性代言人组（$M_{高动态}=4.40$,$SD=0.16$;$t(58)=-2.610$,$p<0.05$,$d=3.67$)和控制组（$M_{控制组}=3.55$,$SD=0.16$;$t(56)=6.12$,$p<0.001$,$d=9.16$),同时高动态代言人组的心理表象水平显著高于控制组（$t(52)=3.26$,$p<0.01$,$d=5.31$)。见图2-10。

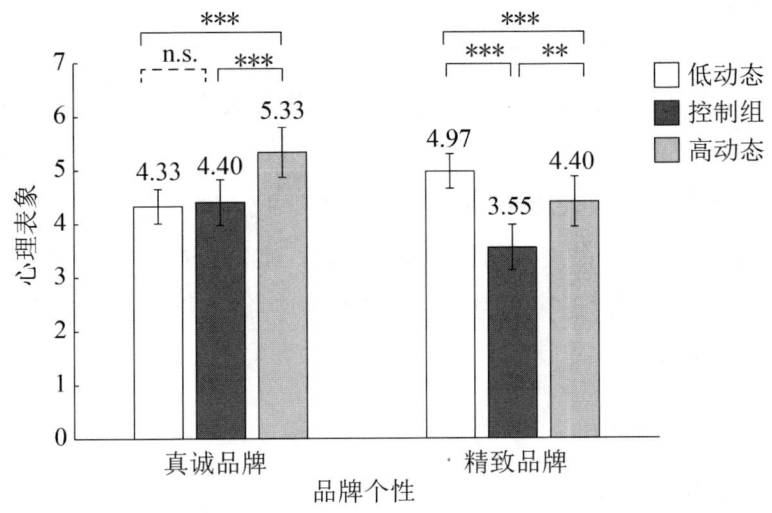

注：*** $p<0.001$，** $p<0.01$，n.s.表示不存在显著差异。

图2-10 对心理表象的交互效应（实验3）

心理表象的中介效应分析。参照 Preacher 等（2007）提出的 bootstrap 法,使用 SPSS 中 PROCESS 程序检验心理表象的中介效应,将虚拟代言人动态性编码为"1=高动态性,−1=低动态性",将品牌个性编码为"1=真诚的,−1=精致的"。选择偏差校正的非参数百分位法进行取样,模型选择8,样本量设定为 5000,置信区间设定为 95%。结果显示,有调节的中介效应存在（$\beta=0.59$；$SE=0.13$；95%CI=[0.34，0.87],不包含0）；当中介效应存在时,主效应显著（$\beta=0.26$；$SE=0.08$；95%CI=[0.10，0.43],不包含0）,说明心理表象发挥了部分中介效应,再次验证了H2假设。当品牌个性为真诚时，中介效应存在（β=0.37；SE=0.08；95%CI=［0.21，0.54］，不包含0）；当中介效应存在时，主效应显著（β=0.14；SE=0.12；95%CI=［−0.09，0.36］，包含0），说明心理表象发挥了完全中介效应，再次验证了H2a假设。当品牌个性为精致时，中介效应显著（β=−0.22；SE=0.09；95%CI=［−0.42，−0.05］，不包含0）；当中介效应存在时，主效应显著（β=−0.39；SE=0.11；95%CI=［−0.61，−0.17］，不包含0），说明心理表象发挥了部分中介效应，再次验证H2b假设。

（四）讨论

实验3在模拟广告营销的条件下，再次验证代言人动态性与品牌个性对消费者自我-品牌联结的交互效应，以及心理表象的中介效应。此结果呼应了实验1和实验2的结论。此外，实验3加入控制组，验证了在广告营销活动中，与不使用代言人相比，根据品牌个性不同，选择不同动态性的代言人对发展消费者自我-品牌联结更有益。同时，实验3在实验刺激材料中选择家居产品品类，同时创建新的代言人形象图片，进一步提高了研究结论的外部效度和稳健性。

六、结论与展望

（一）研究结论

本文基于语义加工的激活扩散理论和联想学习理论，考察了虚拟代言人动态性与品牌个性的匹配对消费者自我-品牌联结的影响。通过设定不同的营销情景（实验一为体验型产品的品牌营销，实验二为搜索型产品的品牌营销），层层递进地为研究假设提供了稳健的证据。主要结论如下：（1）虚拟代言人动态性与品牌个性的匹配对自我-品牌联结存在交互效应；（2）心理表象在虚拟代言人动态性与品牌个性对自我-品牌联结的交互效应中起到中介效应。"真诚品牌-高动态性，精致品牌-低动态性"的匹配能够诱发更高水平的心理表象，进而能够产生更强的自我-品牌联结。

（二）理论贡献

首先，本文为虚拟代言人领域的文献贡献了新的结果变量，即自我-品牌联结，丰富了虚拟代言人动态性领域的相关知识。尽管之前的学者开展了一些关于虚拟代言人的实证研究[5, 6, 7]和相关综述研究[2]，但对虚拟代言人动态性的研究仍有不足之处。相关研究考察了虚拟代言人的动态属性对注意力抓取和品牌记忆效果的影响[11]，但鲜有文献探讨虚拟代言人动态性的适用情景及其对自我-品牌联结的影响。

其次，本文拓展了品牌视觉线索动态性的相关研究。现有的品牌视觉线索动态性的研究主要集中在品牌标识上[9, 10, 14]，但相比之下，虚拟代言人不仅可设置不同的动态性效果，更能展现拟人化的动作，如跳跃、奔跑或静止站立。这些动作与品牌个性的契合能够迎合消费者自我表达、自我认同的心理需求。

最后，本文延伸了心理表象领域的相关研究。以往研究只探讨了品牌视觉线索动态性对心理表象生成的影响[9]，但无法解释哪种品牌个性条件下设置哪种动态性的视觉线索，才能诱发更高水平的心理表象。本文识别出了"真诚品牌-高动态性，精致品牌-低动态性"的匹配更容易诱发心理表象，丰富了心理表象诱发方法的相关知识。

（三）管理启示

首先，企业可以将虚拟代言人动态性的设计纳入消费者-品牌关系的构建策略中。将虚拟代言人形象与品牌标识、产品包装、app 设计策略深度融合，借助短视频、融媒体直播等多元化的平台与消费者建立心理联系。

其次，品牌个性影响企业对虚拟代言人动态性的选择。企业可以根据子品牌的个性，设置不同动态性的虚拟代言人。

最后，企业在消费者-品牌关系构建策略中需要关注消费者心理表象的诱发。在虚拟数字经济时代，诱发消费者与品牌展开想象中的互动并对品牌体验进行心理模拟能够帮助消费者构建品牌个性的心理表征与联想网络。企业需要提供与消费者心理表征相契合的虚拟代言人，提高心理表象生成的容易程度和水平，从而深化消费者自我-品牌联结。

（四）局限性与未来研究展望

首先，本文使用线上实验证明了虚拟代言人动态性与品牌个性的匹配对自我-品牌联结的影响，但欠缺无代言人或真人代言人控制组的实验设计。已有研究对比了虚拟代言人和真人代言人在影响新产品品牌态度方面的优势[8]，未来研究可针对不同类型代言人（如真人明星、企业家代言人等）的影响机制进行对比。

其次，虚拟代言人动态性与品牌个性的匹配通过诱发心理表象继而强化自我-品牌联结，但该匹配效应是否存在边界条件？有研究发现当广告中的视觉线索生动性较差或消费者认知负荷较高时，心理表象的加工会被抑制，反而会对品牌态度带来负面影响[31]。未来研究有必要探索相关调节因素。

最后，本文对心理表象的测量采用了自我报告式的量表，然而这种方式只能在事后捕获追溯性的心理表象，那么，自我报告测量法是否能够捕捉营销刺激物诱发的心理表象仍然存疑。因此，未来研究可尝试使用神经科学技术测量虚拟代言人动态性诱发的心理表象，以提高研究的内容效度和生态效度。

参考文献

[1] 元宇宙研究院联合北京城市副中心应用场景产业联盟发布的《2022虚拟人产业研究报告》, http://www.bj.chinanews.com.cn/news/2022/0607/86619.html.

[2] Miao F, Kozlenkova I V, Wang H, et al. An emerging theory of avatar marketing[J]. Journal of Marketing, 2022, 86（1）：67–90.

[3] Garretson J A, Burton S. Alcoholic beverage sales promotion: An initial investigation of the role of warning messages and brand characters among consumers over and under the legal drinking age[J]. Journal of Public Policy & Marketing, 1998, 17（1）：35–47.

[4] Garretson J A, Burton S. The role of spokes characters as advertisement and package cues in integrated marketing communications[J]. Journal of Marketing, 2005, 69（4）:118–132.

[5] 周飞，冉茂刚，陈春琴. 虚拟代言人感知真实性与消费者品牌依恋关系的实证研究[J]. 软科学, 2018, 32（05）：112–115.

[6] 姜凌，冯源. 独特化需求对虚拟代言人说服效果影响研究[J]. 商业经济与管理, 2020, 40（6）：66–77.

[7] 朱华伟，苏羽，冯靖元. 代言人类型和产品创新类型对创新产品购买意愿的交互影响[J]. 南开管理评论，2022, 25（6）: 118–127.

[8] 李可诣，靳菲. 代言人类型与品牌形象对消费者态度的交互影响[J]. 贵州财经大学学报，2022,（5）: 83–91.

[9] Cian L, Krishna A, Elder R S. This logo moves me: Dynamic imagery from static images [J]. Journal of Marketing Research, 2014, 51（2）: 184–197.

[10] Cian L, Krishna A, Elder R S. A sign of things to come: Behavioral change through dynamic iconography [J]. Journal of Consumer Research, 2015, 41（6）: 1426–1446.

[11] Zhang N, Liya Z. The effect of the motion attributes of spokes-characters on app launch pages on brand memory[J]. Internet Research, 2024, 34（4）: 1145–1164.

[12] Escalas J E. Narrative processing: Building consumer connections to brands. Journal of Consumer Psychology, 2004, 14（1）: 168–180.

[13] Del Vecchio D, Jones W J, Baugh L. From easy to known: How fluent brand. processing fosters self-brand connection[J]. Psychology & Marketing, 2023, 41（4）: 754–773.

[14] Baxter S M, Ilicic J. May the force drag your dynamic logo: The brand work-energy effect[J]. International Journal of Research in Marketing, 2018, 35（3）: 509–523.

[15] Aguirre-Rodriguez A, Bosnjak M, Sirgy J M. Moderators of the self-congruity effect on consumer decision-making: A meta-analysis[J]. Journal of Business Research, 2012, 65（8）: 1179–1188.

[16] Aaker J L. Dimensions of brand personality[J]. Journal of Marketing Research, 1997, 34（3）: 347–356.

[17] Aaker J, Fournier S, Brasel S A. When good brands do bad[J]. Journal of Consumer Research, 2004, 31（1）: 1–16.

[18] Maehle N, Otnes C, Supphellen M. Consumers' perceptions of the

dimensions of brand personality[J]. Journal of Consumer Behaviour, 2011, 10（5）: 290–303.

[19] Sundar A, Noseworthy T J. Too exciting to fail, too sincere to succeed: The effects of brand personality on sensory disconfirmation[J]. Journal of Consumer Research, 2016, 43（1）: 44–67.

[20] Folse J A G, Netemeyer R G, Burton S. Spokescharacters: How the personality traits of sincerity, excitement, and competence help to build equity[J]. Journal of Advertising, 2012, 41（1）: 17–32.

[21] 叶生洪，吴国彬，郝爽. 员工沟通行为与品牌个性的匹配性对顾客品牌态度的影响[J]. 外国经济与管理，2017，39（7）：91–104.

[22] Collins A. M, Loftus E F. A spreading-activation theory of semantic processing[J]. Psychological Review, 1975, 82（6）: 407–428.

[23] Janiszewski C, van Osselaer S M. A connectionist model of brand-quality associations[J]. Journal of Marketing Research, 2000, 37（3）: 331–350.

[24] Chang C. Imagery fluency and narrative advertising effects[J]. Journal of Advertising, 2013, 42（1）: 54–68.

[25] Huang R, Ha S. The role of need for cognition in consumers' mental imagery: A study of retail brand's Instagram[J]. International Journal of Retail & Distribution Management, 2020, 49（2）: 242–262.

[26] Hur S, Lim H, Lyu J. "I"or "she/he"? The effects of visual perspective on consumers' evaluation of brands' social media marketing: From imagery fluency perspective[J]. Journal of Global Fashion Marketing, 2020, 11（3）: 1–17.

[27] Guido G, Pichierri M, Nataraajan R, et al. Animated logos in mobile marketing communications: The roles of logo movement directions and trajectories[J]. Journal of Business Research, 2016, 69（12）: 6048–6057.

[28] Brasel S A, Hagtvedt H. Living brands: Consumer responses to animated brand logos[J]. Journal of the Academy of Marketing Science, 2016, 44(5):639–653.

[29] Biliciler G, Raghunathan R, Ward A F. Consumers as naive physicists: How visual entropy cues shift temporal focus and influence product evaluations[J]. Journal of Consumer Research, 2022, 48（6）:1010–1031.

[30] MacInnis D J, Price L L. The role of imagery in information processing: Review and extensions [J]. Journal of Consumer Research, 1987, 13（4）: 473–491.

[31] Petrova P K, Cialdini R B. Fluency of consumption imagery and the backfire effects of imagery appeals[J]. Journal of Consumer Research, 2005, 32（3）: 442–452.

[32] Elder R S, Krishna A. The "Visual Depiction Effect" in advertising: Facilitating embodied mental simulation through product orientation[J]. Journal of Consumer Research, 2012, 38（6）: 988–1003.

[33] Escalas J E, Bettman J R. Self-construal, reference groups, and brand meaning [J]. Journal of Consumer Research, 2005, 32（3）: 378–389.

[34] Babin L A, Burns A C. A modified scale for the measurement of communication-evoked mental imagery[J]. Psychology & Marketing, 1998, 15（3）: 261–278.

[35] Jiang Y, Gorn G J, Galli M, Chattopadhyay A. Does your company have the right logo? How and why circular- and angular-logo shapes influence brand attribute judgments[J]. Journal of Consumer Research, 2016, 42（5）: 709–726.

第三节　品牌传记诱发的叙事传输对消费者品牌态度的影响

一、问题的提出

（一）研究背景

在竞争激烈的市场中，为了吸引消费者的眼球，引发消费者的购买欲，企业往往将自己打造得"无懈可击"，譬如宣传品牌具有深厚底蕴、悠久历史、名师制作、规模庞大、资金丰厚等，通过"示强"的方式来向消费者展示自己的可靠，赢得消费者的青睐。如果事实如此，我们不禁要问：一个初创的、身处竞争劣势的，或天生资源禀赋不佳的企业难道就没有机会战胜"强者"，创造消费者喜爱的品牌？其实不然，早有企业通过弱势品牌传记的营销策略，获得了消费者的喜爱。人们对美国苹果公司记忆尤其深刻的故事情节是：创始人乔布斯出身于单亲家庭、无力完成大学学业、在养父母车库里艰难创业、曾被自己所创办的企业解雇，如此弱势但却励志的故事，成为了苹果吸引全球粉丝的深层原因之一[1]。在一些品牌传记效应的研究里，学者发现弱势品牌所展现的不屈不挠、拼搏奋斗的精神会对消费者产生品牌吸引力。这意味品牌传记可能成为品牌发挥自身特点竞争市场的重要营销途径[2]。

品牌传记指的是追溯品牌从起源、积累以及随时间发展的历程的叙述，通常将品牌描述为弱者或强者[3, 4]。弱势品牌传记传达了一个品牌如何以饱满的激情和决心成功克服外部劣势和资源缺乏，逐步发展壮大的历程。而强势品牌传记则描述了一个品牌具有较低的激情与决心，但拥有丰富的资金、资源而走向成功的历程。许多研究表明个体具体支持弱势者的天性，即弱势群体效应。在此效应的影响下，弱势的一方在竞争中可能更容易得到人们的支持，从而使消费者对弱势品牌传记有更积极的评价[5, 6, 7]，因此，弱势品牌传记被广泛运用于营销中。然而人们较少关注强势品牌传记的影响及其作用机制。消费者行为学领域的研究发现人们并不总是支持弱者。一些情况下，个体更愿意将自己与强者联系在一起，进而选择品质更好、值得信赖的强势产品。所以，企业该如何找准品牌定位，如何发挥最佳的品牌传记营销效果，需要进一步探究。

聚焦上述问题，本研究旨在验证品牌传记弱势效应，检验感知风险、信息顺序对品牌传记弱势效应的调节效应，叙事传输和品牌风险较低功能在品牌传记弱势效应和弱势效应逆转中的中介效应，从而揭示品牌传记影响消费者态度的具体机制。

(二)研究意义

本研究致力于从以下方面填补以往研究的空白。首先,验证品牌传记弱势效应;其次,进一步拓展品牌传记作用的研究视野,拟探讨消费者对品牌相关风险的感知如何影响品牌态度,以及其作用的中介因素;最后,基于现实的观察,拟探讨信息顺序的不同对消费者品牌态度的影响,因此研究将补充品牌传记影响消费者态度的边界条件。

本项研究的结果将对企业营销有重大意义,为其制定有效的营销策略提供指导性意见。为中国企业有效地运用品牌传记影响消费者品牌态度提供一定的实践支持与建议。指导企业根据不同市场风向、针对不同目标群体,制定针对性的品牌传记营销计划,激发消费者购买欲,促进企业产品的销售。

二、文献回顾与研究假设

(一)品牌传记弱势效应

品牌传记是传达品牌从创立到目前市场地位的轨迹的故事[3,4]。依据"外部劣势"和"激情决心"两个维度可将品牌传记划分为弱势品牌传记和强势品牌传记。弱势品牌与较高水平的外部劣势和激情决心相关联,而强势品牌与较低水平的外部劣势和激情决心相关联[4]。品牌传记弱势效应源于外部劣势和激情决心的相互作用,当一个品牌处于资源匮乏、外部劣势的情境下而表现出满怀激情、坚定奋斗的品质时,消费者可以很容易地理解品牌所蕴含的品质并对品牌产生认同感和同情。已有较多成果显示,由于弱势效应,弱势的一方在竞争中可能更容易得到人们的支持[4,5]。这是因为研究表明,消费者的自我概念中包含了一种长期的弱势群体倾向,这种弱势定位使我们自动地与弱势群体联系起来,自发地对弱势群体更加感同身受。于是品牌传记利用消费者这一特质,激发了消费者更强的自我-品牌联结[3],进而表现出对弱势品牌更积极的品牌态度[8]。

然而,尽管迄今为止众多研究都支持了弱势效应,但是也有研究指出了缓和这种效应的一些因素,有时甚至会逆转这种效应。研究发现,示弱型品牌故事并不总能获得消费者的青睐,对于道德缺失的品牌或与社会地位相关的品牌,示弱型品牌故事反而会产生消极效果[9]。还有与强势效应相关的环境因素,例如低社会权力[10]、良性嫉妒[11]等也会使消费者更加依赖强势的一方。社会心理学的研究也发现,当人们需要从相互竞争的品牌中做出选择时,往往选择质量、性能更好的强势品牌[7]。根据上述分析,本研究提出如下假设。

H1:相比强势品牌传记,消费者对弱势品牌传记有更积极的品牌态度。

(二)叙事传输对品牌传记效果的影响

品牌传记效应发挥作用的一个重要方面是其叙事传输的作用。叙事传输指的是一种当读者沉浸在故事当中时,故事会改变人们的态度或信仰的认识机制[12]。叙事加工引起了说服的效果,是因为品牌传记具有可识别的人物、生动形象、可想象的情节等前因,促使消费者采用叙事性加工,让其沉浸在品牌的世界,产生更高的情绪体验以及与现实世界脱离的感觉[13],并将叙事中的信息与他们自己的经历联系起来[14, 15],从而逐渐受到品牌传递的认知、情感、价值观的感染,最终建立和加强品牌与消费者的联结[16]。同时,品牌和消费者自我概念的一致性也是叙事传输的一个强有力前提[8, 17]。消费者自我概念中长期以来的失败者倾向,使得弱势品牌传记引发了更高水平的叙事传输,因此,消费者对弱势品牌有更大程度的认同和更积极的评价[4, 6, 17]。

然而,最近的研究发现,品牌传记的叙事传输效果会受到个体和情境因素的影响[12]。例如,实证研究验证了自我构念的不同会调节个体被传输的程度[18]。个体信念、动机也会影响传输效果。具体来说,相信自己很幸运的人更容易被传输到彩票广告场景中;对广告的怀疑态度会降低个体看广告时的传输程度。品牌与消费者自我概念不一致时,则可能排除叙事加工,而采用分析加工,会对消费者的态度和偏好产生不利影响[17]。一些研究表明,存在某些因素会使消费者对品牌传记的加工从叙事处理转变为分析处理。但是,很少有研究关注品牌传记在什么条件下会引发或降低叙事性加工或分析性加工[7]。本研究旨在揭示品牌传记叙事传输的背景,通过检验感知风险在品牌传记效应中的调节效应来确定叙事传输的边界条件。

（三）感知风险对叙事传输和品牌传记效果的影响

现在，越来越多的研究者意识到消费者的选择中存在感知风险因素，这会影响最终的行为决策[20, 21]。尽管现实中的风险因素是真实存在的，但是消费者并不能完全客观地了解各类风险水平，只能够基于感知来对风险产生主观的评估，因此人们对存在风险的评估，并不是"真实世界"中实际存在的风险。感知风险是消费者在购买产品的过程中所产生的一种不确定的心理，这种心理会使得消费者产生一种不舒服或不愉快的感觉[22]。与品牌相关的风险提示了消费决策产生负面结果的可能性和严重性[23]。例如，研究发现消费者对食品安全的风险感知会对其食品购买行为产生影响，尤其当发生食品安全事件时，感知风险将在购买决策中加大比重。当消费者感知到食品安全风险超过一定限度时，就会采取措施降低风险暴露，具体措施包括减少食品购买或进行替代[24]。同时，大量的实证研究表明，感知风险会影响品牌信任，进而影响消费者购买意愿[25]。因此，当暴露在高风险中时，关于品牌资源和能力的推论可能会影响消费者如何回应和选择品牌。

研究证据表明，当感知到的风险较高时，消费者将在信息处理上付出更大的认知努力，导致个体对商品信息（有用程度、可靠程度、重要程度）的认真考虑和整合，这意味着高感知风险将消费者对品牌传记的叙事性加工转移到分析性加工，同时抑制了叙事性加工[6, 12]。因此，当感知风险较高时，消费者会仔细审查品牌性能等，并更加喜欢拥有积极品牌口碑、良好产品质量、有安全认证的、产品类别模式一致的产品，因为这些意味着更加安全有保障的选择[24, 25]。

总之，众多证据表明消费者对品牌传记的处理取决于感知风险，导致消费者对不同类型品牌传记有不同的反应。当与品牌相关的感知风险较低时，消费者对品牌传记采用叙事性加工，对弱势品牌有更积极的态度。而当品牌风险较高时，消费者认为强势品牌更有助于降低风险，从而对强势品牌产生更好的态度。根据上述分析，本研究提出如下假设。

H2a：在感知风险低的情况下，消费者对弱势品牌传记（vs.强势品牌传记）有更积极的品牌态度。

H2b：在感知风险高的情况下，消费者对强势品牌传记（vs.弱势品牌传记）有更积极的品牌态度。

H2c：在感知风险低的情况下，品牌传记对品牌态度的影响通过叙事传输进行中介。

H2d：在感知风险高的情况下，品牌传记对品牌态度的影响通过叙事传输和品牌风险降低功能进行中介。

（四）风险信息与品牌传记的顺序

本研究还提出了一种可能性，即高感知风险信息对叙事传输和品牌传记弱势效应的阻碍作用，会由于高感知风险信息与品牌传记呈现顺序的不同而有所缓解，进而影响消费者对于品牌的评估和态度[7]。这是因为个体在处理信息时，存在首因效应，即人们更加看重最先接收到的信息。尤其与身体相关的风险具有高度的个人相关性，当该信息呈现高感知风险且优先呈现时，增加了消费者信息处理的动机，激发个体进行分析性加工[7]。

这提示，当消费者在处理品牌传记信息之前收到相关的高感知风险信息时，分析性加工作用和对品牌风险降低功能的关注会使得弱势效应被逆转；而当品牌传记先于与品牌相关的高感知风险信息呈现时，高感知风险信息的警示效果并不显著，因此，叙事传输没有受到抑制，消费者在遇到高感知风险信息之前有机会参与品牌传记的叙述性处理，所以消费者可能会表现出对弱势品牌的积极态度。基于此，在高感知风险的情况下，提出以下假设。

H3a：当品牌传记先于高感知风险信息呈现时，消费者对弱势品牌传记（vs.强势品牌传记）有更积极的品牌态度。

H3b：当高感知风险信息先于品牌传记呈现时，消费者对强势品牌传记（vs.弱势品牌传记）有更积极的品牌态度。

H3c：叙事传输和品牌风险降低功能中介品牌传记与信息顺序对品牌态度的交互效应。

三、实验1：品牌传记对品牌态度的影响

（一）实验材料前测

正式实验前，研究人员首先虚构出一个服装品牌，并构造弱势和强势两类品牌传记。使用虚拟品牌排除先前品牌对实验的影响。品牌传记的刺激材料改编自 Paharia 等的实验材料[3]（具体品牌传记材料见附录 1 中的实验 1 材料）。研究人员将被试随机分成两组分别进行强势品牌传记和弱势品牌传记的测量。强势品牌传记组 77 人，弱势品牌传记组 67 人。被试阅读完毕后，被要求对两类品牌传记的外部劣势和激情决心进行 7 级评分，题目在借鉴 Paharia 等的实验的基础上有所调整[3]。外部劣势题为"我认为该品牌是缺乏资源的"，激情决心题为"我认为该品牌拥有强烈的创业激情和梦想"。

实验共收回 144 份有效问卷，其中男性为 68 名，女性 76 名。独立样本 t 检验结果表明，外部劣势方面，弱势品牌传记显著高于强势传记（$M_{弱势}$=5.10，SD=1.33；$M_{强势}$=2.69，SD=1.25；t=11.192，$p<0.001$，Cohen's d=1.87）。激情决心方面，弱势品牌传记显著高于强势品牌传记（$M_{弱势}$=5.42，SD=0.89；$M_{强势}$=2.87，SD=1.52；t=12.425，$p<0.001$，Cohen's d=2.05）。结果表明，品牌传记类型的操纵是成功的，可作为主实验的刺激材料。

（二）被试选择与实验流程

利用 G*power 软件计算出在显著性水平为 0.05 且效应量为中等水平（f=0.25）时，预测达到 80% 的统计力水平的总样本量至少为 128 名。通过问卷星发放了 210 份问卷，剔除无效问卷后，最终得到有效问卷 206 份。其中男性 111 人，女性 95 人；18 岁以下占 6.8%，18–25 岁占 28.5%，26–30 岁占 12.6%，31–40 岁 26.1%，41–50 岁占 15.5%，51–60 岁占 7.7%，60 岁以上占 2.4%。

实验 1 采用单因素（品牌传记：强势 vs.弱势）被试间设计，自变量为品牌传记，因变量为品牌态度。被试被随机分配到两组，即强势传记组 113 人、弱势传记组 93 人。使用预实验确定的阅读材料，给予被试充分的时间阅读强势/弱势品牌传记。阅读完毕后，要求被试完成品牌态度的测量。品牌态度量表借鉴了 Perkins 和 Forehand 的量表[26]，包括"这是一个好品牌""这

是一个令人满意的品牌""我对这个品牌抱有好感""我对这个品牌持积极的态度"和"我喜欢这个品牌"5个题项。均采用Likert七分制量表，1表示"非常不符合"，7表示"非常符合"。本研究中量表的Cronbach's α系数（克隆巴赫系数）为0.95。另外收集了被试性别和年龄信息。

（三）实验结果

正式实验最后收集的有效问卷为206份，本研究所有数据均采用SPSS26.0软件进行分析。

对强势品牌传记和弱势品牌传记的品牌态度进行独立样本t检验。结果显示，消费者对强势品牌传记和弱势品牌传记的品牌态度存在显著差异（$M_{强势}$=4.25, SD=1.76; $M_{弱势}$=5.09, SD=1.33; t=-3.862, p<0.001, Cohen's d=0.54）。结果表明，相比强势品牌传记，消费者对弱势品牌传记有更积极的品牌态度。该结果为H1提供依据。

（四）讨论

实验1通过操纵品牌传记，证明了品牌传记（强势 vs.弱势）对品牌态度的影响。相比强势品牌传记，消费者对弱势品牌传记有更积极的品牌态度。弱势品牌传记具有更高程度的外部劣势和激情决心，同时利用消费者个体的弱势群体倾向，使得品牌传记激发了更强的消费者自我-品牌联结[3]，消费者偏爱弱势品牌传记。此外，研究表明当感知风险高时，消费者会仔细审查品牌性能，倾向于选择高品质的品牌[25]。因此在实验2中，对感知风险予以控制，进一步考察品牌传记对品牌态度的影响。并且为增加研究的外部效度，在实验2中，将使用不同种类产品的品牌传记和感知风险信息。

四、实验2：叙事传输的中介效应与感知风险的边界效应

（一）实验材料前测

1. 品牌传记实验材料测评

正式实验前，研究人员首先虚构出一个冰激凌品牌，并构造弱势和强势两类品牌传记。使用虚拟品牌排除先前品牌对实验的影响。品牌传记的刺激材料改编自Paharia等的实验材料[3]（具体品牌传记材料见附录1中的实验2材料）。研究人员将被试随机分成两组分别进行强势品牌传记和

弱势品牌传记的测量。强势品牌传记组 45 人，弱势品牌传记组 45 人。被试阅读完毕后，被要求对两类品牌传记的外部劣势和激情决心进行 7 级评分，题目在借鉴 Paharia 等的实验的基础上有所调整[3]。

实验共收回 90 份有效问卷，其中男性 26 名，女性占 64 名。独立样本 t 检验结果表明，外部劣势方面，弱势品牌传记显著高于强势传记（$M_{强势}$= 4.82，SD=1.10；$M_{弱势}$=5.38，SD=0.89；t=-2.648，$p<0.05$，Cohen's d=0.56）；激情决心方面，弱势品牌传记显著高于强势品牌传记（$M_{强势}$=4.96，SD=1.11；$M_{弱势}$=5.49，SD=0.87；t=-2.542，$p<0.05$，Cohen's d=0.53）。结果表明，品牌传记类型的操纵是成功的，可作为主实验的刺激材料。

2. 感知风险实验材料测评

正式实验前，研究人员虚构出关于食用冰淇淋导致的食源性疾病百分比的信息，改编自 Tezer 等的实验材料[7]（具体感知风险材料见附录 1 中的实验 2 材料）。高感知风险信息指出 23%的食物中毒源于食用冰淇淋，低感知风险信息指出 1%的食物中毒源于食用冰淇淋。被试随机分成两组分别阅读高感知风险信息和低感知风险，高感知风险组 48 人，低感知风险组 44 人。阅读完毕后，被要求评价冰淇淋消费相关的预期风险。感知风险的测量改编自 Campbell 和 Goodstein 的量表[23]，包括 "您如何评价购买 xx 的风险？""您关心购买 xx 的风险吗？""您认为购买 xx 的风险令人担忧吗？""您认为购买 xx 的风险重要吗？"（1=完全没有风险/完全放心/完全不令人担忧/完全不重要，7=非常有风险/非常不放心/非常令人担忧/非常重要）。本研究中，该量表的 Cronbach's α 系数为 0.62。

实验共收回 90 份有效问卷，其中男性 33 名，女性 57 名。通过独立样本 t 检验，结果表明高感知风险条件下被试感知到的风险显著高于低感知风险条件下被试感知到的风险（$M_{高}$=5.28，SD=0.71；$M_{低}$=4.65，SD=0.88；t=3.761，$p<0.001$，Cohen's d=0.79）。结果表明，感知风险的操纵是成功的，可作为主实验的刺激材料。

（二）被试选择与实验流程

利用 G*power 软件计算出在显著性水平为 0.05 且效应量为中等水平

（f=0.25）时，预测达到80%的统计力水平的总样本量至少为128名。因此，通过问卷星发放了183份问卷，剔除无效问卷后，最终得到有效问卷179份。其中男性64人，女性115人；18岁以下占0.6%，18–25岁占54.7%，26–30岁占13.4%，31–40岁21.2%，41–50岁占7.3%，51–60岁占2.8%。

实验2采用2（品牌传记：强势 vs.弱势）×2（感知风险：高 vs.低）被试间设计，自变量为品牌传记，因变量为品牌态度，调节变量为感知风险。本实验的目的是验证感知风险的边界效应，同时探明叙事传输和品牌风险降低功能的中介效应。被试被随机分配到4组，即强势品牌传记×高感知风险组45人、强势品牌传记×低感知风险组41人、弱势品牌传记×高感知风险组45人、弱势品牌传记×低感知风险组48人。被试有充分的时间先阅读高/低感知风险信息，再阅读强势/弱势品牌传记。使用的均是预实验确定的阅读材料。阅读完毕后，要求被试完成品牌态度、叙事传输和品牌风险降低功能的测量。品牌态度的测量借鉴了Perkins和Forehand的研究[26]，本研究中，该量表的Cronbach's α系数为0.74。叙事传输的测量借鉴了Appel等的研究[27]，包括"在阅读这个故事时，我对这个品牌的创始人有了一个生动的印象""当我读这个故事的时候，我可以很容易地想象出故事中发生的事情""当我阅读故事的时候，我的思想投入到了这个故事中""这个故事感动了我""读故事的时候，我想知道它是如何结束的"5个题项。均采用Likert七分制量表，1表示"非常不符合"，7表示"非常符合"。本研究中，该量表的Cronbach's α系数为0.78。品牌风险降低功能的测量借鉴Fischer等的研究[28]，包括"该品牌将有助于减少我在品牌选择中的不确定性"和"该品牌将有助于我避免消费体验中的不确定性"2个题项。均采用Likert七分制量表，1表示"非常不符合"，7表示"非常符合"。该量表的Cronbach's α系数为0.72。另外收集了被试性别和年龄信息。

（三）实验结果

品牌态度。以品牌态度为因变量，以感知风险与品牌传记为自变量，进行多因素方差分析。结果表明，品牌传记的主效应不显著 $F(1, 175)=2.125$，$p>0.05$，$\eta_p^2=0.012$），感知风险的主效应不显著（$F(1, 175)=2.932$，$p>0.05$，$\eta_p^2=0.016$）。品牌传记和感知风险的交互效应显著（$F(1, 175)=19.802$，

$p<0.001$,$\eta_p^2=0.102$)。进一步简单效应分析发现,当感知风险低时,消费者对弱势品牌传记持有更积极的品牌态度($M_{强势}=4.99$,$SD=0.65$;$M_{弱势}=5.32$,$SD=0.74$;$F(1,175)=4.438$,$p<0.05$,Cohen's $d=0.47$);当感知风险高时,消费者对强势品牌传记持有更积极的品牌态度($M_{强势}=5.29$,$SD=0.68$;$M_{弱势}=4.64$,$SD=0.83$;$F(1,175)=17.603$,$p<0.001$,Cohen's $d=0.86$)。该结果支持了 H2a 和 H2b,在感知风险低的情况下,消费者对弱势品牌传记(vs.强势品牌传记)有更积极的品牌态度;在感知风险高的情况下,消费者对强势品牌传记(vs.弱势品牌传记)有更积极的品牌态度。见图 2-11。

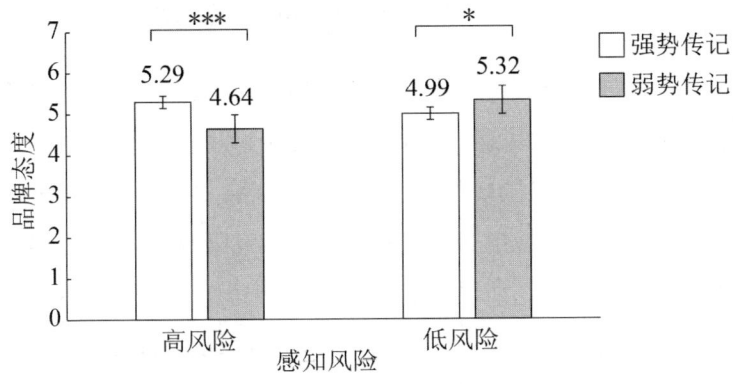

注:*** $p<0.001$,** $p<0.01$,n.s.表示不存在显著差异。

图2-11 品牌传记与感知风险对品牌态度的交互效应

叙事传输。根据假设 H2c,对叙事传输进行 2(品牌传记:强势 vs.弱势)×2(感知风险:高 vs.低)方差分析,结果显示品牌传记与感知风险之间具有显著的交互效应($F(1,175)=18.360$,$p<0.001$,$\eta_p^2=0.095$)。进一步简单效应分析发现,当感知风险低时,消费者在弱势品牌传记中的叙事传输显著高于强势品牌传记($M_{强势}=4.78$,$SD=0.81$;$M_{弱势}=5.33$,$SD=0.66$;$F(1,175)=9.521$,$p<0.01$,Cohen's $d=0.74$);当感知风险高时,消费者在强势品牌传记中的叙事传输显著高于弱势品牌传记($M_{强势}=5.09$,$SD=0.82$;$M_{弱势}=4.56$,$SD=1.04$;$F(1,175)=8.843$,$p<0.01$,Cohen's $d=0.57$)。结果见图 2-12。

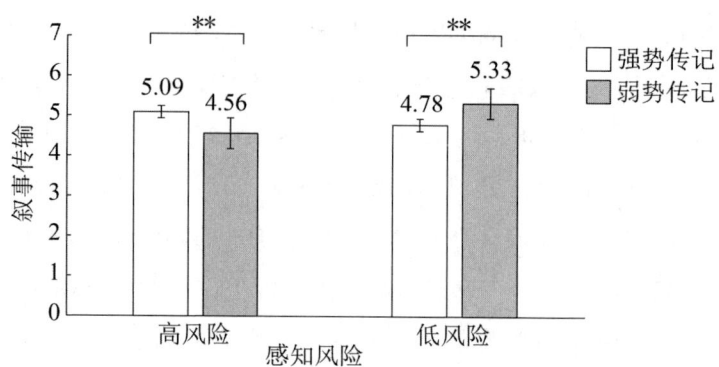

注：** $p<0.01$。

图2-12　品牌传记与感知风险对叙事传输的交互效应

品牌风险降低功能。根据假设H2d，对品牌风险降低功能进行2（品牌传记：强势 vs.弱势）×2（感知风险：高 vs.低）方差分析，结果显示品牌传记与感知风险之间具有显著的交互效应（$F(1, 175)=11.055$，$p<0.01$，$\eta_p^2=0.059$）。进一步简单效应分析发现，当感知风险高时，消费者在强势品牌传记中的品牌风险降低功能显著高于弱势品牌传记（$M_{强势}=5.30$，$SD=0.84$；$M_{弱势}=4.42$，$SD=1.20$；$F(1, 175)=16.175$，$p<0.001$，Cohen's $d=0.85$）。当感知风险低时，消费者在弱势品牌传记和强势品牌传记中的品牌风险降低功能无显著差异（$M_{强势}=4.95$，$SD=0.97$；$M_{弱势}=5.10$，$SD=1.09$；$F(1, 175)=0.483$，$p>0.05$，Cohen's $d=0.15$），结果见图2-13。

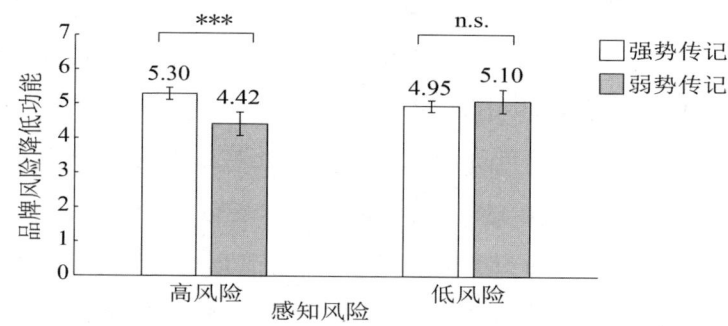

注：*** $p<0.001$，n.s.表示不存在显著差异。

图2-13　品牌传记与感知风险对品牌风险降低功能的交互效应

有调节的中介分析。以品牌传记（1=强势品牌，2=弱势品牌）作为自变量，感知风险（1=高风险，2=低风险）作为调节变量，叙事传输作为中介变量，品牌态度作为因变量，采用 PROCESS Bootstrap 的 Model 8 进行有调节的中介效应分析，迭代抽样次数设定为 5000 次。结果显示，品牌传记和感知风险的交互效应显著影响叙事传输（$β=1.106$，$SE=0.252$，$t=4.363$，$p<0.001$）；叙事传输又显著影响消费者的品牌态度（$β=0.531$，$SE=0.053$，$t=10.128$，$p<0.001$）。同时，结果显示，感知风险低时，叙事传输的中介效应显著（indirect effect $β=0.293$，$SE=0.095$；95%CI=[0.128, 0.499] 不包含 0）。并且当中介效应存在时，直接效应不显著（$β=0.031$，$SE=0.127$；95%CI=[−0.219, 0.282] 包含 0），说明感知风险低时，叙事传输在品牌传记和品牌态度中起完全中介效应。感知风险高时，叙事传输的中介效应显著（indirect effect $β=-0.295$，$SE=0.104$；95%CI=[−0.505, −0.097] 不包含 0）。并且当中介效应存在时，直接效应不显著（$β=-0.329$，$SE=0.127$；95%CI=[−0.579, −0.078] 不包含 0）。说明感知风险高时，叙事传输在品牌传记和品牌态度中起部分中介效应。见图 2-14。

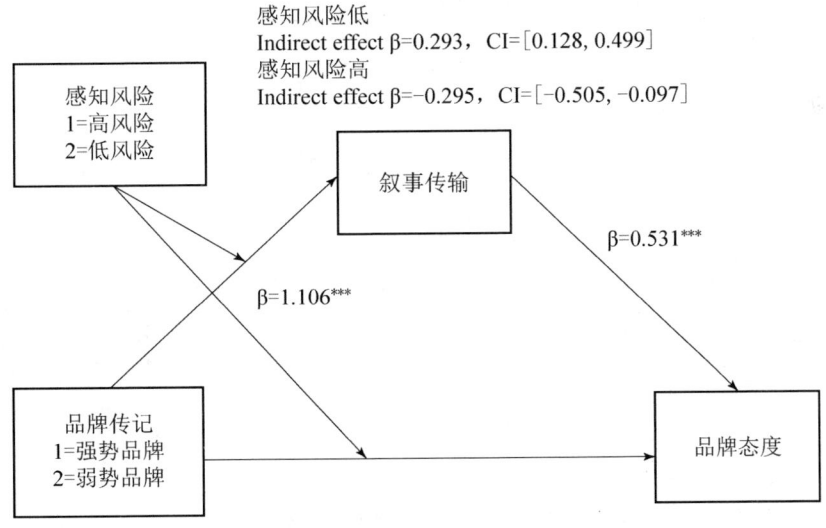

注：*** $p<0.001$。

图2-14　叙事传输的中介效应（实验2）

以品牌传记（1=强势品牌，2=弱势品牌）作为自变量，感知风险（1=高风险，2=低风险）作为调节变量，品牌风险降低功能作为中介变量，品牌态度作为因变量，采用 PROCESS Bootstrap 的 Model 8 进行有调节的中介效应分析，迭代抽样次数设定为 5000 次。结果显示，品牌传记和感知风险的交互效应显著影响品牌风险降低功能（$\beta=0.997$；$SE=0.303$，$t=3.294$，$p<0.01$）；品牌风险降低功能又显著影响消费者的品牌态度（$\beta=0.460$；$SE=0.043$，$t=10.672$，$p<0.001$）。同时，结果显示，感知风险高时，品牌风险降低功能的中介效应显著（indirect effect $\beta=-0.394$，$SE=0.103$；$95\%CI=[-0.605,-0.203]$ 不包含 0）。并且当中介效应存在时，直接效应不显著（$\beta=-0.229$，$SE=0.127$；$95\%CI=[-0.479, 0.021]$ 包含 0），说明感知风险高时，品牌风险降低功能在品牌传记和品牌态度中起完全中介效应。感知风险低时，品牌风险降低功能的中介效应不显著（indirect effect $\beta=0.064$，$SE=0.101$；$95\%CI=[-0.128, 0.276]$ 包含 0）。见图 2-15。

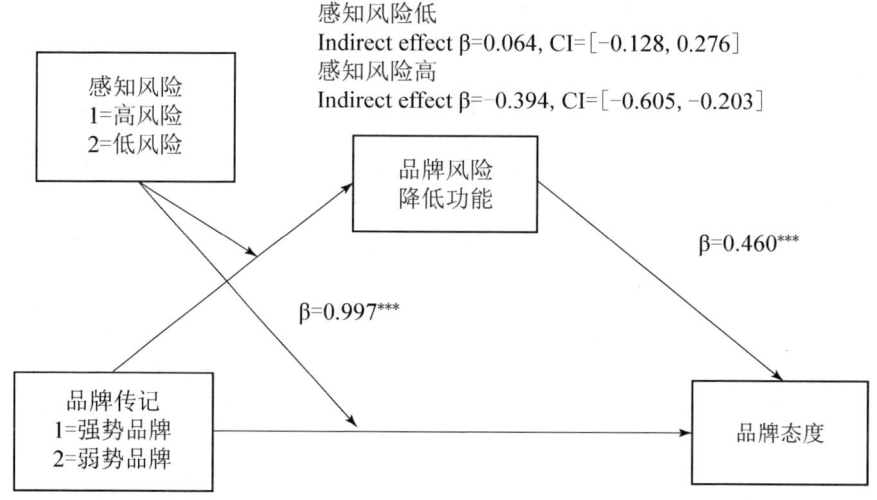

注：*** $p<0.001$。

图2-15　品牌风险降低功能的中介效应（实验2）

综上，以上结果支持了 H2c 和 H2d。在感知风险低的情况下，叙事传输介导了品牌传记对品牌态度的影响；在感知风险高的情况下，叙事传输和品牌风险降低功能介导了品牌传记对品牌态度的影响。

（四）讨论

实验2证实了感知风险可以作为叙事传输和品牌风险降低功能在不同品牌传记与品牌态度关系中发挥中介效应的边界条件。在上述实验中，重点探讨了感知风险的调节效应。感知风险低的情况下，品牌传记弱势效应仍然发挥作用，消费者被传记情节所吸引，对弱势品牌传记有更积极的品牌态度。感知风险高的情况下，削弱了品牌传记弱势效应，消费者关注品牌功能，对强势品牌传记有更积极的品牌态度。然而，应考虑到个体接收信息的顺序对于个体行为的影响。首因效应表明，先接收的信息往往更为重要。因此在接下来的实验中，将在限定高感知风险的情况下，探讨高感知风险优先、品牌传记优先条件下，品牌传记对品牌态度的影响。

五、实验3：信息顺序的边界效应

（一）实验材料前测

1. 品牌传记实验材料的测评

在正式实验前，研究人员首先虚构出一个音响品牌，并构造弱势和强势两类品牌传记。使用虚拟品牌排除先前品牌对实验的影响。品牌传记的刺激材料同样改编自 Paharia 等的实验材料[3]（具体品牌传记材料见附录1中的实验3材料）。研究人员将被试随机分成两组分别进行强势品牌传记和弱势品牌传记的测量。强势传记组71人，弱势传记组67人。阅读完毕后，要求对两类品牌传记的外部劣势和激情决心进行7级评分，题目在借鉴 Paharia 等的实验的基础上有所调整[3]。

实验共收回135份有效问卷，其中男性67名，女性68名。独立样本t检验结果表明，外部劣势方面，弱势品牌传记显著高于强势传记（$M_{弱势}$=5.06，SD=1.49；$M_{强势}$=2.61，SD=1.21；t=10.540，$p<0.001$，Cohen's d=1.81）。激情决心方面，弱势品牌传记显著高于强势品牌传记（$M_{弱势}$=5.78，SD=1.06；$M_{强势}$=3.45，SD=1.43；t=10.831，$p<0.001$，Cohen's d=1.85）。结果表明，品牌传记类型的操纵是成功的，可作为主实验的刺激材料。

2. 感知风险实验材料的测评

正式实验前，研究人员虚构出关于音响的高感知风险信息，改编自 Tezer 等的实验材料[7]（具体感知风险材料见附录 1 中的实验 3 材料）。高感知风险信息指出去年消费电子产品类别中报告的 23%的产品故障、产品退货和产品召回是由音响引起的。被试阅读完毕后，被要求评价音响消费相关的预期风险。感知风险的测量改编自 Campbell 和 Goodstein 的量表[23]。本研究中，该量表的 Cronbach's α 系数为 0.76。

实验共收回 65 份有效问卷，其中男性 30 名，女性 35 名。单样本 t 检验结果表明，被试感知到的风险（$M=5.52$，$SD=0.46$）显著高于量表中点（$t=26.741$，$p<0.001$）。品牌相关的高感知风险的操作是成功的。

（二）被试选择与实验流程

利用 G*power 软件计算出在显著性水平为 0.05 且效应量为中等水平（$f=0.25$）时，预测达到 80%的统计力水平的总样本量至少为 128 名。通过问卷星发放了 380 份问卷，剔除无效问卷后，最终得到有效问卷 371 份。其中男性 181 人，女性 190 人；18 岁以下占 5.1%，18–25 岁占 15.9%，26–30 岁占 17.1%，31–40 岁 23.5%，41–50 岁占 18.4%，51–60 岁占 15.5%，60 岁以上占 3.7%。

实验 3 采用 2（品牌传记：强势 vs.弱势）×2（信息顺序：风险信息优先 vs.传记优先）被试间设计，自变量为品牌传记，因变量为品牌态度，调节变量为信息顺序。本实验的目的是验证信息顺序的边界效应，同时探明叙事传输和品牌风险降低功能的平行中介效应。被试被随机分配到 4 组，即强势品牌传记×风险优先组 78 人、强势品牌传记×传记优先组 78 人、弱势品牌传记×风险信息优先组 140 人、弱势品牌传记×传记优先组 75 人。在高感知风险信息优先条件下，被试有充分的时间先阅读高感知风险信息，再阅读强势/弱势品牌传记；在品牌传记优先条件下，被试有充分的时间先阅读强势/弱势品牌传记，再阅读高感知风险信息。使用的均是预实验确定的阅读材料。阅读完毕后，要求被试完成品牌态度、叙事传输和品牌风险降低功能的测量。品牌态度的测量借鉴了 Perkins 和 Forehand 的研究[26]，本研究中，该量表的 Cronbach's α 系数为 0.95。叙事传输的测量借鉴了 Appel 等的研究[27]，本研究中，该量表的 Cronbach's α 系数为 0.94。品牌风险降低功能的测量借鉴 Fischer 等的研究[28]，本研究中，该量表的 Cronbach's α 系数为 0.89。

（三）实验结果

品牌态度。正式实验最后收集的有效问卷为 371 份，本研究所有数据均采用 SPSS 26.0 软件进行分析。以品牌态度为因变量，以品牌传记与信息顺序为自变量，进行多因素方差分析。结果表明，品牌传记的主效应显著（$F(1, 367)=9.696$，$p<0.01$，$\eta_p^2=0.026$），表明品牌传记对品牌态度存在显著影响，弱势品牌传记的品牌态度显著好于强势品牌传记；信息顺序的主效应显著（$F(1, 367)=11.194$，$p<0.01$，$\eta_p^2=0.030$），表明信息顺序对品牌态度存在显著影响，高感知风险信息优先的品牌态度显著好于品牌传记优先的品牌态度；品牌传记和信息顺序的交互效应显著（$F(1, 367)=140.132$，$p<0.001$，$\eta_p^2=0.276$），表明品牌传记与信息顺序对品牌态度存在显著的交互效应。进一步简单效应分析发现，当高感知风险信息优先呈现时，消费者对强势品牌传记持有更积极的品牌态度（$M_{强势}=5.31$，$SD=1.06$；$M_{弱势}=3.96$，$SD=1.78$；$F(1, 367)=43.954$，$p<0.001$，Cohen's $d=0.92$）；当品牌传记优先呈现时，消费者对弱势品牌传记持有更积极的品牌态度（$M_{强势}=2.96$，$SD=1.40$；$M_{弱势}=5.27$，$SD=1.05$；$F(1, 367)=98.546$，$p<0.001$，Cohen's $d=1.87$）。该结果支持了 H3a 和 H3b，当品牌传记先于高感知风险信息呈现时，消费者对弱势品牌传记（vs. 强势品牌传记）有更积极的品牌态度；当高感知风险信息先于品牌传记呈现时，消费者对强势品牌传记（vs. 弱势品牌传记）有更积极的品牌态度。见图 2-16。

叙事传输。根据假设 H3c，对叙事传输进行 2（品牌传记：强势 vs. 弱势）×2（信息顺序：风险信息优先 vs. 传记优先）方差分析，结果显示品牌传记与信息顺序之间具有显著的交互效应（$F(1, 367)=93.747$，$p<0.001$，$\eta_p^2=0.203$）。进一步简单效应分析发现，当品牌传记优先呈现时，消费者在弱势品牌传记中的叙事传输显著高于强势品牌传记（$M_{强势}=3.02$，$SD=1.49$；

$M_{弱势}=5.46$,$SD=1.15$;$F(1,367)=144.663$,$p<0.001$,Cohen's $d=1.83$);当高感知风险信息优先呈现时,消费者在弱势品牌传记和强势品牌传记中的叙事传输不存在显著差异($M_{强势}=2.83$,$SD=1.33$;$M_{弱势}=2.66$,$SD=1.12$;$F(1,367)=0.901$,$p>0.05$,Cohen's $d=0.14$)。结果见图2-17。

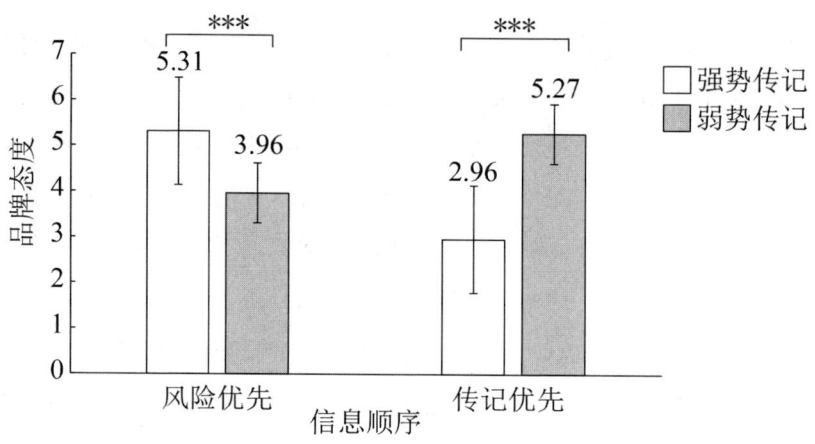

注:*** $p<0.001$。

图2-16　品牌传记与信息顺序对品牌态度的交互效应

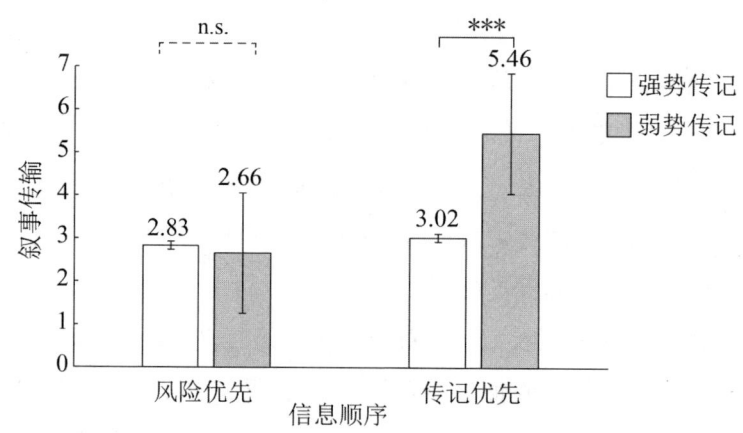

注:*** $p<0.001$,n.s.表示不存在显著差异。

图2-17　品牌传记与信息顺序对叙事传输的交互效应

品牌风险降低功能。根据假设 H3c，对品牌风险降低功能进行 2（品牌传记：强势 vs.弱势）×2（信息顺序：风险信息优先 vs.传记优先）方差分析，结果显示品牌传记与信息顺序间具有显著的交互效应（$F(1, 367)=19.441$，$p<0.001$，$\eta_p^2=0.05$）。进一步简单效应分析发现，当品牌传记优先呈现时，消费者在强势品牌传记中品牌风险降低功能显著高于弱势品牌传记（$M_{强势}=5.16$，$SD=1.45$；$M_{弱势}=2.70$，$SD=1.30$；$F(1, 367)=94.432$，$p<0.001$，Cohen's $d=1.79$）；当高感知风险信息优先呈现时，消费者在强势品牌传记的品牌风险降低功能显著高于弱势品牌传记（$M_{强势}=4.97$，$SD=1.09$；$M_{弱势}=4.00$，$SD=1.93$；$F(1, 367)=19.547$，$p<0.001$，Cohen's $d=0.62$）。结果见图2-18。

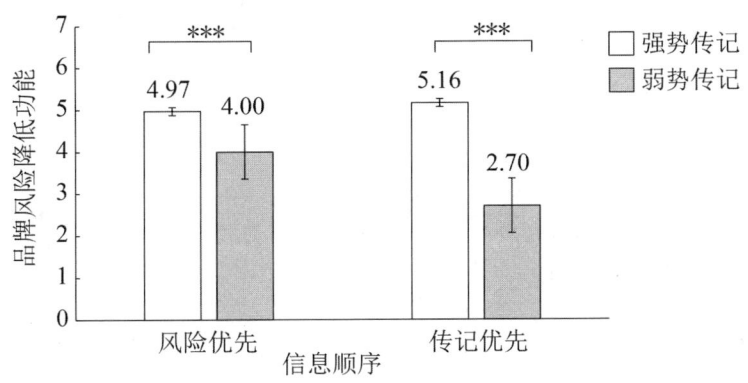

注：*** $p<0.001$。

图2-18　品牌传记与信息顺序对品牌风险降低功能的交互效应

有调节的中介效应。以品牌传记（1=强势品牌，2=弱势品牌）作为自变量，信息顺序（1=风险信息优先，2=传记优先）作为调节变量，叙事传输作为中介变量，品牌态度作为因变量，采用 PROCESS Bootstrap 的 Model 8 进行有调节的中介效应分析，迭代抽样次数设定为 5000 次。结果显示，品牌传记和信息顺序的交互效应显著影响叙事传输（$\beta=2.650$；$SE=0.270$，$t=9.821$，$p<0.001$）；叙事传输又显著影响消费者的品牌态度（$\beta=0.266$；$SE=0.058$，$t=4.557$，$p<0.001$）。同时，结果显示，品牌传记优先呈现时，叙事传输的中介效应显著（indirect effect $\beta=0.658$，$SE=0.208$；95%CI=[0.228，1.046]不包含 0）。并且当中介效应存在时，直接效应显著（$\beta=1.710$，$SE=0.270$；

95%CI=[1.180，2.241]不包含 0）。说明品牌传记优先呈现下，叙事传输在品牌传记和品牌态度中起部分中介效应。高感知风险信息优先呈现时，叙事传输的中介效应显著（indirect effect β=-0.048，SE=0.047；95%CI=[-0.141，-0.049]不包含 0）。并且当中介效应存在时，直接效应显著（β=-1.284，SE=0.198；95%CI=[-1.674，-0.850]不包含 0）。说明高感知风险信息优先呈现时，叙事传输在品牌传记和品牌态度中起部分中介效应。见图2-19。

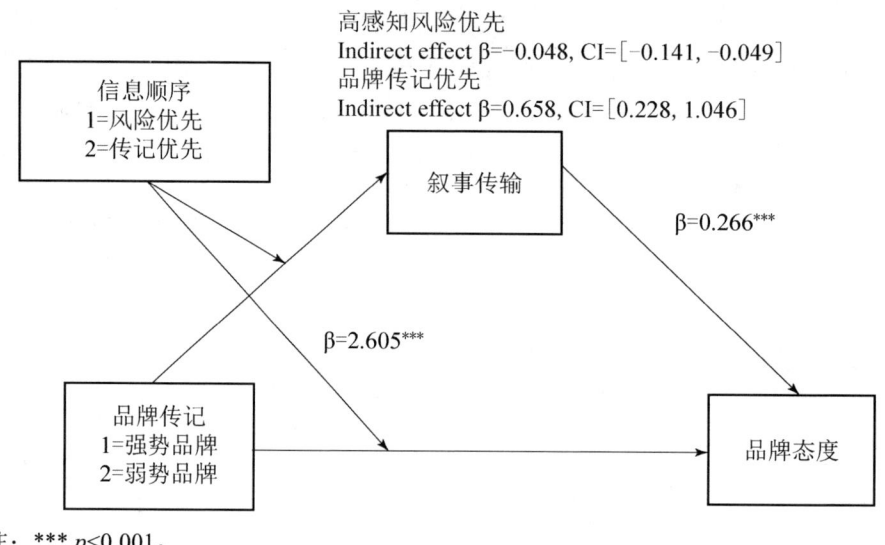

注：*** $p<0.001$。

图2-19　叙事传输的中介效应（实验3）

以品牌传记（1=强势品牌，2=弱势品牌）作为自变量，信息顺序（1=风险信息优先，2=传记优先）作为调节变量，品牌风险降低功能作为中介变量，品牌态度作为因变量，采用 PROCESS Bootstrap 的 Model 8 进行有调节的中介效应分析，迭代抽样次数设定为 5000 次。结果显示，品牌传记和信息顺序的交互效应显著影响品牌风险降低功能（β=-1.470；SE=0.337，t=-4.356，$p<0.001$）；品牌风险降低功能又显著影响消费者的品牌态度（β=0.354；SE=0.044，t=7.983，$p<0.001$）。同时，结果显示，高感知风险信息优先呈现时，品牌风险降低功能的中介效应显著（indirect effect β=-0.338，SE=0.093；95%CI=[-0.530，-0.170]不包含 0）。并且当中介效应存在时，直接效应显著

（β=-0.994，SE=0.192；95%CI=[-1.372，-0.615]不包含0）。说明高感知风险信息优先呈现时，品牌风险降低功能在品牌传记和品牌态度中起部分中介效应。品牌传记优先呈现时，品牌风险降低功能的中介效应显著（indirect effect β=-0.858，SE=0.224；95%CI=[-1.348，-0.471]不包含0）。并且当中介效应存在时，直接效应显著（β=3.226，SE=0.242；95%CI=[2.751，3.701]不包含0）。说明品牌传记优先呈现时，品牌风险降低功能在品牌传记和品牌态度中起部分中介效应。见图2-20。

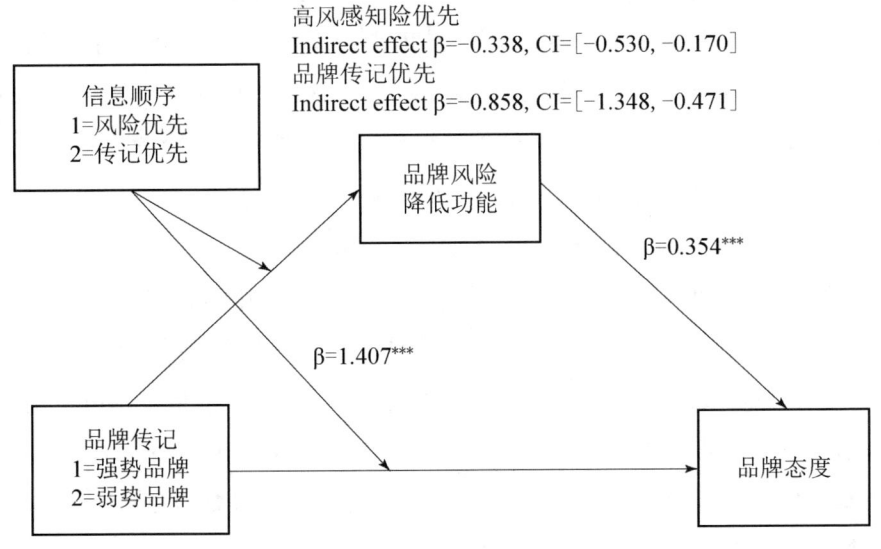

注：*** $p<0.001$。

图2-20 品牌风险降低功能的中介效应（实验3）

综上，以上结果支持了H3c。叙事传输和品牌风险降低功能中介了品牌传记与信息顺序对品牌态度的交互效应。

（四）讨论

实验3再次证实了高感知风险信息对品牌传记弱势效应的削弱作用，以及叙事传输和品牌风险降低功能在其中的中介效应。更为重要的是实验结果证实了在高感知风险的情况下，信息顺序可以作为品牌传记与品牌态度关系中发挥中介效应的边界条件。尽管处于高感知风险情境下，如果消费者优先接收品牌传记信息，那将削弱高感知风险信息的负面影响。此时，消费者对弱势品牌传记有更积极的品牌态度。同时，实验采用不同种类的产品，扩大了实验的外部效度。

六、总讨论与营销启示
（一）总讨论

实验1验证了品牌传记的弱势效应，消费者对弱势品牌传记有更积极的品牌态度。研究认为这一效应与消费者的身份认同和自我一致性有关[1]，这些消费者往往抱有这样的信念"那些处于劣势的人成功了，那么处于不利地位的自己也能在困境中获得成功"。这就形成了个体支持劣势者的天性。尤其当阅读弱势的传记时，充满激情决心的文字诱发了消费者个体对群体的情感，增强了这些消费者对弱势群体的身份归属，强化了消费者自我概念中的弱势倾向，使得他们更加青睐弱势的品牌。

实验2提出并证实了与品牌相关的感知风险对消费者处理品牌传记和后续品牌态度的调节效应，验证了叙事传输与品牌风险降低功能在该作用中的中介效应。当与品牌相关的感知风险低时，消费者会体验到更高程度的叙事传输，更多地投入到弱势的品牌传记中去，体会到弱势品牌克服外部劣势的激情和决心，消费者将被坚持不懈、永不言弃的品牌精神所感染，从而对弱势品牌传记持有更积极的态度，验证了H2a、H2b、H2c、H2d。这一发现与以往研究的弱势效应相一致[1,4,5,8]。当与品牌相关的感知风险高，强势品牌拥有丰富资源和优势地位的品牌形象，将提高品牌的可靠性，降低消费者消费体验中的不确定感，能更大程度降低感知到的风险，从而引起消费者更积极的品牌态度。此外，高感知风险中强势品牌传记也能部分通过叙事传输来对品牌态度产生影响。但是实验还存在以下不足，第一，实验2中使用的是食品类的材料，实验的结果能否适用于其他材料，仍然需要进一步探索；第二，不清楚弱势品牌传记的作用是否会因其他因素而被逆转。以上不足将在接下来的实验中加以解决。

实验3在高感知风险的情况下，进一步探索了品牌传记的边界效应。信息顺序的边界效应表明，高感知风险信息先于品牌传记呈现时，强势品牌传记可以凭借其丰富的资源和强有力的竞争力，给予消费者可靠感，使得消费者更加偏爱强势品牌。当品牌传记先于高感知风险信息呈现时，弱势品牌传记可以使消费者体验到较高程度的叙事传输，更多地投入到传记故事当中去体验故事的走向与情感，被其中的情节所吸引，因而消费者更加喜欢弱势品牌传记。这就表明品牌传记优先呈现时，消费者能更大程度地被传记故事吸引，体验品牌的特性，影响其对品牌的态度。这一现象逆转了实验 2 的发现，当处于弱势的品牌传记在高感知风险信息之前呈现，会减轻高感知风险信息对弱势品牌效应的负面影响。

（二）营销启示

第一，企业可以积极运用品牌传记开展品牌营销活动。研究结果表明，在高风险和低风险下，叙事传输都会发挥一定程度的作用。这是因为人们分析信息时会采用一种速成方法，不经过认真的推理分析就形成态度偏好[12]。弱势品牌传记可以传递奋力拼搏、坚持不懈的精神，强调品牌的梦想、坚持等；强势品牌传记可以带来能力、可靠性的感知，强调品牌的竞争力、值得信赖等。品牌传记娓娓道来，具有生动、具体、形象的特点，往往能让读者融入其中，潜移默化地将品牌形象与价值传递给消费者，并使消费者产生一定的认同感，因此，使用品牌传记常常能达到不俗的说服效果。

第二，品牌传记的设计对于品牌传记效应有关键影响。弱势品牌在低风险下受益于叙事传播，因此想要增强弱势品牌的说服效果，关键在于增加叙事传输，如增加品牌与目标消费者高度一致性信息，以及生动的文本材料能给个体带来充足的想象空间，带来更大的传输效果。此外，强势品牌传记由于其风险降低功能影响消费者态度，因此可以强调品牌能力有关的信息，如悠久历史、高品质材料、原产地、品牌声誉、名人代言等信息，来增强其降低风险的能力[1]。

第三，企业品牌传记营销应与情境信息和目标人群相协调。情境信息方面，鉴于品牌传记效应发挥作用的重要前提之一是消费者的感知风险。当感知风险较低时，消费者沉溺于弱势品牌传记中，此时弱势品牌受益匪浅。然而应考虑到目标市场的信息会影响消费者的风险感知。如果与产品类别相关的感知风险增加时，有必要及时重新评估营销策略，此时强势品牌能最大限度地降低消费中的风险。但是值得注意的是，企业应全面了解市场信息，谨慎做出选择。因为研究表明当风险增加时，如果消费者在获得更多风险信息之前就接触到弱势品牌传记，那么弱势品牌不一定会输给强势品牌，还可能会继续受益。

目标人群方面，研究提示了消费者个体自我概念的不同，一些人群在生活中不断体验着"失控"，无法掌控自己的人生轨迹，产生弱势群体的感受；另一些人群则觉得环境和自身都在掌控之中，体验到一种安全感，更加自信、有竞争力。两种自我概念的人群面对品牌传记的态度也不一致。尽管总体上看，消费者与弱势群体的联结会使弱势品牌传记更得偏爱。但是与理性、强势等相联结的人群需求也是显而易见的，这可能成为逆转弱势品牌传记效应的重要因素。所以，企业在采用品牌传记营销时应做好市场调研、目标人群画像等，针对目标客户特性，使用更加具有吸引力、更能激发购买力的传记故事。总而言之，企业在市场中所扮演的角色应顺势而变，根据市场风向、人群特性战略性地使用强势或弱势的品牌形象，来调整品牌定位，进而影响消费者的品牌态度。

参考文献

[1] 杨晨, 王海忠, 钟科. "示弱"品牌传记在"蛇吞象"跨国并购中的正面效应[J]. 中国工业经济, 2013（02）: 143–155.

[2] 张蕾, 高登第, 薛雨楠, 曹渊. "灰姑娘效应"对品牌态度形成的影响机制分析[J]. 科学决策, 2018（10）: 54–71.

[3] Avery J, Paharia N, Keinan A, et al. The strategic use of brand biographies[J]. Research in Consumer Behavior, 2010, 12（12）: 213–229.

[4] Neeru P, Anat K, Jill A, et al. The underdog effect: The marketing of disadvantage and determination through brand biography[J]. Journal of Consumer Research, 2011, 37（5）: 775–790.

[5] Jun S, Sung J, Gentry J W, et al. Effects of underdog（vs. top dog）positioning advertising[J]. International Journal of Advertising, 2015, 34（3）:

495–514.

[6] End C M, Dietz-Uhler B, Harrick E A, et al. Identifying with winners: A reexamination of sport fans' tendency to BIRG[J]. Journal of Applied Social Psychology, 2002, 32（5）: 1017–1030.

[7] Tezer A, Bodur O, Grohmann B. When goliaths win and davids lose: The moderating role of perceived risk in brand biography effects[J]. Psychology & Marketing, 2022, 39（1）: 27–45.

[8] Tang Y E, Tsang A S L. Inspire me to purchase: Consumers' personal control and preference for underdog brand positioning[J]. Journal of Business Research, 2020, 115（c）: 101–109.

[9] 神铭钰, 卫海英, 毛立静. 痛并快乐？品牌故事类型对消费者态度的影响研究[J]. 外国经济与管理, 2021, 43（12）, 100–117.

[10] Jin L, Huang Y. How power states influence the persuasiveness of top-dog versus underdog appeals[J]. Journal of Consumer Psychology, 2019, 29（2）: 243–261.

[11] Kao D T. The impact of envy on brand preference: brand storytelling and psychological distance as moderators[J]. Journal of Product & Brand Management, 2019, 28（4）: 515–528.

[12] 严进, 杨珊珊. 叙事传输的说服机制[J]. 心理科学进展, 2013, 21（06）: 1125–1132.

[13] Delgado-Ballester E. Effect of underdog（vs topdog）brand storytelling on brand identification: Exploring multiple mediation mechanisms[J]. Journal of Product & Brand Management, 2021, 30（4）: 626–638.

[14] Cooper H, Schembri S, Miller D. Brand-self identity narratives in the James Bond movies[J]. Psychology & Marketing, 2010, 27（6）: 557–567.

[15] Escalas J E. Narrative processing: Building consumer connections to brands[J]. Journal of consumer psychology, 2004, 14（1–2）: 168–180.

[16] Van Laer T, De Ruyter K, Visconti L M, et al. The extended transportation-imagery model: A meta-analysis of the antecedents and consequences of consumers' narrative transportation[J]. Journal of Consumer Research, 2014, 40（5）: 797–817.

[17] Tezer A, Bodur H O, Grohmann B. Communicating brand biographies effectively: The role of communication source[J]. Journal of the Academy of Marketing Science, 2020, 48: 712–733.

[18] 姚卿, 陈荣, 赵平. 自我构念对想象广告策略的影响与分析[J].心理学报, 2011, 43（06）: 674–683.

[19] McFerran B, Dahl D W, Gorn G J, et al. Motivational determinants of transportation into marketing narratives[J]. Journal of Consumer Psychology, 2010, 20(3): 306–316.

[20] 邹晓娟, 陈继南, 汪慧珍. 分布式认知理论视角下认知特征对农村居民食品安全消费行为的影响[J]. 农林经济管理学报, 2023, 22（02）: 233-242.

[21] 郭莉, 李杰. 消费者危机感知风险对在线评论效果的影响[J]. 东北大学学报（自然科学版）, 2022, 43（11）: 1662–1672.

[22] 张杨, 陈小燕, 吴龙飞. 线上购物情境下品牌忠诚还有用吗？——品牌忠诚在用户感知风险和购买意愿之间作用研究[J]. 吉林工商学院学报, 2022, 38（05）: 36–50.

[23] Campbell M C, Goodstein R C. The moderating effect of perceived risk on consumers' evaluations of product incongruity: Preference for the norm[J]. Journal of Consumer Research, 2001, 28（3）: 439–449.

[24] 王二朋, 高志峰. 风险感知、政府公共管理信任与食品购买行为——对中国消费者品牌食品与安全认证食品购买行为的解释[J]. 南京工业大学学报（社会科学版）, 2016, 15（03）: 92–98.

[25] 乔均, 宋稚琦. 品牌危机对顾客购买意愿影响研究——基于感知风

险及品牌信任的实证分析[J]. 中国广告, 2020（01）: 73-75

[26] Perkins, A. W., Forehand, M. R. Implicit self-referencing: The effect of nonvolitional self-association on brand and product attitude. Journal of Consumer Research, 2012, 39（1）: 142-156.

[27] Appel M, Gnambs T, Richter T, et al. The transportation scale-short form （TS-SF）[J]. Media psychology, 2015, 18（2）: 243-266.

[28] Fischer M, Vlckner F, Sattler H. How important are brands? A cross-category, cross-country study[J]. Journal of Marketing Research, 2010, 47（5）: 823-839.

[29] Kim J H, Allison S T, Eylon D, et al. Rooting for（and then abandoning）the underdog[J]. Journal of Applied Social Psychology, 2010, 38（10）: 2550-2573.

第三章
文化心理情景中心理表象的诱发与影响

第三章 文化心理情景中心理表象的诱发与影响

第一节 研究背景

中国的传统饮食文化有着鲜明的民族特色,其中蕴含着中华民族传统思想文化的精髓。中国饮食结构中的调和之美、烹饪技术之美以及食品和器皿上的形之美,都是富有我们民族特色的风格美。这也表示中国的饮食不仅是一种生理上的满足,更是一种精神上的愉悦,是一种充分体现文化特征的身心享受。而且中国传统饮食文化中还渗透着"和"的思想。"以和为贵""天人合一"等都承载着"和"的理念,和谐、和平、和睦之美也由此深入到饮食当中,由此形成了以"和"为核心的饮食文化。此外,中国自古以来就有天圆地方的说法。在中国人的心中,圆是一个象征着吉祥和谐的符号,这与我们传统饮食文化中"和"的思想吻合,而且生活中各种以圆的形状呈现的物品数不胜数,比如餐桌、盘子以及各种食品等。圆形的餐桌能够拉近人们之间的心理距离,象征着中国人对团团圆圆、和谐美好的殷切期盼。也有许多食品的形状被设计为圆形,比如月饼、汤圆、蛋糕等,这些以圆形轮廓所呈现的食品都隐喻人们对和谐圆满的追求和热情美好的情感表达。基于此,文化心理视角下食品形状诱发的心理表象及其对消费者行为的影响是值得深入思考的问题。

近年来,随着互联网技术的快速发展和社会生活的不断丰富,人们的消费需求也变得愈加复杂和多样化。在这样的背景下,食品行业也在不断变革创新,商家为了更好地满足消费者的需求并获得更多的利益,从食品原材料、制作工艺、外观设计到包装和品牌等方面都进行严格把关,并采用各种营销策略和模式提高消费者的偏好,促进其后续的购买行为。现在,设想一下你要选购一些代餐饼干,货架上有一些圆形和角形的同类饼干,你会做何选择?了解消费者的选择和与食品相关的反应因素就变得至关重要。随着食品种类增加和市场竞争加剧,人们也逐渐意识到饮食消费者行为不仅受到食品本身的属性的影响，饮食体验的方方面面都会影响到个体对食品的认知。

人类主要通过视觉获取外界信息，它为消费者提供产品的特征、颜色等外部信息。人类获取的信息中，超过80%是通过视觉获取的[1]。据视知觉领域心理学研究表明，在有意识的关注之前，人类视觉便能无意识地处理物体的空间属性（如长度、形状、方向）和颜色，并且个体在无须意识干预的情况下可进行形状、朝向等视觉属性的内隐学习[2]。此外，感官营销相关研究也指出，空间属性、颜色等视觉刺激可对消费者的认知和行为产生影响[3]。形状作为最常见且最突出的视觉元素之一，是零售环境中随处可见的一个特征，可以作为一个强大的线索来影响消费者对食品的判断和他们随后的消费者行为，并且这种线索广泛运用在产品设计、包装设计、品牌标识和宣传材料等领域[4, 5]，产品、包装或标志的外观已经被认为是营销成功的一个重要的决定因素。所以适当地使用形状对制造商和零售商来说有巨大的实用价值，在食品方面尤其如此。在营销中，商家可以通过设计适当的形状来刺激消费者的购买欲望，并提高产品的市场占有率。尽管形状作为食品的一个非常重要的特征，但目前人们对这一问题的研究有限，食品形状的影响还需要更多的实验和分析。未来，随着消费者需求的不断变化，形状将成为一个更加重要的营销工具。

现有的研究强调了形状对消费者反应影响的重要性，但主要考虑消费者的审美偏好、认知联想和基本的感官反应[6, 7]。例如，美学和心理学的研究发现，人们通常更喜欢圆形，这是人类进化和经验学习的结果[8, 9]。而本研究对形状的兴趣集中在食品领域，相关文献包括包装、容器的形状和其他线索对消费者的食品评价和决策的影响[10, 11]。有关食品消费的研究表明，各种情境因素和社会心理因素对消费者的反应产生了相当大的影响，特别是对于食品的内在属性，如温度[12]和形状[13]等。然而，鲜有研究食品形状对消费者偏好和购买意向的影响，以及对支撑这些影响的心理表象机制也没有进行深入探索。因此，本研究试图探索文化心理视角下食品形状诱发的心理表象对消费偏好和购买意向的影响。

第二节 团团圆圆：食品形状诱发的心理模拟对购买意向的影响

一、研究目的与意义

（一）理论意义

本研究拟从以下几个方面扩展以往的研究。（1）首先，本研究将为探索影响消费者反应的食品线索做出贡献。以往大多研究都在阐明产品外在线索对消费者消费行为的重要影响，如包装特征、品牌标志、食品名称等[14,15]，但鲜有研究关注食品本身的感官属性，如颜色、形状、气味等引发的消费者反应。考虑到形状是食品最为直观的视觉线索之一，故基于感官营销理论，拟采用不同的实验材料系统地验证食品形状对消费者的消费偏好和购买意向的影响。（2）研究将丰富心理模拟相关领域的理论研究。以往研究发现，视觉刺激对心理模拟程度有显著影响，进而影响消费者的购买意向，然而还没有证据表明食品形状的视觉刺激通过心理模拟进一步影响消费者的消费偏好和购买意向。本研究拟从心理模拟这一中间机制切入，试图挖掘食品形状影响消费者购买意向的具体机制。（3）研究还试图进一步探索食品形状通过心理模拟影响购买意向这一影响机制的边界条件，即食品性质的调节效应。另外，研究将为现有的关于享乐性产品的相关研究增加实证证据。研究拟探查在改变消费者反应方面，食品线索对享乐性食品的影响和对实用性食品的影响差异。

（二）实践意义

当今社会条件下，人们的生理需求已基本得到满足。提高生活品质，精神需求和价值期望的满足成了人们共同追求的生活目标。中国传统饮食文化具有深厚的文化底蕴，在营销中利用一些蕴含传统文化理念的符号来展现我们的文化优势并促进产品销售是非常有意义和价值的。本研究将为营销人员对于食品的视觉设计提供不同角度的思考和可操作的见解。不同视觉刺激含有的隐喻意义有着无形的价值，它有助于触及消费者内心的需求和感受。合适的视觉刺激可以塑造消费者对产品的抽象感知并且可以引导消费者的情绪表达，从而使消费者与产品产生更深的联结，增强产品的说服力和吸引力，使人们更愿意购买该产品。再者，不同性质的食品使用不同的形状可以吸引消费者的注意力并使消费者在心中形成对产品的感官印记，当消费者再次受到类似的感官刺激时，就会诱发消费者之前美好的消费体验，使其对该产品产生情感偏好和购买意向。

二、文献回顾

（一）形状效应

在物质生活极其丰富的今天，各种商品琳琅满目，消费者在做出购买决策时会受到各种各样因素的影响，而且大多数消费者缺乏时间和产品专业知识进行抉择。因此，消费者不得不依赖各种视觉线索做出判断[16]。在各种视觉线索中，形状由于其具有沟通作用和吸引消费者注意力的作用而特别重要。因为几何形状在感官上简约直观，有很强的表现力，而且它能够较为准确地将所要传达的信息以视觉化的形式清晰、高效地呈现出来，同时使人们能够迅速准确地接收到信息。虽然在线条的曲率（弧度）和角的锐度方面存在很多形状，但广义上看，形状主要可以分为圆形、角形或两者在任何曲率和角度上的组合[4]。这种分类被许多营销、美学、心理学和传播学的研究广泛接受[17]。圆形（如圆和椭圆等），被定义为弯曲的、没有尖角的特征。相比之下，角形（如方形、三角形、五角形和菱形），被定义为具有尖角的轮廓和直线[4]。

1. 形状的隐喻

来自环境中的形状线索都会对消费者的认知和行为产生影响，其中一种是通过形状的象征意义构成的隐喻认知[18]。在心理学领域，图形的心理加工效应被用来解释个体是如何接收和加工外部环境传达出的信号，进一步对外部世界形成认知并做出相应的反应。越来越多的研究表明，不同形状具有不同的隐喻意义。形状隐喻，通俗来说就是不同的形状会传达出不同的信息，使得个体在面对不同形状时会产生相异的知觉和情感认知。

形状的跨感官对应。跨感官对应也称跨模态对应、跨模态类比或协同对应，是指不同感官模态之间的系统性映射[20]。具体来说，由一种感官模式（如视觉）感知的物体的经验特征，可以与个人对由其他模式感知的物体的特征或属性的评价相一致，从而形成对该物体的整体评价。一些研究考察了形状与不同感觉模式之间的对应关系。例如，在形状与味道的对应关系方面，圆形通常与香草味、甜味和奶油味的食品以及纯净水相匹配；而角形则与辛辣味、酸味和苦味以及较为刺激的味道（如碳酸饮料）相匹配。也有研究发现，较浓的气味（如柠檬味或胡椒粉味）与角形相对应，而较弱的气味（如香草味）则与圆形相对应[21]。在形状与触觉的对应关系方面，改变品牌标志的角度和圆度能够分别激活消费者对硬度和软度的心理联想，并影响消费者对产品和企业的判断[4]。在形状与听觉的对应关系方面，一个圆形的物体通常与柔软、温和、安静或平静的声音有关，而一个有尖角的物体则与坚硬、严厉、响亮或动态的声音有关。也有研究发现角形与高音调和刺耳的声音（如击钹声）相对应，圆形与低音调和轻柔的声音（如钢琴声）相对应[22]。综上所述，物体的形状（视觉）会影响消费者基于其他感官模式的反应。

形状与抽象概念的对应。另有文献提供的证据表明，形状也可以与抽象概念联系在一起，例如，圆形传达的是温暖、友好、妥协和女性气质的信号，而有尖角的形状则传达的是效力、侵略性、对抗性和男性气质[6]。此外，形状也会影响对产品和品牌的具体感知和整体评价，例如，有尖角的标志往往会引发对产品耐用性的感知，并增强品牌的阳刚之气，而圆形的标志则有可能诱发对产品柔软舒适性的感知，并增加品牌的阴柔之气[21]。另外，有尖角的形状象征着针锋相对的冲突解决方式，因此这种形状的品牌标识和相框更被独立型自我的消费者所喜爱，圆润的形状则象征着温和的方式，所以更被依存型自我的人所接受[21]。Zhu 等的一项研究表明，圆形座位更能激发个体的归属需求，因而含有"家庭"和谐圆满的意义；而角形的座位则更能激发个体的独特性需求，因而含有"自我"个性独立的意义[7]。

2. 形状的偏好及其影响机制

在设计产品及其包装时,形状常常会给消费者留下直观而且深刻的第一印象,并且形状也较为隐匿地给消费者传达了其主要的优势和好处。在早期研究中,研究者们就发现了形状会对消费者感知各种产品产生重要影响:相比于有棱角包装的产品,人们对于圆形包装的产品具有更加积极的态度并出于本能地更偏好圆润的图形轮廓。美学研究表明,人们普遍认为圆润的曲线比直线更为优美和有韧性,而直线则给人的印象更为严肃和冷酷[23],这一结论与人们对美的认识也是一致的。随后大量研究表明,圆的形状与各种产品的积极愉悦的情感相关,如家具装饰和其他日常物品等[24]。有关形状(角形vs.圆形)偏好研究的两个焦点核心问题是偏好圆润形状的意义和这种偏好的内在机制。相对于包含圆润曲线的图形,含有尖锐角度的非代表性图像的日常物体不太受到人们的青睐,并且比包含曲线的类似的物体更能激活对威胁做出反应的神经区域——杏仁核。这种类似的情况在我们日常生活中也很常见,比如,在许多情况下,抽象的角形几何图案往往会和威胁联系在一起,而具有曲线的圆形图形则被认为是愉快或快乐的象征。

到目前为止,已有相当多的证据表明人们对圆的形状的偏爱。而且圆的形状在美学、心理学、进化论、认识论等方面都有着显著的影响,那人们在脑海中可能会浮现出这样的疑问,究竟是什么原因导致了人类对圆的形状的偏爱?这个问题也是科学家们一直在探究的。然而经过了百余年的研究,许多学者从不同角度证明了消费者对圆的形状的偏好,对产生这个现象的内在机制进行研究,却一直没有得到一个好的、强有力的解释。但也有很多研究者针对产生这个现象的内部机理有了一定的研究成果,例如:有学者提出人们对圆润、弯曲形状的偏好源自圆形刺激的物理特征与感觉运动系统的相互作用,从感觉运动、神经激活、加工流畅性等方面解释了对圆润、弯曲形状的偏好。在20世纪初期,就有研究者发现圆润弯曲的视觉模式比角形直线模式在相关神经细胞中引起的刺激反应更大,从而导致婴儿在圆的曲线轮廓的几何形状上停留的时间更长;而有研究者试图解释由眼球运动导致的弯曲形状刺激的感知美;另外,也有研究者认为对物体加工的流畅性可导致较为积极的情绪反应,从而具有较高的偏好程度。除了从以上几个角度进行解释外,也有许多学者认为对圆的曲边形状的偏好是基于进化的功能所导致,是与情绪处理有关[25]。相对于圆润的形状,有尖角的形状会让人联想到"威胁"或攻击性情绪,给人们传达出不利于生存的信号。而且大量研究表明,人们不仅喜欢圆弧轮廓的对象,同时还认为这种形状特征相对更具创新性,不太具有攻击性,并且消费者也更乐意购买。

(二)心理模拟概述

1. 心理模拟的定义及分类

Taylor 等首次提出了"心理模拟",指的是通过模拟性心理表征来对某一系列事件进行认知的过程[26]。心理模拟是以连续独立且有序发生的一个事件或一系列事件为基础,是对某一情景进行认知构建或对真实情景重新构建的认知过程。从演化论的角度来看,心理模拟属于人类进化演变的产物之一,可以促进人们做好接下来实际行动的准备,提高行动的准备性和预测性。心理模拟可以帮助个体更好地预测和控制未来事件,从而提高自己对未来事件的适应性。对于消费者而言,在面对自己喜欢的产品或需要做出购买决策时,会自发产生与产品特征或使用相关的意象。具体而言,就是当消费者接触到某个产品的言语或视觉表征时,会自动地在脑海中形成一种心理想象,这种想象是依据过去的感知经验再现出来的。这种心理模拟过程会帮助消费者对产品进行认知和评价,甚至会产生购买动机和决策[27]。本研究中的心理模拟是指当个体暴露于某个物体的语言或视觉表征时一种较为自动形式的心理想象,是过往感知体验的再现。

心理模拟一般分为过程模拟和结果模拟[28]。过程模拟注重实现目标所需行动,包括幻想或回忆达成目标的必要步骤和过程,有助于个体规划出有效的计划以实现其目标。而结果模拟注重想象事物最终的结果,强调产品使用后所期望的效果,预期在目标达成后获得满足感和成就感。此心理活动常以幻想的方式模拟构想中的结果。这种惟妙惟肖的想象会激励人们为完成任务而全力以赴。完成任务所带来的好处和愉悦的感受是人们信心倍增的源泉,更能推动他们实现目标,从而将心理活动转化为实际行动。

2. 具身认知视角下的心理模拟

具身认知强调身体在认知过程中的关键作用，心理模拟作为一种重要的"具身"方式，在人们的饮食消费中扮演着不可或缺的角色。与心理模拟有关的基础认知理论认为，个体最初对某一物体的感知（包括一些有意识的和无意识的）都会被存储在记忆当中。当个体再次看到该物体或者它的表征（如图片）时，该物体便会在心理上被重现或者回放。以蛋糕为例，人们在品尝时会自动记录与它相关的视觉、触觉等感官体验，如外观、质地手感、口感等。当看到类似蛋糕或相关语言描述时，大脑会模拟先前感知，激活涉及感知区域，甚至影响认知及行为，并且这种心理模拟与实际吃到蛋糕所引起的生理反应是很类似的。

身体是认知的来源，也会影响认知过程[29]。而且个体的心理活动始于感官体验，如果真实的感官体验缺失或者不足那么就会导致心理活动受阻。近年来，在互联网的迅速发展之下，网络购物越来越成为人们的主流购物方式，消费者足不出户就可以得到其所需要的产品，这也使人们的购物更多地依赖视觉上的判断，广大消费者更多地是通过观看电子屏幕上的产品图片以及产品描述（视觉）的方式来进行消费决策。然而，这样的购买方式使消费者缺失了很多其他真实的感官体验（比如触觉、嗅觉等），因为其他真实感官体验的缺失而促使消费者更多地借助心理模拟加强与产品的"间接互动"，以此来补偿其他感官体验缺失引起的认知缺失，并依此来指导自己的消费意向和行为。另外，人们对事物的认知和评价源于我们身体的感知体验，当身体处于某种状态时，与之相关的认知很可能会被激活，进而对人们的态度和行为产生影响[29]。在营销领域，现有研究更多关注心理模拟效应，比如广告有效性、产品偏好和产品评价等。所以，引导消费者通过心理模拟加工产品信息来提高消费者的产品评价与购买意向就显得尤为重要。

3. 视觉刺激对心理模拟的影响

通过在心理上进行模拟，可以使得人们假想的事物更加具体、真实，个体可以获得更为详细的事物信息，比如事物的大小、形状、颜色等，这些详细的信息有助于个体随后的行为和决策。而且，心理模拟可以加强思维和行动之间的联结,这一点也已经得到了研究的证明[30]。许多研究表明一些食品的视觉线索也会激发消费者的心理模拟,并刺激顾客的购买行为。例如当广告中摆放在食品旁的餐具朝向被试的惯用手时,就会有助于激活被试对进食过程(用手拿餐具进食)的心理模拟,从而提高被试的心理模拟强度(与餐具朝向非惯用手时相比),进而导致被试产生更高程度的购买意向。此外,心理模拟作为一种自动的心理想象形式,是知觉经验的再现,或者说是认知的另一种方式,它也可以由接触到物体的语言或视觉表征而启动,对一个物体的视觉描述(例如,一个把手在右边或左边的杯子)可以导致更多的体现性心理模拟(拿起杯子喝水),并导致对该物体(杯子)更高的购买意向。而个体对食品的心理模拟会提高其唾液分泌、消费欲望及对该食品的购买意向。还有研究发现食品广告中提及的多种感官信息,也可以促进消费者的心理模拟,并增加其唾液分泌量[31],这进一步增强了消费者对广告中食品的味觉感知以及广告的影响力。当广告中食品的视觉信息有利于被试对进食进行心理模拟时,也能提高被试对食品的购买意向。

(三)食品性质概述

1. 享乐性食品与实用性食品

消费者购买某一产品或服务的原因通常涉及两个方面:一方面是出于对该产品的实际需求,是为了获得产品实际的功效,他们主要关注的是产品的效果;另一方面是出于情感的需求,为了获得情感上的满足,他们主要关注来自感官上的特征。近年来,随着我国国民收入的持续增长和人民生活质量的稳步提高,消费者的消费能力和消费意愿明显增强,对消费品的消费需求也从基本生活需求向发展性、享受性、体验性等高端品质消费升级。并且随着人们需求的日益多元化,不同的产品种类层出不穷,从而使得消费者在购买时获得了更多选择。不同的产品有不同的价值,以满足不同消费者的需求。尽管年轻一代更倾向于享乐主义,通过不断寻求及时行乐来获得满足,但这种过度、超前的消费方式却引起了广泛的社会关注,同时也导致了超重和肥胖等健康问题。因此,在市场营销中,消费者的消费理念和消费习惯是值得深思的问题。

基于享乐消费主义与实用消费主义的概念，学者们又对产品进行了分类。营销领域也有不同的分类方法和细分产品类别的研究。目前，市场营销研究关注的重点是不同特征产品在消费者购买行为和企业营销方面的差异。一般来说，产品在不同程度上具有享乐性和实用性两方面的特点，享乐性产品（如巧克力）是指能够提供情感和乐趣的产品或服务，它在很大程度能带来情绪和感官愉悦，而实用性产品（如谷物面包）是指个人为满足其基本需求或完成基于目标导向和理性认知的具体任务而购买的产品或服务[32]，其主要用于实现功能性目的。享乐性和实用性也被视为产品的两种基本属性，并在概念提出的三十几年来一直得到大量研究者的关注。但实际上，产品的享乐属性和实用属性并不是一个维度上的两极。一件商品可能同时具有实用属性和享乐属性也可能没有实用和享乐的属性。产品的实用性或享乐性划分取决于消费者感知到的属性强度。享乐性产品的享乐属性更强，而实用性产品的实用属性更强。另外，对这一属性的划分也需要考虑消费动机，如果是为了满足享乐目的，如食品口感好，这就属于享乐性食品。如果是为了满足现实目的，如获得营养价值，则可归入实用性食品。产品的实用和享乐属性还影响着消费者的购买意向[33]。消费者在购买某一产品时，往往会在其所能带来的短期收益与长期收益之间做出权衡。例如，享乐性食品能给人一种即刻的美妙体验，而实用性产品则能给人带来更为持久的健康效益。如果是符合完全理性的"经济人"，在消费时进行更多理性分析，可能更加倾向于选择实用性的食品。然而消费者通常并非完全理性的，人们处理和加工信息的能力是有限的，并且会受到各类因素的影响，比如消费决策会受到外界环境和个人因素等的影响。因此，消费者也可以会关注短期收益，选择享乐性的食品。

2. 享乐性产品的易感性

虽然很多因素影响着营销者和消费者的选择和判断，但从某种角度看来，这对于享乐性和实用性的影响大小是不同的。相对于实用性产品，这些影响消费者反应的因素对享乐性产品更有效也更强烈。这种后果性的差异来自这两类产品消费背后的原因。具体来说，身体感觉和情绪感受驱动并决定了消费者对享乐性产品做出何种判断和决定。消费者对一个享乐性产品的感受会显著影响他们对产品的反应。例如，消费者更倾向于对具有圆形（而非角形）字体的享乐主义产品的广告做出反应。因为这样的字体往往会诱发享乐主义的联想，如放松、愉悦、舒适和柔软。然而，当消费实用性的产品时，人们往往是以理性思维为价值基础并以认知为导向的[34]，这意味着消费者不太可能受到外部或内部线索的影响。因此，改变实用性产品广告中使用的字体（圆形与角形）是不太可能改变消费者对它们的反应。

许多研究已经记录了享乐性产品的易感性，这些产品的包装、网页、品牌或广告的特点决定了消费者以更容易、快速和强烈的方式反应，而实用性产品不一定如此，例如，食品包装线索（形状和食品名称）对享乐性产品比对实用性产品更有效[35]。在广告和品牌推广中也发现了类似的结果，享乐性产品的广告和语言线索对消费者的评价、决策和行为产生了更大的影响[36]。另外，与实用性食品相比，享乐性食品（如薯片）的名字更多地包括食品的味道、质地以及消费该种食品的场景和消费时的愉悦情况等。而且相比于实用性食品，被试在对享乐性食品进行心理模拟时分泌的唾液要多得多[37]。

三、研究问题与创新点

（一）研究问题与假设

根据前人有关形状的跨感官对应研究发现，圆形更多地与甜味（味觉）、温暖柔软（触觉）、轻柔平静（听觉）等积极正向的感官体验相对应，而且圆形的抽象形状更有可能与愉悦的感官属性和积极的情感相关联，可以产生更多的积极的情感。因为平滑的曲线会使人产生一种松弛平易的动感，让人感觉放松愉悦、亲切友好，代表着人们对美好事物的追求和热爱。与此相反，有棱角的方方正正的形状容易使人们联想到酸苦坚硬、威胁对抗，让人感觉安静严肃，代表着理性与正直的情感表达，有时也会使人产生不舒服的感觉。因此当消费者被暴露在圆形的视觉刺激下时，更容易激起一些积极的消费体验，让个体回到了先前的某个感官体验状态，激活了大脑相应感知区域，进而对个体的认知、判断与行为产生影响。

一些研究发现，圆的形状可以引起享乐感知，具有圆弧形状（如圆形）的产品的享乐功能感知更高，而有棱有角的形状被发现与实用属性有关，如效力、能力以及硬度和耐用性。当消费者接触到产品甚至是产品的形象时，他们会在心理上模拟与产品互动的体验。正如传播激活理论所假设的，当概念或刺激被处理时，其相应的节点将被激活并传播到其他概念节点，导致链接节点的激活。因此，仅仅查看包装或产品的轮廓很可能会影响产品的享乐感知。根据前人的探索，当食品为享乐性食品时，相比角形食品，圆形食品更能诱发消费者的积极情感，能让消费者生动形象地模拟出真实消费该种食品时的情景，包括放纵、快乐和舒适等。相反，对于实用性食品，无论食品的形状为圆形还是角形都有较少的情绪体验和愉悦感。如果食品外在线索有助于触发消费者对进食进行相关的心理模拟，有效激活先前消费该食品时所涉及的大脑相应感知区域，则该食品外在线索会对饮食消费决策产生重要影响。而且在消费者知觉受影响的情境中，其选择偏好和购买意向势必会受到影响。本研究主要探究食品本身的形状对于消费者的偏好和购买意向的影响，并且对于其影响机制和边界条件进行充分的探究。因此，本研究提出以下假设。

H1：相比于角形的食品，消费者对于圆形的食品具有更高的购买意向。

H2：食品形状（圆形 vs.角形）会使消费者产生不同水平的心理模拟，从而影响消费偏好，最终导致不同程度的购买意向。即心理模拟（中介变量1）和消费偏好（中介变量2）形成了链型双中介。

H3：在食品形状对消费者购买意向的影响中，食品性质和心理模拟存在有调节的中介效应：当食品性质为享乐性和中性时，心理模拟在食品形状对购买意向的影响中起着显著的中介效应；当食品性质为实用性时，心理模拟的中介效应不显著。

（二）创新点

第一，已有关于形状的研究大多是关于产品包装、品牌标识和字体形状等对消费者评价和决策的研究，而本研究聚焦于食品领域，关注食品形状这一被广泛忽视的食品属性，并对食品形状对消费者购买意向的影响进行系统探讨，本研究的研究结果扩展了关于形状线索的相关研究，并填补了关于食品形状对消费者购买意向的影响这一空白。

第二，本研究为视觉刺激通过心理模拟影响购买意向的研究增加了证据，证明了形状这一视觉线索也能通过心理模拟影响消费者的消费偏好进而影响购买意向。

第三，本研究为现有的关于享乐性产品的文献增加了经验证据，特别是关于食品形状的影响。并且与以往大多数研究不同的是，在对于食品性质的操纵方面，以往研究是通过选择不同的食品作为享乐性和实用性食品，但有研究发现，这种操纵食品性质的方式可能产生内生因素的混淆，而本研究参考了前人研究，通过一段描述食品属性的文字材料来操纵食品性质，让被试能带入食品对应的属性当中，加强了对食品性质的操纵，使研究结果更加有效可信。

四、实验1：食品形状对消费者购买意向的影响

（一）实验材料前测

在正式实验开始之前，为选择有效的实验材料，从网上招募被试开展预实验。参照Wang等（2022）的研究[18]，本实验选择蛋糕作为刺激材料。从网上图库中选择2张蛋糕图片并使用Photoshop软件进行图片的修改设计，将2张图片的大小、颜色和背景等因素设计为完全相同，仅仅使图片中食品的形状不同，即一张为圆形，另一张为角形（实验材料见附录2中的图1和图2）。共有55名被试（男性33人，占比60%；18–30岁占比69.1%）参与了本次预实验。首先将被试随机分配到圆形、角形两个条件中的一个，其中圆形组26人，角形组29人。然后让被试观看一张圆形或角形食品的图片（其他条件均同），当被试确定认真观看了图片刺激后，紧接着让被试报告对食品形状的感知（通过观看图片，我对该食品形状的感知为：1=尖锐有棱角，7=圆润无棱角）。同时，为排除被试对食品的熟悉度和食品外观吸引性的干扰，参考Li等（2022）的研究[38]，测量被试对这两张图片上食品的熟悉度（您对该食品的熟悉程度为：1=不熟悉，7=非常熟悉）和食品外观吸引性的感知（您认为该食品的外观对您的吸引性为：1=几乎没有，7=非常

大)。独立样本 t 检验结果表明,被试对食品的熟悉度($M_{角形}$=5.52,$M_{圆形}$=5.73,$t(53)$=-1.081,p=0.285>0.05,d=0.29)和食品外观吸引性($M_{角形}$=5.41,$M_{圆形}$=5.58,$t(53)$=-0.811,p=0.421>0.05,d=0.22)的感知不存在显著差异。另外,相较于角形条件下的被试($M_{角形}$=5.59,SD=0.63),圆形条件下的被试在食品形状检验题目上的得分更高($M_{圆形}$=6.00,SD=0.69,$t(53)$=-2.32,p<0.05,d=0.63),说明该刺激材料可以作为正式实验的刺激材料。

(二)被试选择与实验流程

本实验采用单因素(食品形状:圆形 vs.角形)被试间实验设计,自变量为食品形状,因变量为购买意向,实验目的是验证食品形状的主效应,即H1。

利用 G*power 软件计算出在显著性水平为 0.05 且效应量为中等水平(f=0.25)时,预测达到 80%的统计力水平的总样本量至少为 128 名。本实验通过线下发放调查问卷的方式招募了 163 名大学生参与此次研究。通过一道注意力测试题(在"58637291403"这串数字中,第四个数字是:1–7 中进行选择),剔除没有正确回答此问题的数据样本,然后再将数据样本中答题时间过长和过短以及包含极端值的进行剔除。剔除了 29 份无效数据后,最终得到有效样本 134 份(男生 64 人占比 47.8%。$M_{年龄}$=23.1,SD=4.83)。

在正式实验中,向参与者描述研究目的为量化消费者饮食习惯的市场调查。将被试随机分配到圆形、角形两个条件中的一个,其中圆形组 66 人,角形组 68 人。然后让被试观看一张圆形或角形食品的图片(其他条件均同),当被试确定认真观看了图片刺激后,紧接着让被试报告其对该食品的购买意向。购买意向的测量采用 3 题项量表,采用 7 点计分(1=非常不愿意,7=非常愿意),具体题目为:"看了该图片,您认为您想尝试这个食品吗""您会在商店里为购买该食品而积极寻找吗""如果碰巧在超市看到该食品,您会购买它吗"。本研究中,该量表的信度系数为 0.728。然后还需被试对饥饿程度(您此刻有多饿:1=完全不,7=非常多)、购买频率(您对该食品的购买频率为:1=几乎没有,7=非常多)、食品知识(您对该食品的相关知识的了解度为：1=一点也不了解，7=非常了解）和食品形状的典型性（1=不寻常/非常规/不典型，7=正常/常规/典型，α=0.701）等混淆变量进行 7 点评分。另外，被试还需报告他们对于该食品形状的感知（通过观看图片，我对该食品形状的感知为：1=尖锐有棱角，7=圆润无棱角）作为操纵检验测项。本研究结束时，参与者提供了他们的人口统计信息（即年龄和性别）。

（三）实验结果

1. 操纵检验

独立样本 t 检验结果显示，相较于角形条件下的被试（$M_{角形}$=3.43，SD=1.89），圆形条件下的被试在食品形状检验题目上的得分更高（$M_{圆形}$=5.89，SD=1.23，$t(116)$=-8.99，$p<0.001$，d=1.55），表明食品形状的操纵有效。此外，在饥饿程度（$M_{角形}$=4.54，SD=1.45，$M_{圆形}$=4.74，SD=1.14，$t(132)$=-0.88，p=0.381，d=0.15）、购买频率（$M_{角形}$=4.44，SD=1.37，$M_{圆形}$=4.59，SD=1.09，$t(128)$=-0.70，p=0.484，d=0.12）、食品知识（$M_{角形}$=4.62，SD=1.34，$M_{圆形}$=4.70，SD=1.30，$t(132)$=-0.35，p=0.729，d=0.06）和食品形状的典型性（$M_{角形}$=4.87，SD=0.83，$M_{圆形}$=4.86，SD=0.76，$t(132)$=0.06，p=0.950，d=0.01）方面均不存在显著差异，排除了这些混淆变量的潜在影响。因此，食品形状的操纵成功。

2. 主效应分析

独立样本 t 检验结果表明，不同食品形状（角形 vs.圆形）条件下消费者的购买意向存在显著差异（$M_{角形}$=4.16，SD=1.11，$M_{圆形}$=5.07，SD=0.74，$t(117)$=-5.57，$p<0.001$，d=0.96）。具体而言，相对于角形的食品，消费者对于圆形的食品具有更高的购买意向。

（三）讨论

实验 1 初步验证了圆的食品形状对消费者购买意向的正向影响，表明圆的食品形状比角形的食品形状更能提高消费者的购买意向。但该实验并未揭示其心理机制。接下来的实验将对心理模拟和消费偏好的中介效应进行检验。同时，还将对食品知识和形状典型性等混淆解释机制进行分析和排除。

五、实验2：心理模拟和消费偏好的序列中介效应

（一）实验材料前测

在正式实验开始之前，为检验实验材料的有效性，从网上招募被试开展预实验。参照 Zhou 等的研究[39]，本实验选择蛋糕作为刺激材料。从网上图库中选择 2 张蛋糕图片并使用 Photoshop 软件进行图片的修改设计，将 2 张图片的大小、颜色和背景等因素设计为完全相同，仅仅使图片中食品的形状不同，即一张为圆形，另一张为角形（实验材料见附录 2 中的图 3 和图 4）。共有 58 名被试（男性 15 人占比 25.9%，18–30 岁占比 81.0%）参与了本次预实验。首先将被试随机分配到圆形、角形两个条件中的一个，其中圆形组 29 人，角形组 29 人。然后让被试观看一张圆形或角形食品的图片（其他条件均同），当被试确定认真观看了图片刺激后，紧接着让被试报告对食品形状的感知（通过观看图片，我对该食品形状的感知为：1=尖锐有棱角，7=圆润无棱角）。同时，为了排除被试对食品的熟悉度和食品外观吸引性的干扰，参考 Li（2022）等的研究[38]，测量被试对这两张图片中食品的熟悉度和食品外观吸引性的感知。独立样本 t 检验结果表明被试对食品的熟悉度（$M_{角形}$=5.10，$M_{圆形}$=5.41，$t(56)$=-0.76，p=0.451>0.05，d=0.20）和食品外观吸引性（$M_{角形}$=4.93，$M_{圆形}$=4.79，$t(56)$=0.31，p=0.755>0.05，d=0.08）的感知不存在显著差异。另外，相较于角形条件下的被试（$M_{角形}$=3.83，SD=2.30），圆形条件下的被试在食品形状检验题目上的得分更高（$M_{圆形}$=6.38，SD=1.05，$t(39)$=-5.44，p<0.001，d=-1.43），说明该材料可以作为正式实验的刺激材料。

（二）被试选择与实验流程

实验 2 采用单因素（食品形状：圆形 vs.角形）被试间实验设计，自变量为食品形状，因变量为购买意向，心理模拟为中介变量 1，消费偏好为中介变量 2。实验目的是更换刺激物再次验证食品形状对购买意向的影响，以提高实验的外部效度和研究结论的稳健性。同时，验证心理模拟和消费偏好

在其中的中介效应，以进一步探查食品形状影响购买意向的具体机制，即验证 H1 和 H2。

利用 G*power 软件计算出在显著性水平为 0.05 且效应量为中等水平（f=0.25）时，预测达到 80% 的统计力水平的总样本量至少为 128 名。本实验通过问卷星平台招募了 173 名被试参与此次研究，通过一道注意力测试题（在"58637291403"这串数字中，第四个数字是：1–7 中进行选择），我们剔除了没有正确回答此问题的数据样本，然后再将数据样本中答题时间过长和过短的以及包含极端值的进行剔除，共剔除了 27 份无效数据后，最终得到有效样本 146 份（男生 65 人占比 44.5%，$M_{年龄}$=23.03，SD=3.35）。

在这项研究中，我们向被试描述研究目的为量化消费者饮食习惯的市场调查。首先随机分配被试到圆形、角形两个条件中的一个，其中圆形组 71 人，角形组 75 人。然后给被试观看一张圆形或角形的食品图片（其他条件均同），在被试确定认真观看后填写测验量表。被试按要求依次填写购买意向、消费偏好、心理模拟量表。购买意向的测量采用 3 题项量表，题项与实验 1 相同，量表的信度系数为 0.739。消费偏好的测量采用 Rodas 等（2020）编制的量表[40]，包含 5 个题目，采用 7 点计分（1=坏的/不喜欢的/不称赞的/不满意的/不吸引的，7=好的/喜欢的/值得称赞的/令人满意的/吸引的），该量表的信度系数为 0.785。心理模拟的测量采用 Elder 等（2012）的量表[41]，该量表有 3 个题目："吃蛋糕的情景出现在我脑海中的强度（1=一点也没有；7=非常强）"和"吃蛋糕的情景进入我脑海中的数量（1=非常少或者没有；7=非常多）"和"我在想象蛋糕在口中融化时的质地、感受的程度（1=一点也没有；7=非常强）"，量表的信度系数为 0.774。

此外，还需被试对饥饿程度、购买频率、食品形状的典型性（α=0.763）和食品知识等混淆变量进行 7 点评分。另外，要求被试报告他们对于该食品形状的感知（通过观看图片，我对该食品形状的感知为：1=尖锐有棱角，7=圆润无棱角）作为操纵检验测项。研究结束时，被试提供了他们的人口统计信息（即年龄和性别）。

(三) 实验结果

1. 操纵检验

独立样本 t 检验结果显示，相较于角形条件下的被试，圆形条件下的被试在食品形状检验题目上的得分更高（$M_{角形}$=4.85，SD=1.79；$M_{圆形}$=5.85，SD=1.05，t（121）=-4.11，p<0.001，d=0.67），表明食品形状的操纵有效。此外，在饥饿程度（$M_{角形}$=4.72，SD=2.09，$M_{圆形}$=5.02，SD=1.48，t（134）=-1.03，p=0.304，d=0.17）、购买频率（$M_{角形}$=5.01，SD=1.44，$M_{圆形}$=5.15，SD=1.25，t（144）=-0.63，p=0.527，d=0.11）、食品知识（$M_{角形}$=5.12，SD=1.39，$M_{圆形}$=5.45，SD=1.25，t（144）=-1.51，p=0.134，d=0.25）和食品形状的典型性（$M_{角形}$=5.40，SD=1.01，$M_{圆形}$=5.62，SD=0.65，t（127）=-1.57，p=0.119，d=0.26）方面均不存在显著差异。因此，食品形状的操纵成功。

2. 假设检验

心理模拟。独立样本 t 检验结果表明，不同食品形状（角形 vs.圆形）条件下心理模拟水平存在显著差异（$M_{角形}$=5.13，SD=1.17；$M_{圆形}$=5.50，SD=0.79，t（131）=-2.24，p<0.05，d=0.37），具体而言，相对于角形的食品，消费者对圆形的食品具有更高的心理模拟水平。

消费偏好。另外，独立样本 t 检验结果表明，不同食品形状（角形 vs.圆形）条件下消费者的消费偏好也存在显著差异（$M_{角形}$=5.38，SD=0.89；$M_{圆}$=5.72，SD=0.59，t（129）=-2.78，p<0.01，d=0.46）。具体而言，相对于角形的食品，消费者对于圆形的食品具有更强的消费偏好。

购买意向。最后，独立样本 t 检验结果表明，不同食品形状（角形 vs.圆形）条件下消费者的购买意向也存在显著差异（$M_{角形}$=5.35，SD=1.01；$M_{圆}$=5.71，SD=0.42，t（100）=-2.83，p<0.01，d=0.47）。具体而言，相对于角形的食品，消费者对于圆形的食品具有更高的购买意向。详情如表 3-1 所示。

表 3-1　食品形状在心理模拟、消费偏好和购买意向上的差异比较（N=146）

类　型	食品形状	N	M	SD	t
心理模拟	圆形	71	5.50	0.79	−2.242*
	角形	75	5.13	1.17	
消费偏好	圆形	71	5.72	0.89	−2.747**
	角形	75	5.38	0.59	
购买意向	圆形	71	5.71	0.42	−2.831**
	角形	75	5.35	1.01	

注：*$P<0.05$；**$P<0.01$。

心理模拟中介效应分析。本研究采用 PROCESS Bootstrapping 的 Model 4 对心理模拟的中介效应进行检验，加入人口学变量年龄与性别作为协变量，其中迭代抽样次数为 5000。分析结果显示，食品形状对心理模拟的影响显著（$\beta=0.42$；$SE=0.16$；95%CI[0.11，0.75]不包含 0）；心理模拟对购买意向的影响同样显著（$\beta=0.46$；$SE=0.06$；95%CI[0.25，0.48]不包含 0）；心理模拟的中介效应显著（indirect effect $\beta=0.16$；$SE=0.07$；95%CI=[0.04，0.31]不包含 0），即心理模拟在食品形状对购买意向的影响关系中发挥显著的中介效应。详情请见图 3-1。此外，食品知识（95%CI=[−0.01，0.10]包含 0）和形状典型性（95%CI=[−0.01，0.27]包含 0）的中介效应均不显著。因此，排除食品知识和形状典型性的替代解释。

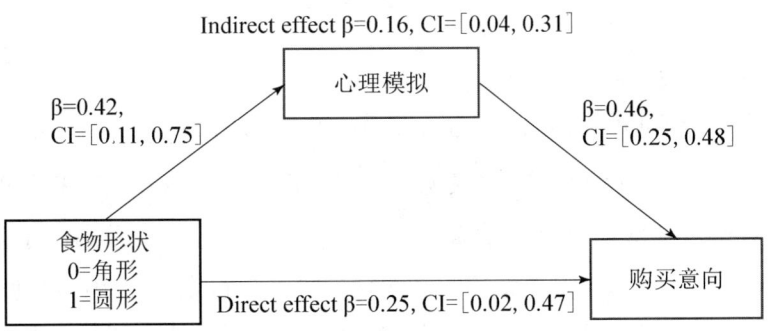

图3-1　心理模拟的中介效应分析

序列中介效应分析。根据研究的理论逻辑，食品形状（圆形 vs.角形）会使消费者产生不同程度的心理模拟，从而影响对食品的消费偏好，最终导致不同的购买意向,心理模拟(中介变量1)和消费偏好(中介变量2)形成了链型双中介。为进一步探讨食品形状对消费者购买意向的作用机理,本研究采用 Bootstrapping(PROCESS Model 6;Hayes,2013)对心理模拟和消费偏好的双中介效应进行分析,加入人口学变量年龄与性别作为协变量。结果验证了从食品形状到心理模拟到消费偏好,再到购买意向的因果链模型(indirect effect β=0.06;*SE*=0.03,95%CI=[0.01,0.13]不包含 0)。食品形状会影响消费者的心理模拟(path a1:β=0.42;*SE*=0.16,95%CI=[0.11,0.75]不包含 0),心理模拟又能够有效地影响消费偏好(path a2:β=0.45;*SE*=0.06,95%CI=[0.23,0.46]不包含 0),从而使消费者产生不同的购买意向(path a3:β=0.38;*SE*=0.08,95%CI=[0.24,0.54]不包含 0)。另外,从食品形状到购买意向的直接效应不显著(β=0.16;*SE*=0.11,95%CI=[-0.05,0.37]包含 0)。详情请见图 3-2。

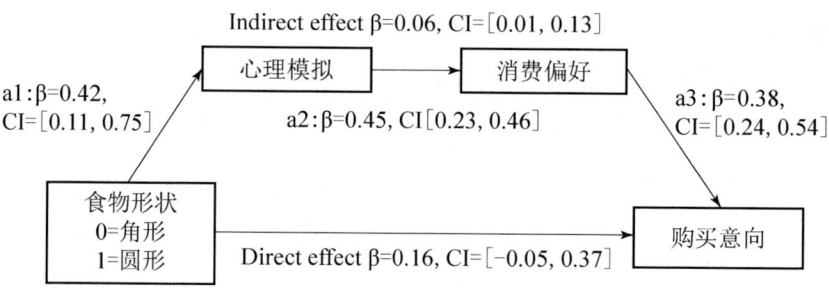

图3-2 序列中介效应分析

(四)讨论

实验 2 通过更换刺激物、操纵食品形状,再次证明了食品形状(圆形 vs. 角形)对购买意向的影响,并发现了心理模拟和消费偏好在二者之间发挥的中介效应,即相对于角形的食品形状,消费者对圆的食品形状具有更高的心理模拟水平,进而具有更强的消费偏好,最终导致更高的购买意向。此外,本研究还排除了食品知识和形状典型性的混淆解释作用。但是对于主效应的边界条件还有待探讨,接下来的实验将加入食品性质这一调节变量,进一步检验在食品形状对消费者购买意向的影响中,食品性质和心理模拟发挥的有调节的中介效应。

六、实验3：食品性质的调节效应

（一）实验材料前测

在正式实验开始之前，为了选择有效的刺激材料，参照 Zhou 等的研究[39]，选择饼干作为刺激材料。从网上图库中选择两张饼干图片并使用 Photoshop 软件进行图片的修改设计，将两张图片的大小、颜色和背景等因素设计为完全相同，仅仅使图片中食品的形状不同，即一组为圆形，另一组为角形（实验材料见附录2中的图5—图10）。共有58名被试（男性30人占比51.7%，18–30岁占比55.2%）参与了本次预实验。首先将被试随机分配到圆形、角形两个条件中的一个，其中圆形组29人，角形组29人。然后让被试观看一张圆形或角形食品的图片（其他条件均同），当被试确定认真观看了图片刺激后，紧接着让被试报告对食品形状的感知（通过观看图片，我对该食品形状的感知为：1=尖锐有棱角，7=圆润无棱角）。同时，为了排除被试对食品的熟悉度和食品外观吸引性的干扰，参考 Li 等的研究[38]，测量被试对这两张图片中的熟悉度和食品外观吸引性的感知。独立样本 t 检验结果表明被试对食品的熟悉度（$M_{角形}$=5.52，$M_{圆形}$=5.48，$t(56)$=0.128，p=0.89>0.05，d=0.03）和食品外观上吸引性（$M_{角形}$=5.83，$M_{圆形}$=5.52，$t(56)$=0.980，p=0.331>0.05，d=0.26）的感知不存在显著差异。另外，相较于角形条件下的被试（$M_{角形}$=5.03，SD=1.05），圆形条件下的被试在食品形状检验题目上的得分更高（$M_{圆形}$=5.62，SD=0.86，$t(56)$=-2.321，p<0.05，d=0.62），说明该刺激材料可以作为正式实验的刺激材料。此外，对食品性质的实验材料编制参考 Zhou 等的相关研究[39]，（详情见附录2中的食品性质的操纵材料）。

（二）被试选择与实验流程

本实验采用2（食品形状：圆形 vs.角形）×2（食品性质：享乐性 vs.实用性）被试间实验设计，自变量为食品形状，因变量为购买意向，中介变量为心理模拟，调节变量为食品性质。本实验的主要目的是验证食品性质和心理模拟在食品形状对购买意向的影响关系中的有调节的中介效应，即H3。

利用 G*power 软件计算出在显著性水平为 0.05 且效应量为中等水平（f=0.25）时，预测达到 80%的统计力水平的总样本量至少为 128 名。本实验通过问卷星平台招募了 175 名被试参与此次研究，通过一道注意力测试题（在"58637291403"这串数字中，第四个数字是：1–7 中进行选择），剔除没有正确回答此问题的数据样本，然后再将数据样本中答题时间过长和过短的以及包含极端值的进行剔除，共剔除了 40 份无效数据后，最终得到有效样本为（N=135，年龄 15－40 岁，$M_{年龄}$=23.3，SD=4.81，男性比例为 44.1%）。

在本研究中，同样向被试描述研究目的为量化消费者饮食习惯的市场调查。将被试随机分配到 2（食品形状：角形 vs.圆形）×2（食品性质：享乐性 vs.实用性）被试间实验设计中。其中，角形×享乐性组 35 人，角形×实用性组 33 人，圆形×享乐性组 32 人，圆形×实用性组 35 人。首先，被试先阅读一段食品性质的操纵材料，以启动被试对食品享乐性和实用性的感知，然后让被试观看圆形或角形的食品图片（其他条件均同）。当被试确定认真阅读材料和观看了食品图片后，被试被要求报告其购买意向和心理模拟程度。购买意向的测量题项与实验 1 相同，该量表的信度为 0.710。心理模拟的测量采用 Elder 等[41]的量表，该量表有 3 个题项："吃饼干的情景出现在我脑海中的强度（1=一点也没有；7=非常强）""吃饼干的情景进入我脑海中的数量（1=非常少或者没有；7=非常多）"和"我在想象饼干在口中融化时的质地、感受的程度（1 =一点也没有；7=非常强）"。这些评分取平均即为其心理模拟程度。量表的信度为 0.752。

然后，要求被试对饥饿程度、购买频率、食品形状的典型性（α=0.743）和食品知识等混淆变量进行 7 点评分。另外，被试还需报告对于食品形状和食品性质的感知作为操纵检验测项，食品形状的感知测量同实验 1，食品性质的具体测验题目为：通过阅读前面的文字材料，我认为该食品营养健康，具有实用价值，让我感觉精神饱满；通过阅读前面的文字材料，我认为该食品精致酥脆，让我感觉愉悦，很享受（1=完全不符合，7=完全符合）。研究结束时，被试提供了他们的人口统计信息（即年龄和性别）。

（三）实验结果

1. 操纵检验

食品形状。独立样本 t 检验分析结果发现，相较于角形条件下的被试（$M_{角形}$=3.85，SD=1.80），圆形条件下的被试在食品形状检验题目上的得分更高（$M_{圆形}$=5.29，SD=1.53，t（131）=-5.04，$p<0.001$，d=0.86）。此外，两组被试在饥饿程度（$M_{角形}$=3.51，SD=1.69，$M_{圆形}$=3.31，SD=1.82，t（134）=68，p=0.496，d=0.12）、购买频率（$M_{角形}$=4.09，SD=1.48，$M_{圆形}$=3.86，SD=1.27，t（134）=0.93，p=0.353，d=0.16）、食品知识（$M_{角形}$=4.47，SD=1.29，$M_{圆形}$=4.41，SD=1.28，t（134）=0.27，p=0.790，d=0.05）和食品形状的典型性（$M_{角形}$=5.04，SD=0.96，$M_{圆形}$=5.35，SD=0.91，t（134）=-1.96，p=0.05，d=0.34）方面均不存在显著差异。因此，食品形状的操纵成功。

食品性质。独立样本 t 检验分析结果显示，被试在反映享乐性食品的测量题项上得分存在显著差异，享乐性被试组（$M_{享乐性}$=5.28，SD=1.31）显著高于实用性被试组（$M_{实用性}$=4.78，SD=1.29；t（134）=2.24，$p<0.05$，d=0.39）；同时，被试在反映实用性食品的测量题项上得分存在显著差异，实用性被试组（$M_{实用性}$=5.30，SD=1.00）显著高于享乐性被试组（$M_{享乐性}$=4.63，SD=1.20；t（134）=-3.57，$p<0.05$，d=0.61）。因此，食品性质的操纵成功。

2. 主效应分析

独立样本 t 检验结果表明，不同食品形状（角形 vs.圆形）条件下消费者的购买意向存在显著差异，具体而言，相对于角形的食品（$M_{角形}$=4.55，SD=1.05），消费者对于圆形的食品具有更高的购买意向（$M_{圆形}$=5.02，SD=0.76，t（122）=-2.96，$p<0.01$，d=0.51）。

3. 有调节的中介效应分析

首先，检验食品性质在心理模拟对购买意向的影响关系中的后半段调节效应。以食品性质（0=享乐性，1=实用性）和心理模拟分组（0=低分组，1=中等组，2=高分组）为自变量，购买意向为因变量，加入人口学变量（性别、年龄）作为协变量，方差分析结果表明，消费者在高心理模拟水平下（高于心理模拟平均值 1 个 SD）的购买意向显著高于低心理模拟水平下（低于心理模拟平均值 1 个 SD）的购买意向（F（2，128）=14.01，$p<0.001$，η_p^2=

0.180); 食品性质的主效应不显著（$F(1, 128)=1.75$, $p=0.188$, $\eta_p^2=0.014$）; 心理模拟和食品性质的交互效应显著（$F(2, 165)=4.62$, $p=0.012$, $\eta_p^2=0.067$），详情如表3-2所示。进一步简单效应分析发现：当食品性质为享乐性时，消费者在高心理模拟水平下的购买意向显著高于低心理模拟水平下的购买意向（$M_{高分}=5.17$, $SD=0.35$; $M_{低分}=3.44$, $SD=0.13$; $F(2, 128)=16.05$, $p<0.001$, $\eta_p^2=0.201$）; 当食品性质为实用性时，消费者的心理模拟程度对购买意向没有显著影响（$M_{高分}=5.17$, $SD=0.28$; $M_{低分}=4.45$, $SD=0.25$; $F(2, 128)=1.91$, $p=0.153$, $\eta_p^2=0.029$），如图3-3所示。

表3-2 不同心理模拟水平和食品性质下的购买意向（$M\pm SD$）

类型	享乐性	实用性
$M+1SD$	5.22±0.81	5.15±0.93
M	5.04±0.73	4.78±0.83
$M-1SD$	3.49±0.99	4.11±1.20

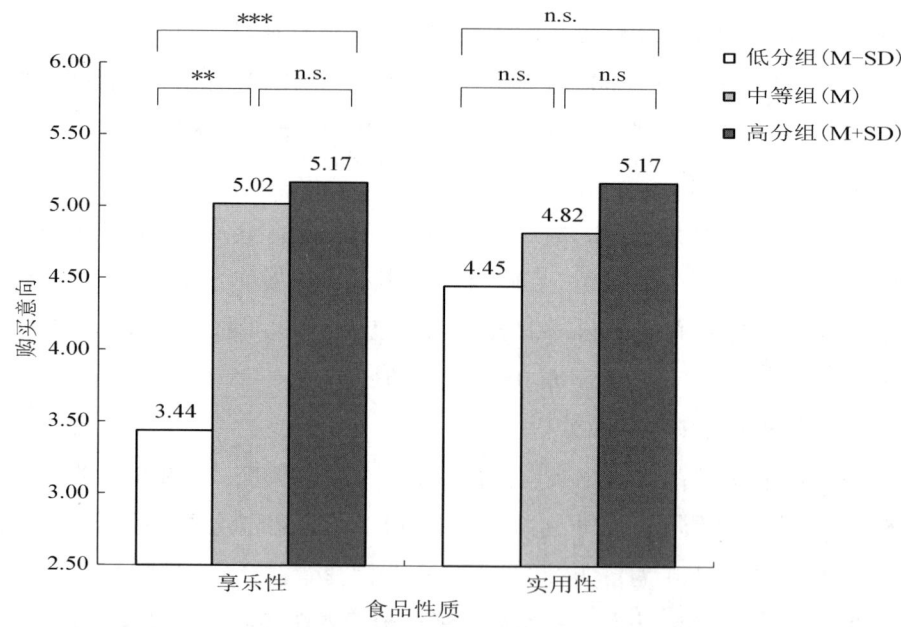

注：*** $p<0.001$, ** $p<0.01$; n.s.表示不存在显著差异。

图3-3 食品性质与心理模拟对购买意向的交互效应

其次，参照 Hayes 等提出的 Bootstrapping 方法进行有调节的中介效应检验。选择 Process 中的 Model 14，样本量 5000，在 95%置信区间下，以食品形状（0=角形，1=圆形）为自变量，购买意向为因变量，心理模拟为中介变量，食品性质（0=享乐性，1=实用性）为调节变量，加入人口学变量性别与年龄作为协变量。

Bootstrapping 分析结果表明，在食品形状对购买意向的影响关系中，心理模拟和食品性质有调节的中介效应成立（见图3-4）。具体而言，食品性质在心理模拟对购买意向的影响关系中具有显著的调节效应（int_1 β =−0.36，SE=0.13，95%CI=[−0.61，−0.11]不包含0），在食品形状对购买意向的影响关系中，心理模拟的中介效应显著（indirect effect β= −0.15，SE=0.09，95%CI=[−0.35，−0.004]不包含0）。而控制了中介变量心理模拟之后，自变量食品形状对因变量购买意向的直接效应显著（direct effect β=0.35，SE=0.15，95%CI=[0.06，0.64]不包含0）。各调节变量在不同值时的中介效应不同（见表3-3）。当食品性质为享乐性时，中介检验的间接效应显著（indirect effect β=0.23，SE=0.11，95%CI=[0.02，0.46]不包含0），也就是说，对于享乐性的食品而言，在食品形状对购买意向的影响关系中，心理模拟具有中介效应，即食品形状通过心理模拟影响消费者的购买意向。然而，当食品性质为实用性时，中介检验的间接效应不显著（indirect effect β=0.07，SE=0.06，95%CI=[−0.01，0.22]包含0）。也就是说，对于实用性食品而言，在食品形状对购买意向的影响关系中，心理模拟不具有中介效应。

表 3-3 不同条件下中介模型的间接效应量

分组	Effect	SE	BootLLCI	BootULCI	中介模型是否成立
享乐性	0.23	0.11	0.02	0.46	成立
实用性	0.07	0.06	−0.01	0.22	不成立

（四）讨论

本实验再次验证了食品形状对消费者购买意向的影响，并检验了食品性质对在心理模拟对购买意向的影响关系中的调节效应。更为重要的是，实验采用了与以往研究不同的方法操纵食品性质，避免了内生因素所导致的干扰或混淆。实验结果证实了食品性质可以作为心理模拟在食品形状与购买意向关系中发挥中介效应的边界条件。

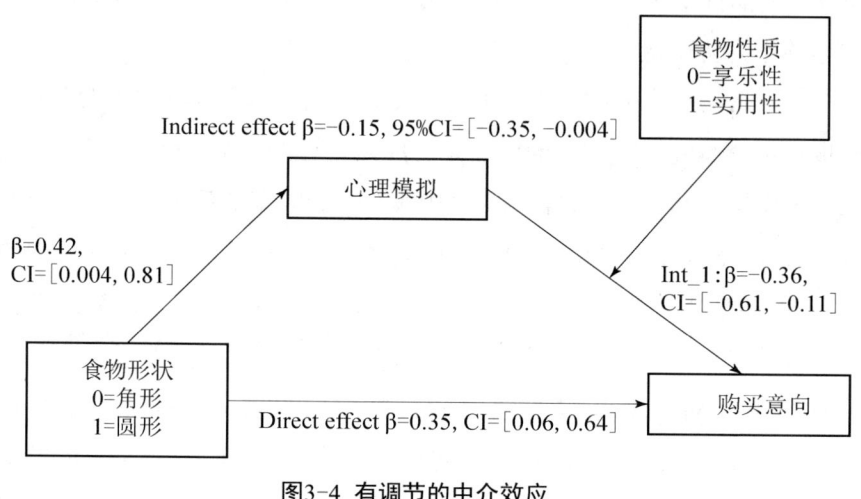

图3-4 有调节的中介效应

七、总讨论

基于感官营销与具身认知理论，本研究通过3个系列实验探讨食品形状与购买意向之间的关系，以及对心理模拟和食品性质的中介及调节效应进行了探讨，深入探究了食品形状影响消费者的购买意向的内部过程和边界条件，并发现了食品性质和心理模拟在其中有调节的中介效应。

首先，本研究验证了相比于角形的食品形状，消费者更偏好圆形的食品形状，并发现了圆的食品形状对消费者的购买意向也具有正向影响。这一发现为后续开展相关研究奠定了重要基础。并且这一发现与前人关于形状对消费者的消费偏好和购买意向影响的研究结果相一致。整体来看，无论是品牌形状还是产品本身的形状均表现出对圆的形状的偏好和较高的购买意向，这些发现丰富了对于不同产品形状下消费者的偏好和购买意向的了解。所以可以看到，我们周围的物体以及与之关联的物体的轮廓并不仅仅是无关紧要的设计上的小事，它们对我们在消费和社会环境中的偏好的选择有着切实的影响。

其次，本研究进一步发现在食品形状对消费者的购买意向的影响中，心理模拟和消费偏好具有序列中介效应，揭示了食品形状对消费者的购买意向影响的内部机制。研究发现该效应产生的根本驱动因素在于圆的形状让人感觉放松愉悦，更容易激起消费者的一些积极的消费体验，让个体回到了先前的某个感官体验状态或者想象使用该产品时的感受，从而激活了大脑相应感知区域，近而对个体的认知与行为产生影响。相反，角形的形状更多的是传达出一种严肃、侵略和对抗的信号，会使人产生不舒服或者是一种威胁感，而且食品对于每个人来说都是我们生存的基础和保障，当有威胁的信息出现而阻碍我们的进食和更好的生存时，那么这种信号通常是不被人们喜欢的。所以对于食品这个领域来说，这种信号是不具优势的，更重要的是这种信号也不利于消费者进行进食的心理模拟，因而消费者对于该种形状的食品偏好水平和购买意向较低。

最后，本研究还发现，食品形状通过心理模拟影响购买意向的中介过程受到食品性质的调节，揭示了食品形状影响购买意向的边界条件。具体而言，在食品形状通过心理模拟影响消费者的购买意向中，食品性质调节的是心理模拟对购买意向的影响。我们看到，在消费者即将做出购买行为时，消费者首先受到感官刺激的影响，食品形状直接影响消费者对该食品进行心理模拟，而在心理想象品尝该食品的感受和体验时，食品性质的作用得以发挥，调节了心理模拟对消费者购买意向的影响。对于享乐性的食品而言，消费者重视的就是该种食品所带来的体验和情感价值，当圆的食品形状向消费者发出积极的信号后，就会推动消费者对该食品进行心理模拟，近而使消费者具有更高的购买意向。而当食品为实用性时，消费者是认知导向的，他们更看重的是其功能和作用，因此会较少的关注其带来的感受和情绪，所以对于该种性质的食品，心理模拟在食品形状对购买意向的影响中不发挥中介效应。

参考文献

[1] 张腾霄，韩布新. 红色的心理效应：现象与机制研究述评[J]. 心理科学进展，2013，21（3）：398–406.

[2] 宋艳, 曲折, 管益杰 等. 视知觉学习的认知与神经机制研究[J]. 心理科学进展, 2006, 14（3）: 334–339.

[3] 钟科, 王海忠, 杨晨. 感官营销研究综述与展望[J]. 外国经济与管理, 2016, 38（5）: 69–85.

[4] Jiang Y, Gorn G J, Galli M, et al. Does Your Company Have the Right Logo? How and why circular -and angular -logo shapes influence brand attribute judgments[J]. Journal of Consumer Research, 2016, 42（5）: 709–726.

[5] Velasco C, Woods A T, Petit O, et al. Crossmodal correspondences between taste and shape, and their implications for product packaging: A review[J]. Food Quality and Preference, 2016, 52: 17–26.

[6] Liu S Q, Bogicevic V, Mattila A S. Circular vs. angular servicescape: "Shaping" customer response to a fast service encounter pace[J]. Journal of Business Research, 2018, 89（c）: 47–56.

[7] Zhu R, Argo J J. Exploring the impact of various shaped seating arrangements on persuasion[J]. Journal of Consumer Research, 2013, 40（2）: 336–349.

[8] Westerman S J, Gardner P H, Sutherland E J, et al. Product design: Preference for rounded versus angular design elements[J]. Psychology and Marketing, 2012, 29(8): 595–605.

[9] Gómez-Puerto G, Munar E, Nadal M. Preference for curvature: A historical and conceptual framework[J]. Frontiers in human neuroscience, 2015, 9: 712–720.

[10] Simmonds G, Woods A T, Spence C. 'Shaping perceptions': Exploring how the shape of transparent windows in packaging designs affects product evaluation[J]. Food Quality and Preference, 2019, 75: 15–22.

[11] Spears N, Ketron S, Cowan K. The sweet taste of consistency in brand name sound & product/label shapes: Investigating appetitive responses in a dessert context and obstacles that suppress[J]. Journal of Brand Management, 2016, 23

（4）: 439–456.

[12] Yamim A P, Mai R, Werle C O. Make it hot? How food temperature (mis) guides product judgments[J]. Journal of Consumer Research, 2020, 47（4）: 523–543.

[13] Li S, Zeng Y, Zhou S. The congruence effect of food shape and name typeface on consumers' food preferences[J]. Food Quality and Preference, 2020, 86: 104017.

[14] Deng X, Kahn B E. Is your product on the right side? The "location effect" on perceived product heaviness and package evaluation[J]. Journal of Marketing Research, 2009, 46（6）: 725–738.

[15] Koo J, Suk K. The effect of package shape on calorie estimation[J]. International Journal of Research in Marketing, 2016, 33（4）: 856–867.

[16] Hagen L. Pretty Healthy Food: How and when aesthetics enhance perceived healthiness[J]. Journal of Marketing, 2021, 85（2）: 129–145.

[17] Wang L, Yu Y, Li O. The typeface curvature effect: The role of typeface curvature in increasing preference toward hedonic products[J]. Psychology & Marketing, 2020, 37（8）:1118–1137.

[18] 钟科, 王海忠. 品牌拉伸效应: 标识形状对产品时间属性评估和品牌评价的影响[J]. 南开管理评论, 2015, 18（1）: 64–76.

[19] Ngo M K, Velasco C, Salgado A, et al. Assessing crossmodal correspondences in exotic fruit juices: The case of shape and sound symbolism[J]. Food Quality and Preference, 2013, 28（1）: 361–369.

[20] Zhang Y, Feick L, Price L J. The Impact of self-construal on aesthetic preference for angular versus rounded shapes[J]. Personality and Social Psychology Bulletin, 2006, 32（6）: 794–805.

[21] Spence C, Gallace A Multisensory design: Reaching out to touch the consumer[J]. Psychology & Marketing, 2011, 28（3）: 267–308.

[22] Naini F B, Moss J P, Gill D S. The enigma of facial beauty: Esthetics,

proportions, deformity, and controversy[J]. American Journal of Orthodontics and Dentofacial Orthopedics, 2006, 130（3）：277–282.

[23] Bar M, Neta M. Humans Prefer Curved Visual Objects [J]. Psychological Science, 2006, 17（8）：645–648.

[24] Carbon C C. The cycle of preference: Long-term dynamics of aesthetic appreciation[J]. Acta Psychologica, 2010, 134（2）：233–244.

[25] Taylor S E, Schneider S K. Coping and the simulation of events[J]. Social Cognition, 1989, 7（2）：174–194.

[26] Schlosser A E. Experiencing products in the virtual world: The role of goal and imagery in influencing attitudes versus purchase intentions[J]. Journal of Consumer Research, 2003, 30（2）：184–198.

[27] Taylor S E, Pham L B, Rivkin I, et al. Harnessing the imagination. Mental simulation, self-regulation, and coping [J]. The American psychologist, 1998, 53(4): 429–439.

[28] 魏华, 段海岑, 周宗奎. 具身认知视角下的消费者行为 [J]. 心理科学进展, 2018, 26（7）：1294–1306.

[29] Vieilledent S, Kosslyn S M, Berthoz A, et al. Does mental simulation of following a path improve navigation performance without vision?[J]. Cognitive Brain Research, 2003, 16（2）：238–249.

[30] Krishna A, Morrin M, Sayin E. Smellizing cookies and salivating: A focus on olfactory imagery[J]. Journal of Consumer Research, 2014, 41（1）：18–34.

[31] Batra R, Ahtola O T. Measuring the hedonic and utilitarian sources of consumer attitudes[J]. Marketing Letters, 1991, 2（2）：159–170.

[32] 赵占波, 涂荣庭, 涂平. 产品的功能性和享乐性属性对满意度与购后行为的影响[J]. 营销科学学报, 2007, 000（003）：50–58.

[33] Dhar R, Wertenbroch K. Consumer Choice between Hedonic and Utilitarian Goods [J]. Journal of Marketing Research, 2000, 37（1）：60–71.

[34] Stafford M R, Stafford T F, Day E. A Contingency Approach: The Effects of spokesperson type and service type on service advertising perceptions[J]. Journal of Advertising, 2002, 31（2）: 17–35.

[35] Leclerc F, Schmitt B H, Dubé L. Foreign branding and its effects on product perceptions and attitudes [J]. Journal of Marketing Research, 1994, 31（2）: 263–270.

[36] Papies E K, Best M, Gelibter E, et al. The role of simulations in consumer experiences and behavior: Insights from the grounded cognition theory of desire[J]. Journal of the Association for Consumer Research, 2017, 2(4): 402–418.

[37] Li S, Zhao Y, Liu S. How food shape influences calorie content estimation: The biasing estimation of calories[J]. Journal of Food Quality, 2022: 7676353.

[38] Zhou S, Chen S, Li S. The shape effect: Round shapes increase consumers' preference for hedonic foods [J]. Psychology & Marketing, 2021, 38（11）: 2051–2072.

[39] Rodas M A, John D R. The Secrecy Effect: Secret Consumption Increases Women's Product Evaluations and Choice [J]. Journal of Consumer Research, 2020, 46（6）: 1093–1109.

[40] Elder R S, Krishna A. The "visual depiction effect" in advertising: Facilitating embodied mental simulation through product orientation[J]. Journal of Consumer Research, 2012, 38（6）: 988–1003.

第四章

广告营销情景中心理表象的诱发与影响

第一节 研究背景

广告营销情境中心理表象的相关研究主要集中在广告情节诱发的消费愿景、心理表象在消费者加工具有不同数量广告诉求时的作用,以及消费者对广告采取的两种不同的心理表象方法。

Lee等[1]利用调节定向理论解释隐喻型广告的说服效果,他们发现,当观看隐喻型广告时,促进定向(promotion-focused)的个体对比防御定向(prevention-focused)的个体能够产生更高水平的表象加工,因此对品牌的评价也更积极。通过广告短片设计宣传产品的情节,有助于将消费者带入叙事过程,让他们在叙事中替代性地体验产品。在这个过程中,他们形成了消费愿景。广告相关的消费愿景指对产品相关行为及使用后果的视觉表象,包括想象消费者使用产品时的图像以及体验产品相关的行为的心理结果。Chang[2]通过研究幽默型和意义型广告情节发现,一个情节-产品有机整合的广告短片能够诱发消费愿景,从而进一步促进消费者对品牌态度的积极变化。此外,幽默型广告情节能够引发消费者的幽默感知,诱发积极情绪,带来享乐性体验,从而促进对品牌态度的积极变化,而这一过程受到消费愿景的调节。

Wang等[3]通过想象指令要求被试使用或不使用想象力来操纵心理表象,他们试图探查有无心理表象对于消费者加工具有不同数量广告诉求的影响。鉴于以往研究提出的"三者魅力"效应(charm of three effect),即3个广告诉求能够最大限度地提高广告的说服力,超过3个诉求反而会增加消费者怀疑,降低消费者对产品的评价。Wang等试图揭示广告"三者魅力"效应的边界条件和潜在机制。他们的研究采用3(广告诉求数量:1个vs.3个vs.5个)×2(心理表象:参与vs.不参与)被试间实验设计。结果证实,心理表象调节了广告诉求的数量对广告说服力的影响。当消费者参与心理表象时,广告说服力会随着广告诉求数量的增多而增加;只有当消费者不参与心理表象时，设置3个诉求的广告才会比设置更少（1个）或更多（5个）诉求的广告更有说服力。并且，广告诉求数量与心理表象对广告说服力的交互效应受到叙事传输和消费者怀疑的中介。

Herd和Mehta[4]辨别出消费者对广告采取的两种不同的心理表象方法，一种为感觉想象法（feelings-imagination approach），即想象目标消费者使用产品时的主观感受，一种为客观想象法（objective-imagination approach），即想象目标消费者如何客观地看待产品以及在使用产品时如何与产品互动。他们发现，采用感觉想象法（vs.客观想象法）的消费者具有更高水平的移情关怀、更强的认知灵活性和创新性思维。Cheng和Toung[5]借鉴此范式对心理表象方法进行操纵：引导被试想象为老年消费者设计购物车，被试被告知他们在设计过程中担任产品设计师的角色。感觉想象组的被试被要求闭上眼睛，想象老年人使用购物车时的感受和体验，并根据老年人的感受和体验设计购物车。客观想象组的被试被要求闭上眼睛，想象老年人如何客观地看待自己和购物车之间的互动，并根据老年人的客观想法设计购物车。两组被试都被要求在想象活动完成后尽可能多地列出自己的设计想法以强化操纵。随后被试被随机分配到两种广告条件中，一半的被试观看身体恐惧诉求广告，另一半观看社会恐惧诉求广告。身体恐惧诉求主要集中在消费者自身的健康状况上，如吸烟者患肺癌的风险增加。相比之下，社会恐惧诉求主要集中在消费者周围的社会环境上，如吸烟者很容易失去朋友。Cheng和Toung的研究采用2（恐惧诉求的类型：身体恐惧诉求vs.社会恐惧诉求）×2（心理表象方法：感觉想象法vs.客观想象法）被试间实验设计，观看广告后要求被试完成心理表象流畅性、购买意愿和消费者对未来后果的考虑（CFC）问卷。结果发现，身体恐惧诉求（vs.社会恐惧诉求）广告能够更有效地提高心理表象流畅性，从而进一步提高购买意愿。并且，当消费者采用感觉想象法时，低CFC（vs.高CFC）的消费者在观看身体恐惧诉求广告时，表现出更高水平的表象流畅性和购买意愿；高CFC（vs.低CFC）的消费者在观看社会恐惧诉求广告时，表现出更高水平的表象流畅性和购买意愿。相反，当消费者采用客观想象法时，他们会根据客观事实对产品展开想象，因此，无论此条件下消费者的CFC

水平如何，身体恐惧诉求（vs.社会恐惧诉求）广告能够诱发更高水平的表象流畅性。

研究者探讨了视觉线索的生动性和生成表象的容易程度对产品偏好的作用。他们将消费者分为4种实验情境，这4种情境依据视觉线索的生动性（低vs.高）以及想象指令（有vs.无）来划分。表象的生动性通过提供一个照片过滤器来控制，使呈现的图像看起来更像一幅画。研究者测量了被试对广告中展示的产品体验的品牌态度和购买意愿。当广告中的视觉线索生动性较低时，想象指令会导致事与愿违的反向效果，导致品牌态度和购买意愿低于没有想象指令时，这是因为生成消费表象的难度增加了。这一效应与消费者想象倾向的个体性差异有关[6]。想象倾向（propensity to imagine）指的是消费者能够在既定情景下展开想象的容易程度、范围和速度。广告可以促进消费者的想象过程，而且对广告中隐喻的理解也是根植于想象的。Foreman等[6]提出，并列视觉隐喻（juxtaposed visual metaphor）指本体和喻体并排呈现，整体描绘，本体和喻体全部可见。例如，把服用过某抗抑郁药物的人比作火箭，并且人和火箭并列放置。融合视觉隐喻（fused visual metaphor）以本体和喻体合并融合为一个整体，部分描绘，只有本体和喻体的一部分可见，另一部分被遮盖住。例如，把服用过某抗抑郁药物的人比作火箭，并且人和火箭的形象融合在一起成为一个"火箭人"。因此，并列隐喻比融合隐喻更容易理解。加工融合视觉隐喻（vs.并列视觉隐喻）会引发更高水平的精细加工，因为它将两个截然不同的对象聚集在一起，增加了表象加工的难度。Foreman等考察了视觉隐喻对直接面向消费者的处方药广告的影响。结果表明，对于采用融合视觉隐喻（vs.并列视觉隐喻）的广告，高想象倾向的消费者具备更强的广告信息理解力。此外，当医药广告采用融合视觉隐喻（vs.并列视觉隐喻）时，诱发基于想象的视觉表象（vs.基于记忆的视觉表象）的消费者对于药物健康风险有更大的信息搜寻意图。

如前所述，消费者生成的表象受到广告所使用的视觉线索的风格特性影响。带给我们的启示是，研究人员可以探索源刺激（source stimulus）的现实性（如实物照片vs.抽象插画）如何影响生成的表象的类型以及消费者行为。

同样，研究人员也可以探索动态刺激和静态刺激（如视频vs.图片）如何对表象的形成以及表象的精细加工产生不同的影响。

由广告中的表象所触发的自我指向程度能够影响消费者的态度和意向。因此，由表象引发的自我指向是如何影响消费者自我说服的，这是一个未来亟待解决的问题。例如，消费者生成的广告表象是否是广告说服力的可归因来源？此外，由于广告为研究心理表象提供了充分的情景条件，因此，聚焦于表象的前因变量和后果变量的相关研究也可以置身于广告背景条件中做进一步的检视。此外，鉴于"过程vs.结果"和"更动态vs.更静态"是心理表象的不同维度，那么心理表象的其他维度也有必要做进一步的探索研究。

第二节　广告类型诱发的心理模拟对广告信任的影响

一、问题的提出

（一）研究目的

随着社会经济的发展，人们的消费水平也在不断提高，商家为了吸引消费者购买他们的产品，设计出了各种各样的广告。现今市场上，承诺实现预期变化的广告无处不在。这些广告通常包括承诺改变的起点和终点的视觉效果（前后对比式广告）。而渐变式广告除了起点和终点外，还包括中间步骤，这在市场上要少得多[7]。

人们通常有着改变自身状态的强烈愿望，例如减肥、美白牙齿、缓解疼痛或增加头发密度。为了迎合这种需求，商家会推出各类产品，如减肥方案、牙齿美白用品、止痛药或生发产品，声称能够带来这些变化。在公共政策的领域，推动更健康生活方式的公益广告也试图诱发人们对理想变化的追求。这些广告通常采用对比手法，展示从"之前"到"之后"的鲜明转变，比如展示参与减肥计划前后的照片，我们称这种广告为前后对比式广告。而另一种较少见的对比广告，则突出展示从"之前"到"之后"过程中的逐步变化，比如一个人逐渐减肥的过程照片，我们将其称为渐变式广告。如果消费者信任该广告，从而购买广告中的产品，企业就会从中获益。因此，确定促进或阻碍消费者对对比广告的信任的影响因素非常重要。

（二）研究意义

首先，前人研究多关注基于其他维度的广告的类型对消费者行为态度的影响及其作用机制，如感性诉求广告和理性诉求广告[8]；能力型诉求广告和热情型诉求广告[9]；合作型组合代言广告和冲突型组合代言广告[10]。然而现有研究较少对前后对比式广告和渐变式广告进行差异比较，本研究补充了该研究领域的空白。其次，本研究通过对过程模拟和对比广告类型的研究，试图阐明过程模拟在不同对比广告类型中的中介效应，丰富了心理模拟理论在营销实践中的应用，填补了心理表象及表象加工领域的文献空白。最后，本研究通过对调节定向的调节效应进行研究。通过将不同广告类型与调节定向类型进行匹配，丰富了该领域的文献，补充了调节定向理论。

本研究具有管理意义，因为目前的市场营销实践表明，渐变式广告被系统性地忽略了，而更倾向于前后对比式广告。许多产品和服务都承诺改变，因此，本研究结果非常广泛地适用于跨媒体营销和公共政策信息的开发，包括数字广告、网站、产品包装和公共健康信息。基于此研究，营销人员可以根据产品的类型和受众，选择不同类型的对比广告，结合不同调节定向类型的特点，为其制定有效的营销计划提供了指导性意见。通过对广告类型和调节定向的匹配，设计出最有营销效果的广告，从而提高企业营销的效益。

二、文献回顾和研究假设

（一）广告类型对广告信任的影响

消费者往往渴望改变，他们希望变得更瘦、牙齿更白、摆脱头痛或头发更浓密。企业为了满足消费者的这种愿望，就会推出一些产品，承诺提供相应的改变：减肥计划、美白牙齿产品、止痛药或生发治疗。在公共政策层面，理想的变化往往是旨在促进更健康行为的公益广告的目的。营销人员通常使用对比广告来对其产品进行宣传。对比广告通常以"之前"和期望的"之后"的视觉效果为特点（例如，一个人在减肥计划开始和结束时的照片），我们称之为前后对比式广告。另一种不太常用的对比广告则以"之前"和"之后"

之间的中间结果为视觉特色（例如，一个人逐渐瘦下来的照片），我们称之为渐变式广告。

在对比广告中，营销人员向消费者承诺了一定的效果。对比广告的可信度反映了人们对广告产品将带来承诺结果的看法，因此它也反映了人们对广告传达事实的看法[10]。消费者可能会质疑这一承诺，因为如果消费者被广告说服并购买广告产品，公司就会从中获益[11, 12]。

信任是现代社会得以维系的重要前提。一切社会活动的有序开展都是建立在人类普遍信任的基础之上。人之间的交流沟通需要信任，不同组织之间的无碍合作也需要信任。没有人们相互间的普遍信任，社会本身将瓦解。建立信任，是为了减少人际交往乃至社会发展中的不确定性。

广告信任同样是广告发展得以持续的重要因素。广告信任弥补了广告传播效果不确定的风险。随着用户地位的不断上升，以及广告传播效果的式微，赢得消费者的信任日渐成为现代广告的重要传播策略。在广告效果不确定的情况下，增加用户对广告的信任度是减少广告传播风险的重要途径[13]。

广告信任是广告态度的一种，是衡量广告传播效果的一个重要指标。广告态度会受到广告诉求类型的影响。事实性信息为诉求点的理性广告更容易引发人们去收集已有信息，根据中心路径来处理信息。与理性广告相比，感性广告更容易诱发个体按照外围路径区间加工信息，因此更容易引发广告态度到品牌态度的直接情感转移[14]。如果消费者被广告说服，从而购买广告中的产品，企业就会从中获益，因此消费者可能会质疑他们是否真的能实现广告中的转变。

因此，本研究提出以下假设。

H1：不同的对比广告类型会对消费者的广告信任产生影响，相对于前后对比式广告，消费者更信任渐变式广告。

（二）过程模拟的中介效应

心理模拟指个体对单一事件或者一系列事件的模拟性心理表征[14,15]。消费者心理学对心理模拟进行了广泛研究，旨在了解心理模拟对偏好和说服的影响[16,17,18]。心理模拟可以分为对结果的心理模拟（结果模拟）和对导致结果的手段的模拟[20, 21, 22]。

研究还表明,结果模拟和过程模拟在不同的目标追求阶段会产生不同的结果。在设定目标时,结果模拟比过程模拟更有利,因为前者可以让人们专注于目标,而不是被其他活动分心[23, 24]。然而,在执行目标时,过程模拟比结果模拟更有利,因为过程模拟为人们应该采取什么行动来实现某种结果提供了指导。例如,在脑海中模拟准备考试的过程比在头脑中模拟结果更能提高学习成绩[25]。

在消费者心理学中,研究人员重点研究了结果模拟和过程模拟对说服和产品偏好的影响。研究表明,过程模拟(相对于结果模拟)会导致更高的行为意向(相对于更低的行为意向)[20]。还有研究表明,过程模拟可以减少直接产品体验(如试用)与间接产品体验(如阅读产品说明)所产生的产品评价差异[26]。基于上述分析提出假设:

H2:过程模拟在广告类型对广告信任的影响中起中介效应,即相对于前后对比式广告,渐变式广告会引起消费者更强的过程模拟,从而提高消费者对广告的信任。

(三)调节定向的调节效应

Higgins 指出,人们在实现目标的过程中存在两种自我调节倾向:促进定向和防御定向[28]。二者的本质区别体现在以下 3 个方面。第一,服务的需求不同。促进定向的人关注发展需求,看重进步和成就;防御定向的人关注安全需求,重视保护和风险。比如,同是为了获得好的绩效评价,促进定向的员工会努力在工作中积极表现,防御定向的员工则会严格要求自己以减少不必要的失误。第二,驱动的状态不同。促进定向的人追求最优状态,努力趋近理想自我;防御定向的人追求稳妥状态,防止自己不能成为应该自我。当然,所谓的"理想"和"应该"因人而异,驱动促进定向的"理想自我"并不一定比驱动防御定向的"应该自我"更优越。比如,业绩优秀被一些人视为理想,却被另一些人视为责任。第三,关注的结果不同。促进定向的主宰动机是对成就的渴望,促进定向个体的快乐/痛苦源于收获/无收获(如工作表现好/没表现好)。防御定向的主宰动机是对风险的警惕,防御定向个体的快乐/痛苦源于无损失/损失（如工作没出错/出错）[28]。

相关研究发现，在处理外界信息时，促进定向的个体思维更发散，对信息的开放性和包容性更高，更可能偏好创新程度高的产品[29]。而防御定向的个体更倾向于使用谨慎的信息加工方式，他们更关注产品的安全性，对安全性高的产品可能表现出更为强烈的偏好[30]。

还有研究人员利用调节定向理论解释隐喻型广告的说服效果，他们发现，当观看隐喻型广告时，促进定向的个体对比防御定向的个体能够产生更高水平的表象加工，因此对品牌的评价也更积极[31]。因此，基于以上分析提出如下假设。

H3：个体的调节定向类型能够调节广告类型对消费者广告信任的影响。当个体属于促进定向时，渐变式广告比前后对比式广告更能提高消费者对广告的信任。当个体属于防御定向时，不同对比广告类型不会显著地影响消费者对广告的信任。

综上所述，建立本研究的总体假设模型，如图4-1所示。

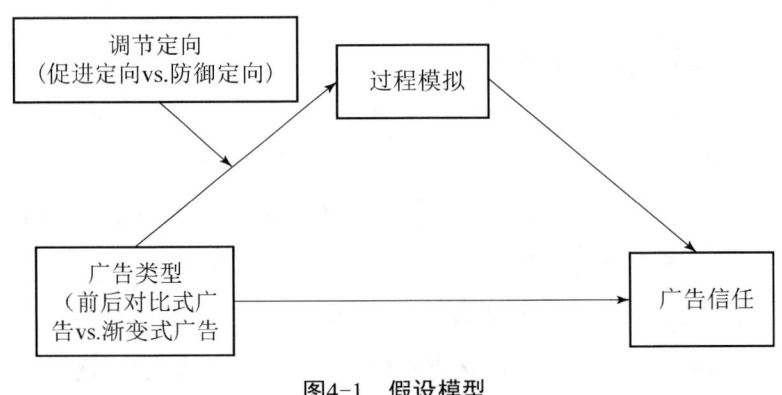

图4-1　假设模型

三、实验1：广告类型对广告信任的影响

实验1的目的是考察不同对比广告类型是否对消费者的广告信任产生影响。采用单因素被试间实验设计。自变量为广告类型（渐变式广告 vs.前后对比式广告），因变量为广告信任。

（一）实验材料前测

在正式实验之前，研究者创建了一个虚拟的产品"白束去屑洗发露"，并为这一虚拟产品设计了 2 种广告（前后对比式广告 vs.渐变式广告）。前后对比式广告呈现了一个人头发的 2 张照片，"使用前"照片中头屑较多，"使用后"照片中没有头屑。渐变式广告除了呈现相同的"使用前"和"使用后"的头发照片，还增加了 3 张中间结果的照片（见图 4-2）。为了确保这一操作的有效性，研究者在网上招募了 63 名被试（女性所占比例为 68.30%），随机分为 2 组参加前测（前后对比式广告组 vs.渐变式广告组），其中前后对比式广告组 32 人，渐变式广告组 31 人。将不同类型的广告图片分别呈现给各组被试（前后对比式广告 vs.渐变式广告），然后要求被试对广告的呈现内容进行评分（7 分量表，1=非常不赞同，7=非常赞同），"该广告图片呈现了使用去屑洗发水之前和之后，头屑消除的前后结果""该广告图片呈现了使用去屑洗发水之前和之后，头屑从多到少再到没有的动态过程"。结果表明，前后对比式广告组和渐变式广告组在呈现结果维度上的评分不存在显著差异（$M_{前后对比}$=5.34，SD=1.45，$M_{渐变}$=5.65，SD=0.84，$t(61)$=1.01，$p>0.05$），渐变式广告组在呈现过程维度上的评分显著高于前后对比式广告组（$M_{前后对比}$=3.97，SD=2.06，$M_{渐变}$=5.29，SD=1.19，$t(61)$=3.65，$p<0.01$，d=0.78），结果证明实验 1 广告类型操纵的有效性。

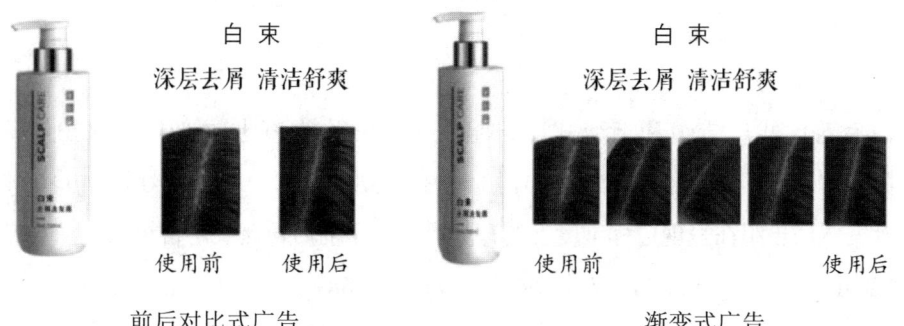

图4-2　广告类型图片（实验1）（图片区别详见附录5中的图1）

(二) 被试选择与实验流程

实验 1 采用单因素被试间实验设计，采用效应量（effect size d= 0.8）及期望功效值（power = 0.8），并使用 G*Power 3.1 软件，计算计划样本量为 52 人以上。因此，实验 1 在 Credamo 见数平台招募了 87 名被试完成一系列的调查活动。根据问卷作答时间和质量剔除了一些无效样本，最后，总样本容量为 $N=73$，其中女生 51 人，男生 22 人。参与者被随机分配到 2 组（前后对比式广告 vs.渐变式广告），每组样本容量为 $n_{前后对比式}=36$，$n_{渐变式}=37$。

在正式实验中，研究者先向被试呈现一段有关该产品的背景介绍："白束去屑洗发露是天丽集团研发的一款新型去屑产品，目前正尝试进入市场；白束去屑洗发露的功效包括：去屑去油，清洁舒爽；滋养发丝，润泽柔亮；自然精华，持久留香；该款产品在同类产品中属于平价商品。在不久的将来大家将会看到最新设计的白束产品平面广告。"然后向被试呈现广告图片。

随后，研究者让被试填写相关量表汇报广告信任[31]，具体包括"我相信该广告提供的产品和服务一定具有很高的质量"（1=非常不赞同，7=非常赞同）；"我相信该广告对待消费者是诚实的"（1=非常不赞同，7=非常赞同）；"我感觉该广告提供的产品信息是真实的"（1=非常不赞同，7=非常赞同）；"该广告不会从对其有利的角度来描述产品的功能"（1=非常不赞同，7=非常赞同），该量表的 Cronbach's α 系数为 0.74。最后要求被试根据呈现结果维度和呈现过程维度对广告内容进行评分，测量题项与预实验相同。

(三) 实验结果

1. 操纵检验

前后对比式广告组和渐变式广告组在呈现结果维度上的评分不存在显著差异（$M_{前后对比}=6.42$, $SD=0.81$, $M_{渐变}=6.38$, $SD=0.64$, $t(71)=0.23$, $p>0.05$），渐变式广告组在呈现过程维度上的评分显著高于前后对比式广告组（$M_{前后对比}=2.72$, $SD=1.78$, $M_{渐变}=5.73$, $SD=1.56$, $t(71)=7.68$, $p<0.001$, $d=1.80$），即关于广告类型的操纵有效。

2. 假设检验

广告信任。广告类型的主效应显著,且渐变式广告组的被试对广告的信任显著高于前后对比式广告组($M_{前后对比}$=20.58,SD=3.86,$M_{渐变}$=22.24,SD=2.88,t(71)=2.09,$p<0.05$,d=0.49)。

(四)讨论

实验1结果验证了假设1,表明渐变式广告比前后对比式广告更能提高消费者的广告信任,揭示了主效应的理论模型。实验2分析了过程模拟对广告类型和消费者广告信任之间关系的中介效应。

四、实验2:过程模拟的中介效应

实验2的目的是再次验证广告类型的主效应,并验证过程模拟在广告类型对广告信任的影响中的中介效应。采用单因素被试间实验设计。自变量为广告类型(渐变式广告 vs.前后对比式广告),因变量为广告信任,中介变量为过程模拟。

(一)实验材料前测

在正式实验之前,研究者在网络购物平台上选定一种名为草头娃娃的桌面摆件产品,并为这一产品设计了2种广告(前后对比式广告 vs.渐变式广告)。前后对比式广告呈现草头娃娃种植过程中的两张照片,"发货状态"照片中娃娃头顶并未长出草,"两周后"照片中娃娃头顶的草成长较为茂盛。渐变式广告除了呈现相同的"发货状态"和"两周后"的头发照片,还增加了3张中间结果的照片(见图4-3)。为了确保这一操作的有效性,研究者在网上招募了68名被试(女性所占比例为66.20%),随机分为两组参加前测(前后对比式广告组 vs.渐变式广告组),其中前后对比式广告组34人,渐变式广告组34人。将不同类型的广告图片分别呈现给各组被试(前后对比式广告 vs.渐变式广告),然后要求被试对广告的呈现内容进行评分(7分量表,1=非常不赞同,7=非常赞同),"该广告呈现了种植草头娃娃之前和之后,草头生长的前后结果""该广告呈现了种植草头娃娃之前和之后,草头由发芽到稀疏再到茂盛的动态过程"。结果表明,前后对比式广告组和渐变式广告组在呈现结果维度上的评分不存在显著差异($M_{前后对比}$=6.00,SD=0.99,

$M_{渐变}$=5.79,SD=1.15,t(66)=0.79,p>0.05),渐变式广告组在呈现过程维度上的评分显著高于前后对比式广告组($M_{前后对比}$=4.09,SD=2.18,$M_{渐变}$=5.47,SD=1.33,t(66)=3.16,p<0.01,d=0.76),结果证明实验2广告类型操纵的有效性。

草头娃娃　萌趣可爱

草头娃娃　萌趣可爱

发货状态　　两周后
前后对比式广告

发货状态　　　　　　　两周后
渐变式广告

图4-3　广告类型图片(实验2)(图片区别详见附录5中的图2)

(二)被试选择与实验流程

实验2采用单因素被试间实验设计,采用效应量(effect size d= 0.8)及期望功效值(power = 0.8),并使用 G*Power 3.1 软件,计算计划样本量为52人以上。因此,实验2在 Credamo 见数平台招募了84名被试完成一系列的调查活动。根据问卷作答时间和质量剔除了一些无效样本,最后,总样本容量为N=72,其中女生40人,男生32人。参与者被随机分配到2组(前后对比式广告 vs.渐变式广告),各组样本容量为 $n_{前后对比}$=36,$n_{渐变}$=36。

在正式实验中,研究者先向被试呈现有关该产品的背景介绍:"这是一款有水就能成长的草头娃娃,萌趣可爱,好养易活,可以让您轻松体验种植乐趣。"

随后,研究者让被试依次填写相关量表汇报广告信任和过程模拟,其中广告信任的测验条目具体包括"我相信该广告提供的产品和服务一定具有很高的质量"(1=非常不赞同,7=非常赞同);"我相信该广告对待消费者是诚实的"(1=非常不赞同,7=非常赞同);"我感觉该广告提供的产品信息是真实的"(1=非常不赞同,7=非常赞同)[31,32]。该量表的Cronbach's α 系数为0.84。过程模拟的测验条目具体包括"当你看到该广告时,你能在多大程度上想象你正在种植该草头娃娃时的画面"（1=一点儿也没有，7=很大程度上）；"当你看到该广告时，你能在多大程度上想象你正在种植该草头娃娃时的感受"（1=一点儿也没有，7=很大程度上）；"想象你正在种植该草头娃娃时非常容易"（1=非常不赞同，7=非常赞同）；"看到该草头娃娃时，你很快开始考虑种植它"（1=非常不赞同，7=非常赞同）；"你同意在想象种植该草头娃娃时没有遇到困难的说法"（1=非常不赞同，7=非常赞同）[33,34]。该量表的 Cronbach's α 系数为 0.81。最后要求被试根据呈现结果维度和呈现过程维度对广告内容进行评分，测量项目与预实验相同。

（三）实验结果

1. 操纵检验

前后对比广式告组和渐变式广告组在呈现结果维度上的评分不存在显著差异（$M_{前后对比}$=5.89，SD=1.35，$M_{渐变}$=6.36，SD=0.80，t（70）=0.1.81，p>0.05），渐变式广告组在呈现过程维度上的评分显著高于前后对比式广告组（$M_{前后对比}$=3.67，SD=2.03，$M_{渐变}$=6.17，SD=0.88，t（70）=6.79，p<0.001，d=1.60），即关于广告类型的操纵有效。

2. 假设检验

广告信任。广告类型的主效应显著，且渐变式广告组的被试对广告的信任显著高于前后对比式广告组（$M_{前后对比}$=15.67，SD=3.45，$M_{渐变}$=17.08，SD=2.16，t（70）=2.09，p<0.05，d=0.49）。

过程模拟。前后对比式广告组和渐变式广告组的被试对广告的过程模拟存在显著差异，且渐变式广告组的被试对广告的过程模拟显著高于前后对比式广告组（$M_{前后对比}$=25.39，SD=5.34，$M_{渐变}$=28.72，SD=3.33，t（70）=3.18，p<0.01，d=0.75）。

中介效应分析。为进一步验证过程模拟在广告类型和广告信任之间的中介效应，实验 2 通过 Bootstrapping 分析（采用 PROCESS Model 4；Hayes，2013）对过程模拟的中介效应进行分析。结果表明过程模拟中介了广告类型对广告信任的影响（indirect effect β=1.84，95% CI=[0.68，3.18]不包含 0），验证了假设 2。详情请见图 4-4。

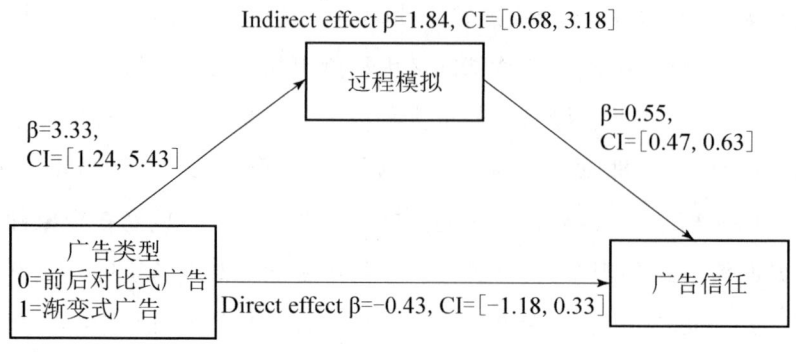

图4-4 过程模拟中介效应分析

（四）讨论

实验 2 结果验证了假设 2，验证了过程模拟在广告类型对广告信任的影响中的中介效应，并再次验证了主效应的理论逻辑。实验 3 分析了调节定向对广告类型和消费者广告信任之间关系的调节效应。

五、实验3：调节定向的调节效应

实验 3 的目的是再次验证广告类型的主效应以及过程模拟在广告类型对广告信任的影响中的中介效应，并验证调节定向在该过程中的调节效应。采用 2×2 被试间实验设计。自变量为广告类型（渐变式广告 vs.前后对比式广告），调节变量为调节定向（促进定向 vs.防御定向），因变量为广告信任，中介变量为过程模拟。

（一）实验材料前测

在正式实验之前，研究者创建了一个虚拟的产品"清源小白鞋清洁剂"，并为这一虚拟产品设计了 2 种广告（前后对比式广告 vs.渐变式广告）。前后对比式广告呈现了一只小白鞋的 2 张照片，"使用前"照片中小白鞋又脏又黄，"使用后"照片中小白鞋又干净又白。渐变式广告除了呈现相同的"使用前"和"使用后"的小白鞋照片，还增加了 3 张中间结果的照片（见图4-5）。为了确保这一操作的有效性，研究者在网上招募了 69 名被试（女性所占比例为 60.90%），随机分为 2 组参加前测（前后对比式广告组 vs.渐变式广告组），其中前后对比式广告组 33 人，渐变式广告组 36 人。将不同类型的广告图片各自呈现给各组被试（前后对比式广告 vs.渐变式广告），然后要求被试对广告的呈现内容进行评分（7 分量表，1=非常不赞同，7=非常赞同）："该广告呈现了使用小白鞋清洁剂之前和之后，小白鞋变白的前后结果""该广告呈现了使用小白鞋清洁剂之前和之后，小白鞋由脏黄逐渐变白的动态过程"。结果表明，前后对比式广告组和渐变式广告组在呈现结果维度上的评分不存在显著差异（$M_{前后对比}$=5.33，SD=1.53，$M_{渐变}$=5.19，SD=1.74，$t(67)$ = 0.35，$p>0.05$），渐变式广告组在呈现过程维度上的评分显著高于前后对比式广告组（$M_{前后对比}$=4.12，SD=1.73，$M_{渐变}$=5.03，SD=1.83，$t(67)$= 2.11，$p<0.05$，d=0.51），结果证明实验 3 广告类型操纵的有效性。

清　源
强效去污　去黄增白

使用前　　　使用后
前后对比式广告

清　源
强效去污　去黄增白

使用前　　　　　　　　使用后
渐变式广告

图4-5　广告类型图片（实验3）（图片区别详见附录5中的图3）

（二）被试选择与实验流程

实验 3 采用单因素被试间实验设计，采用中等效应量（effect size f = 0.25）及期望功效值（power = 0.25），并使用 G*Power 3.1 软件，计算计划样本量为 128 人以上。因此，实验 3 在 Credamo 见数平台招募了 160 名被试完成一系列的调查活动。根据问卷作答时间和质量剔除了一些无效样本，最后，总样本容量为 N=134，其中女性 86 人，男性 48 人，各组样本容量为 $n_{前后对比-促进}$=29，$n_{前后对比-防御}$=38，$n_{渐变-促进}$=31，$n_{渐变-防御}$=36。

在正式实验中，研究者先向被试呈现有关该产品的背景介绍："清源小白鞋清洁剂是天丽集团研发的一款新型清洁产品，目前正尝试进入市场。清源小白鞋清洁剂的功效包括：深层清洁，去污提亮；去除异味，持久留香；温和配方，不伤鞋面。"

随后，研究者让被试依次填写相关量表测量调节定向、广告信任以及过程模拟，其中广告信任的测验题项同实验2。该量表的Cronbach's α 系数为0.79。调节变量调节定向借鉴Lockwood等开发的量表[36]，原量表共18个题项，剔除针对在校学生的测量题目后共14个题目，其中促进性焦点和防御性焦点各7个题项。促进定向的题项是"我总是倾向于追求成功而不是防止失败""我常常思考我如何才能实现我的理想和愿望""我常常思考我要成为那个我喜欢的自己""我总是聚焦在将来能取得的成功上""我偏向于优先实现自己的理想和愿望""在生活中我总是倾向于获得积极的成就""我常常想象自己会遇到我希望发生的好事"。其Cronbach's α 系数为0.78。防御定向的题项是"我常常思考在将来不要成为那个可怕的自己""我常常在想我可能会遇到不好的事""我担心我没有履行我的责任和义务""在生活中我总是考虑如何阻止负面事情的出现""在生活中我常常思考我如何才能避免失败""我更倾向于避免损失而不是期待有所收获""我偏向于优先完成自己应该完成的职责、责任和义务"。其Cronbach's α 系数为0.88。其中对于个体特质调节定向类型的界定，首先计算被试在促进定向和防御定向两个量表的平均得分，然后将促进定向得分减去防御定向得分，并根据差值的中位数进行二分，高于中位数为促进定向，低于中位数为防御定向。过程模拟的测验条目具体包括"当你看到该广告时，你能在多大程度上想象你正在使用该小白鞋清洁剂时的画面"（1=一点儿也没有，7=很大程度上）；"当你看到该广告时，你能在多大程度上想象你正在使用该小白鞋清洁剂时的感受"（1=一点儿也没有，7=很大程度上）；"想象你正在使用该小白鞋清洁剂时非常容易"（1=非常不赞同，7=非常赞同）；"看到该小白鞋清洁剂时，你很快开始考虑使用它"（1=非常不赞同，7=非常赞同）；"你同意在想象使用该小白鞋清洁剂时没有遇到困难的说法"（1=非常不赞同，7=非常赞同），该量表的Cronbach's α 系数为0.84。最后要求被试根据呈现结果维度和呈现过程维度对广告内容进行评分，测量项目与预实验相同。

（三）实验结果

1. 操纵检验

前后对比式广告组和渐变式广告组在呈现结果维度上的评分不存在显著差异（$M_{前后对比}=6.42$，$SD=0.80$，$M_{渐变}=6.10$，$SD=1.12$，$t(132)=1.87$，$p>0.05$），渐变式广告组在呈现过程维度上的评分显著高于前后对比式广告组（$M_{前后对比}=2.31$，$SD=1.65$，$M_{渐变}=5.79$，$SD=1.67$，$t(132)=12.13$，$p<0.001$，$d=2.10$），即关于广告类型的操纵有效。

2. 假设检验

广告信任。结果表明广告类型（前后对比式广告 vs.渐变式广告）与调节定向（促进定向 vs.防御定向）的交互效应会显著地影响广告信任，$F(1,130)=4.37$，$p<0.05$，$\eta_p^2=0.03$。在个体为防御定向的条件下，2组参与者的广告信任不存在显著差异（$F(1,130)=0.11$，$p>0.05$，$M_{前后对比}=15.37$，$SD=2.02$；$M_{渐变}=15.56$，$SD=2.40$）。然而，在个体为促进定向的条件下，2组参与者的广告信任存在显著差异，$F(1,130)=9.69$，$p<0.01$，$\eta_p^2=0.07$。渐变式广告组的广告信任显著高于前后对比式组（$M_{前后对比}=15.90$，$SD=3.34$；$M_{渐变}=17.84$，$SD=1.77$）。

过程模拟。结果表明广告类型（前后对比式广告 vs.渐变式广告）与调节定向（促进定向 vs.防御定向）的交互效应会显著地影响过程模拟，$F(1,130)=4.35$，$p<0.05$，$\eta_p^2=0.03$。在个体为防御定向的条件下，2组参与者的过程模拟不存在显著差异（$F(1,130)=1.00$，$p>0.05$，$M_{前后对比}=24.87$，$SD=4.88$；$M_{渐变}=25.92$，$SD=4.55$）。然而，在个体为促进定向的条件下，2组参与者的过程模拟存在显著差异，$F(1,130)=13.72$，$p<0.001$，$\eta_p^2=0.10$。渐变式广告组的过程模拟显著高于前后对比式组（$M_{前后对比}=26.03$，$SD=5.50$；$M_{渐变}=30.36$，$SD=2.56$）。

调节的中介效应分析。本研究以广告类型（前后对比式广告 vs. 渐变式广告）为自变量，广告信任为因变量，过程模拟为中介变量，调节定向为调节变量，采用 Bootstrapping（PROCESS Model 7；Hayes，2013）分析调节定向（促进定向 vs.防御定向）的调节中介效应。结果表明，广告类型和调节定向的交互效应会显著地影响过程模拟（β=3.27，95%CI=[0.17，6.38]不包含0）。同时过程模拟又会显著地影响广告信任（β=0.38，95%CI=[0.32，0.45]不包含0）。在促进定向的条件下，广告类型会通过过程模拟显著影响广告信任（indirect effect β=1.66，95%CI=[0.80，2.81]不包含0）。在防御定向的条件下，广告类型对广告信任的间接效应不显著（indirect effect β=0.40，95%CI=[−0.42，1.30]包含0）。总之，广告类型和调节定向的交互效应会通过过程模拟有效地影响广告信任（indirect effect β=1.25，95%CI=[0.09，2.52]不包含0），详情请见图 4-6。

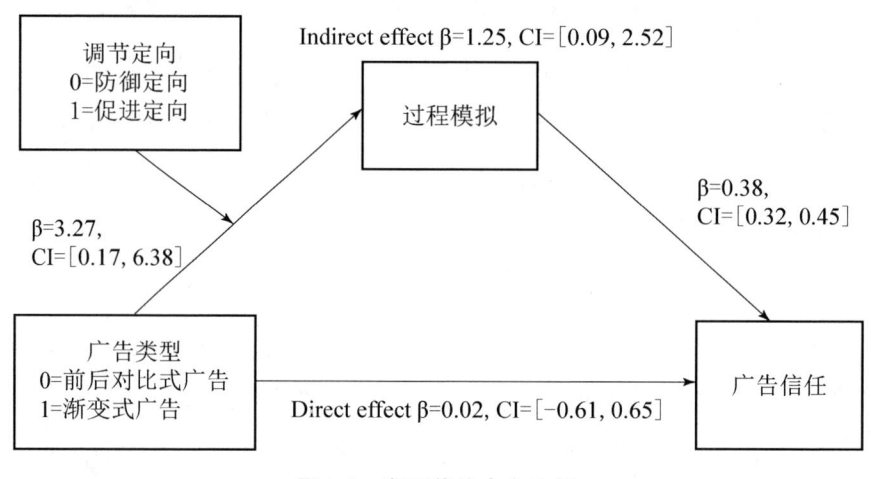

图4-6　有调节的中介分析

（四）讨论

实验 3 表明个体的调节定向类型能够有效地调节广告类型对消费者广告信任的影响，验证了假设 3。对于促进定向个体，渐变式广告比前后对比式广告更能提高消费者对广告的信任。对于防御定向个体，不同对比广告类型不会显著地影响其对广告的信任。

六、讨论与营销启示

（一）讨论

本研究通过 3 个实验论证了对比广告类型（前后对比式广告 vs.渐变式广告）对消费者广告信任的影响。实验 1 验证了广告类型的主效应，即前后对比式广告比渐变式广告更能提高消费者对广告的信任。实验 2 验证了过程模拟在广告类型对广告信任的影响中的中介效应，证实了从广告类型到过程模拟再到广告信任的因果链模型。实验 3 探索了调节定向类型对主效应的调节效应。对于促进定向个体，渐变式广告比前后对比式广告更能提高消费者对广告的信任。对于防御定向个体，不同广告类型不会显著地影响消费者对广告的信任。其发生机制可能是防御定向的个体会对广告产生警惕，从而在头脑中进行较少的过程模拟，进而影响其对广告的信任。而促进定向的个体会积极渴望改变，从而在头脑中进行较多的过程模拟，进而影响其对广告的信任。

（二）营销启示

首先，本研究结果对于营销管理具有重要的实践意义。在市场营销实践中，渐进式广告在广告制作中普遍未被给予足够的重视，相比之下，广告制作更倾向于使用前后对比式广告。这种现象的背后可能有多种原因，例如，渐变式广告在传达变化和进展的过程中可能不如前后对比式广告那样直观和显著。然而，许多产品和服务都承诺能够带来某种形式的变化，无论是产品质量的提升、服务效率的改进，还是用户体验的优化。因此，我们的研究结果具有广泛的适用性，不局限于某一特定领域。

其次，本研究结果强调了跨媒体营销和公共政策信息开发的广泛应用价值，这包括但不限于数字广告、网站、产品包装以及公共健康信息等领域。在数字广告中，通过精心设计的视觉元素和信息传递方式，可以更有效地吸引目标受众的注意力，并传达出产品或服务的价值主张。在网站设计中，合理的视觉布局和内容呈现可以帮助用户更好地理解和记住网站的核心信息，提高用户体验和满意度。在产品包装方面，恰当的视觉类型和信息传递方式可以有效地吸引消费者的注意力，提升产品的市场竞争力。在公共健康宣传方面，明确的信息传递和视觉表现可以帮助公众更好地理解和接受健康知识，从而促进健康行为的改变。

最后，我们的研究结果还表明，不同类型的对比广告有不同的效果，选择正确的视觉类型对于提升广告的可信度和说服力至关重要。这意味着，在设计和制作广告时，需要根据广告的目的和受众的特点，选择合适的视觉元素和信息传递方式，以达到最佳的广告效果。例如，对于一些需要强调变化的产品或服务，渐变式广告可能更为合适；而对于一些需要强调对比和差异的产品或服务，前后对比式广告可能更为有效。因此，在进行广告设计和制作时，需要灵活运用不同的视觉类型，以实现广告的目的。

参考文献

[1] Lee S Y, Jung S, Jung H Y, et al. Imagination matters: Do consumers' imagery processing and self-regulatory goals affect the persuasiveness of metaphor in advertising? [J]. International Journal of Advertising, 2019, 38（8）: 1173–1201.

[2] Chang C. How short film ads improve brand attitudes: The roles of viewing experiences and consumption visions[J]. Journal of Consumer Behaviour, 2022, 21（6）: 1440–1453.

[3] Wang L, Chan E Y, Chen H, et al. When the "charm of three"fades: Mental imagery moderates the impact of the number of ad claims on persuasion[J]. Journal of Consumer Psychology, 2022, 32（3）: 484–491.

[4] Herd K B, Mehta R. Head versus heart: the effect of objective versus feelings-based mental imagery on new product creativity[J]. Journal of Consumer Research, 2019, 46（1）: 36–52.

[5] Cheng L K, Toung C L. More fluency of the mental imagery, more effective? [J]. Journal of Social Marketing, 2021, 11（1）: 1–24.

[6] Foreman J R, Hsieh M H, Grover A. The role of imagination in consumers' processing of visual metaphors in prescription drug advertising[J]. Health Marketing Quarterly, 2019, 36（3）: 169–185.

[7] Cian L, Longoni C, Krishna A. Advertising a desired change: When process simulation fosters（vs. hinders）credibility and persuasion[J]. Journal of Marketing Research, 2020, 57（3）: 489–508.

[8] 江红艳, 张婧, 孙配贞等. 感性还是理性？文化衍生的权力感对广告诉求偏好的影响[J]. 心理学报, 2022, 54（06）: 684–704.

[9] 朱振中, 刘福, Haipeng（Allan）CHEN. 能力还是热情？广告诉求对消费者品牌认同和购买意向的影响[J]. 心理学报, 2020, 52（03）: 357–370.

[10] 王雪芳, 张红霞, 陈振杰. 合作还是冲突？组合代言中代言人关系类型对广告效果的影响[J]. 心理学报, 2017, 49（10）:1344–1356.

[11] Schlosser A E. Can including pros and cons increase the helpfulness and persuasiveness of online reviews? The interactive effects of ratings and arguments[J]. Journal of Consumer Psychology, 2011, 21（3）: 226–239.

[12] Amna K, Peter W. Money talks: Perceived advertising expense and expected product quality[J]. Journal of Consumer Research, 1989，16（3）: 344–353.

[13] 程明, 赵静宜. 广告信任生成机制的新发展[J]. 中南民族大学学报（人文社会科学版）, 2020, 40（01）: 143–147.

[14] 王怀明. 理性广告和情感广告对消费者品牌态度的影响[J]. 心理学动态, 1999（01）: 56–59.

[15] Taylor S E, Schneider S K. Coping and the simulation of events[J]. Social Cognition, 1989, 7（2）: 174–194.

[16] Cian L, Krishna A, Elder R S. This logo moves me: Dynamic imagery from static images[J]. Journal of Marketing Research, 2014, 51（2）: 184–197.

[17] Cian L, Krishna A, Elder R S. A sign of things to come: Behavioral change through dynamic iconography[J]. Journal of Consumer Research, 2015, 41（6）: 1426–1446.

[18] Elder R S, Krishna A. The "visual depiction effect" in advertising: Facilitating embodied mental simulation through product orientation[J]. Journal of Consumer Research, 2012, 38（6）: 988–1003.

[19] Escalas J E. Imagine yourself in the product: Mental simulation, narrative transportation, and persuasion[J]. Journal of Advertising, 2004, 33（2）: 37–48.

[20] Escalas J E, Luce M F. Process versus outcome thought focus and advertising[J]. Journal of Consumer Psychology, 2003, 13(3): 246–254.

[21] Escalas J E, Luce M F. Understanding the effects of process-focused versus outcome-focused thought in response to advertising[J]. Journal of Consumer Research, 2004, 31（2）: 274–285.

[22] Thompson D V, Hamilton R W, Petrova P K. When mental simulation hinders behavior: The effects of process-oriented thinking on decision difficulty and performance[J]. Journal of Consumer Research, 2009, 36（4）: 562–574.

[23] Taylor S E, Pham L B, Rivkin I D, et al. Harnessing the imagination: Mental simulation, self-regulation, and coping[J]. The American Psychologist, 1998, 53(4), 429–439.

[24] Houser-Marko L, Sheldon K M. Eyes on the prize or nose to the grindstone? The effects of level of goal evaluation on mood and motivation[J]. Personality and Social Psychology Bulletin, 2008, 34（11）: 1556–1569.

[25] Ferguson Y L, Sheldon K M. Should goal-strivers think about "why" or "how". to strive? It depends on their skill level[J]. Motivation and Emotion, 2010, 34（3）: 253–265.

[26] Pham L B, Taylor S E. From thought to action: Effects of process-versus-outcome-based mental simulations on performance[J]. Personality and Social Psychology Bulletin, 1999, 25（2）: 250–260.

[27] Hamilton R W, Thompson D V. Is there a substitute for direct experience? comparing consumers' preferences after direct and indirect product experiences[J]. Journal of Consumer Research, 2007, 34（4）: 546–555.

[28] Higgins E T. Beyond pleasure and pain[J]. American psychologist, 1997, 52(12), 1280–1300.

[29] 邓志华, 肖小虹. 自我牺牲型领导对员工工匠精神的影响研究[J]. 经济管理, 2020, 42（11）: 109–124.

[30] Herzenstein M, Posavac S S, Brakus J J. Adoption of new and really new products: The effects of self-regulation systems and risk salience[J]. Journal of Marketing Research, 2007, 44（2）: 251–260.

[31] 杜晓梦, 赵占波, 崔晓. 评论效价、新产品类型与调节定向对在线评论有用性的影响[J]. 心理学报, 2015, 47（04）: 555–568.

[32] Mcknight D H, Choudhury V, Kacmar C. Developing and validating trust measures for e-commerce: An integrative typology[J]. Information Systems Research, 2002, 13（3）: 344–359.

[33] 孙瑾, 郑雨, 陈静. 感知在线评论可信度对消费者信任的影响研究——不确定性规避的调节作用[J]. 管理评论, 2020, 32（4）:146–159.

[34] Xie H, Minton E A, Kahle L R. Cake or fruit? Influencing healthy food choice through the interaction of automatic and instructed mental simulation[J]. Marketing Letters, 2016, 27（4）: 627–644.

[35] 冷雄辉, 周小榆. "触类旁通"能实现"感同身受"吗？在线产品图片展示中触觉线索的触觉移情效应研究[J]. 外国经济与管理, 2023, 45（12）: 118–136.

[36] Lockwood P, Jordan C H, Kunda Z. Motivation by positive or negative role models: Regulatory focus determines who will best inspire us[J]. Journal of Personality and Social Psychology, 2002, 83（4）：854–864.

第三节　食品包装的图像类型诱发的心理表象对感知吸引力的影响

一、问题的提出

图像作为人类视觉刺激的重要来源，已被广泛应用于广告、产品设计和相关领域[1]。由于图像在市场营销中的广泛应用，这些图像的功能和特征越来越受到品牌公司和消费者的重视。有研究者发现，在产品领域，图像的元素可以被理解为产品的一部分。此外，图片不仅会吸引消费者对特定品牌的关注，还会影响消费者对产品的态度[2]。将图像作为包装元素添加到产品中可以显著地提高包装效果，增加消费者关注产品的时间，从而增强购买行为[3]。研究发现，根据产品包装上的不同元素，消费者对不同元素有不同的重视程度，并会对包装和品牌产生不同的反应[4]。由于现代生产技术的不断改进，产品之间的差异正在缩小。当图像被用作包装元素时，这些图像成为产品差异化的工具，帮助消费者从广泛的产品中做出最终选择。还有研究者发现，在产品中正确使用图像可以为消费者提供有效的信息，吸引消费者的注意，促进消费者的购买行为[5]。那么，不同食品图像的类型是否对消费者的反应产生影响？其内部机制又是如何实现的？

前人研究多关注享乐型和使用型产品包装的图像类型，例如，已有研究发现从产品设计的角度来看，享乐主义的产品需要符合享乐主义的需求，为消费者提供一种情感体验，并专注于感官刺激。实用产品的设计需要表达产品的功能，并为消费者提供清晰的信息[6]。产品和产品设计应满足客户的功能或情感需求。因此，消费者可以产生功能满意度或情感满意度。此外，研究发现，食品图像大小与食品类型相匹配时对消费者购买意向具有一定影响[7]。在食物领域，对于人们渴望吃的食物，心理视觉化更强[8]。因此，大的食品图像可能特别促进对放纵型食品的心理表象，而不是自律型食品。事实上，对放纵型食品的心理表象很可能会刺激与渴望食用的（但不健康的）食物相关的情绪。相比之下，对自律型食品的心理表象不太可能刺激人们的食用渴望。那么不同食品图像类型与放纵型食品或自律型食品相匹配时，会对消费者的反应产生影响吗？其内部机制又是如何呢？

因此本研究拓展了前人研究，通过3个实验探索不同食品图像类型（实物照片 vs.抽象插画）对消费者的感知吸引力的影响。实验1验证食品包装采用的食品图像为实物照片比抽象插画更能提高消费者对产品的感知吸引力，检验主效应的理论逻辑。实验2验证注意力-心理表象的序列中介效应有效中介了实验1的主效应。实验3探索不同食品类型（放纵型 vs.自律型）对主效应的调节效应。

二、文献回顾与研究假设

（一）食品图像类型

在产品包装设计中恰当使用图像可以为消费者提供有效的商品信息，吸引消费者的注意，影响消费者对产品的反应。产品的视觉外观是影响消费者反应和产品成功的关键决定因素，而图像提供的信息往往更具表现力和具体性。图像作为消费品视觉刺激的主要来源，可以快速传达独特的广告概念，清晰地展示产品特征，有效地建立品牌形象[9, 10]。

在艺术作品领域，图像根据不同的技术、表现类型或其他方法将其分为不同的类型[11]。在日常生活中，人们通常采用一种相对简单的图像分类方法，根据图像主体的抽象程度，将图像分为实物照片和抽象插画。然而，实物照片和抽象插画的概念并不是绝对的，而是相对的。人们通过个人的主观判断来决定一个图像是实物照片还是抽象插画。虽然这种分类具有很强的个人主观因素，但它可以用来对大多数图像进行简单的区分。以往对抽象插画和实物照片的研究主要集中在广告上，特别是平面广告。不同的图像在不同的情况下为消费者提供不同类型的刺激。例如，抽象插画可以吸引消费者的注意，而实物照片可以促进消费者的行为[12]。因此，根据公司的需求和目标，可能需要不同类型的图像。研究发现,与图片含量不那么具体的广告相比,图片含量更具体的广告形象更生动,对广告的影响更为好[13]。有研究人员比较了一张照片与两种艺术渲染的效果,并评估了不同图像类型对消费者的影响。结果表明,与抽象图像相比,具体图像更能激发想象力,增强消费者对广告的评价,提高消费者的行为意愿。因此,本研究试分析食品图像类型(实物照片 vs.抽象插画)对消费者感知吸引力的影响。

H1:当食品图像类型为实物照片时可以对消费者感知吸引力产生影响,即提高消费者对产品的感知吸引力。

(二)注意力和心理表象

仪式实践是指所构建的一种象征性的活动通过重复、固定和正式的组成行为,是食品消费体验的一个组成部分[14]。重要的是,研究表明,仪式练习可以增加消费者对事件的注意力、兴趣和沉浸[15,16],即认知参与。认知参与某一事件的人倾向于对该事件投入大量的注意力和认知资源,这可能是心理模拟过程的基础。研究表明,仪式的实践可以使人们更加关注事件和周围的感官线索,促使他们沉浸在食物消费体验和更有利的评价反应。有研究者发现,指导消费者按照仪式的做法打开食品包装,提高了消费者对后续食品消费活动的关注和兴趣,从而提高了他们预期的消费享受和购买意图[17]。同样,有研究者指出,在消费之前进行一种仪式练习可以吸引人们的注意力[18]。许多食品品牌在营销中整合了仪式,让消费者认知地模拟生动的消费体验。通常的研究使用眼动仪记录注意力程度,本研究参考 Deng 的注意力问项,使用注意力问项来测量被试的注意程度[19]。

心理表象被定义为"视觉信息在工作记忆中表现出来的一个过程"[20]。它是一种影响信息处理方式的图像表示。消费者心理表象的视觉方法通过提供清晰和具体的图像,说明消费者如何与产品互动,以预测使用产品的未来和体验其后果,从而承认了创造意义的过程。先前的研究表明,图像可以刺激消费者的心理表象,因为图像允许消费者使用该产品"心理想象"自己。消费者对产品的心理表象通常是提高期望和促进购买决策的主要信息来源。表象是"多模态"的,因为对某物的心理表象可以触发相关的气味、声音,甚至味觉[21],这解释了为什么心理表象会增加对美味食物的渴望。心理表象可能通过几种途径增加对食品的购买意图。当消费者更生动地想象一种食品时,他们会预测享用此食品的情景。此外,即使曾经没有直接的产品使用经验,消费者也会将心理表象作为判断产品的重要信息来源,从而增强他们的积极情绪,影响他们的态度,增加他们的行动意愿[22]。

H2:注意力和心理表象中介了食品图像类型和消费者感知吸引力之间的关系。

(三)食品类型的调节效应

不同的食品类型是否对食品图像类型对消费者反应的主效应具有调节效应呢?学者们提出 vice 和 virtue 这一对相对的概念的两点要义[23]。首先,vice 和 virtue 是相对的而非绝对的概念。其次,vice 是消费者仅考虑当下的、即时的效用,忽略长期的、延迟的效用时所偏好的事物;而 virtue 是消费者仅考虑延迟的而忽略即时的效用时所偏好的事物。本研究从感知产品吸引力角度来辨析,对于一个有价值的长期益处而言,virtue 是指短期内缺乏吸引力,甚至会带来负面体验,但有助于实现该长期益处的事物;而 vice 是指短期内具有满足感和快乐感,但有碍于实现该长期益处的事物。

对于 vice 和 virtue 的翻译,查证到目前国内有两种,一种翻译为"有害品"和"有益品"[24];另一种翻译为"恶习产品"和"美德产品"[25]。首先,对"恶习产品"和"美德产品"的翻译融入了道德标准的成分,容易使人误解 vice 和 virtue 是以人类道德标准定义的。其次,"有害品"和"有益品"的翻译虽然在一定程度上表达了 vice 和 virtue 表面的含义,但过于强调"害"和"益",而 vice 可以提供短期益处而非只有害处,而 virtue 也可能存在短期害处。根据自我控制理论及相关实证研究,消费者在面临两难决策时会产生自我控制冲突,若选择 vice 往往意味着自我放纵,而若选择 virtue 则意味着成功的自我控制。因此,本研究参考杨韶光等的研究[26]将 vice 翻译为"放纵型"而将 virtue 翻译为"自律型"。

有研究发现,当食品类型为放纵型食品而不是自律型食品时,较大的食品图像尺寸会对消费者购买意愿有更大的影响,因为较大的食品图像尺寸更容易让消费者想象享乐产品或享乐属性[7]。在食物领域,对于人们渴望吃的食物,心理视觉化更强[8]。因此,大的食物图像可能特别促进对放纵型食物的心理想象,而不是自律型食物,所以对前者的初始产品态度比后者有更大的好处。本研究拓展前人研究,将食品类型作为调节变量,探讨不同食品类型(放纵型 vs.自律型)是否能够有效地调节食品图像类型(实物照片 vs.抽象插画)对消费者的感知吸引力的影响。

H3:当食品类型为自律型食品时,食品包装采用实物照片的食品图像比抽象插画更能提高消费者对产品的感知吸引力。

综上所述,本研究理论框架如图 4-7 所示:

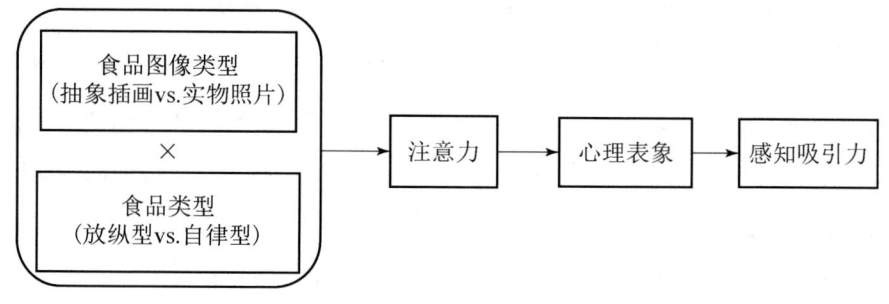

图4-7 理论框架

三、实验1:食品图像类型对消费者感知吸引力的影响

实验 1 旨在研究 H1,当食品图像类型为实物照片时可以对消费者的感知吸引力产生影响,即提高消费者对产品的感知吸引力。

(一)实验材料前测

在正式实验之前,为创建有效的刺激材料(抽象插画 vs.实物照片),参考 Zhou 等的研究[10],使用 Photoshop 软件创建了不同食品图形类型的包装袋(如图 4-8)。为了排除无关因素影响,包装袋除食品图像类型不同以外其他均相同。

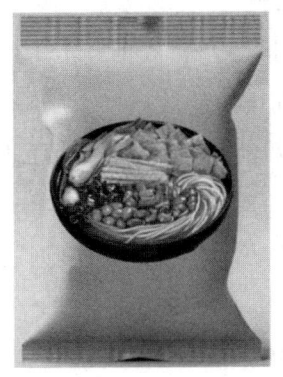 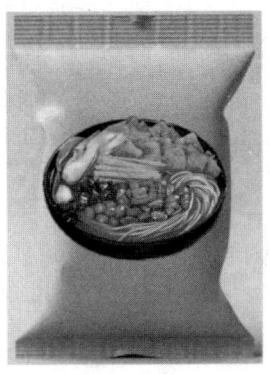 

图 a　　　　　　　　图 b　　　　　　　　图 c

图4-8　不同食品图像类型的刺激材料（实验1）（图片区别详见附录6中的图1）

为了确保刺激材料在抽象程度以外的维度上没有差异，通过问卷星平台招募被试 48 名，其中男生 17 人，女生 31 人。要求被试在观看材料图片之后，根据自身真实感受对材料的食品图像类型进行评价，"我认为以下包装上的食品图像是抽象插画"（1=非常不赞同，7=非常赞同），"我认为以下包装上的食品图像是实物照片"（1=非常不赞同，7=非常赞同）。单因素方差分析结果表明，抽象插画维度不同食品图像类型的差异显著（$F(2, 141) = 28.248$，$p < 0.001$）。进一步多重比较结果显示：图 a、图 b 和图 c 的抽象程度评分差异显著，图 c（$M=5.67$，$SD=1.81$）的抽象程度评分显著高于图 a（$M=2.83$，$SD=2.09$）和图 b（$M=3.52$，$SD=1.87$）；实物照片维度不同食品图像类型的差异显著（$F(2, 141)=25.108$，$p<0.001$）。进一步多重比较结果显示：图 a、图 b 和图 c 的实物程度评分差异显著，图 a（$M=5.50$，$SD=1.80$）的实物程度评分显著高于图 b（$M=4.15$，$SD=1.99$）和图 c（$M=2.73$，$SD=1.95$）。由上述结果，选择图 a 为实物照片的刺激材料，图 c 为抽象插画的刺激材料。

（二）被试选择与实验流程

实验 1 采用单因素（食品图像类型：抽象插画 vs.实物照片）被试间实验设计，检验不同食品图像类型对消费者反应的影响。利用 G*power 软件计算出在显著性水平为 0.05 且效应量为中等水平（$d=0.5$）时，预测达到 80% 的统计力水平的总样本量至少为 128 名。实验 1 通过问卷星平台招募 180 名大学生被试。通过一道注意力测试题（此题请选择3：1=非常不满意，7=非常满意），剔除未正确回答此问题的数据样本。同时，将数据样本中全部填写相同值或极端值以及答题时间过长或答题时间过短的数据样本剔除。最终得到有效样本160份，其中男生69人，占总人数的43.1%，女生91人，占总人数的56.9%。

被试被随机分配到单因素（抽象插画vs.实物照片）被试间实验设计中，其中，抽象插画组74人，实物照片组86人。实验采用情景模拟法，要求被试仔细阅读材料，并将自己想象为购买情景中的顾客。

首先，被试被告知需要评估某个设计公司的食品包装袋设计（如图4-9）。

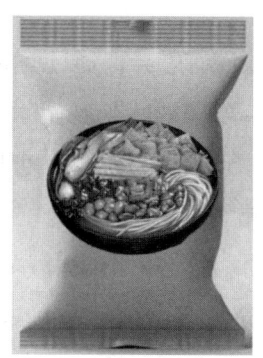 

图a 实物照片组包装图片　　　图b 抽象插画组包装图片

图4-9　不同食品图像类型的刺激材料（实验1）（图片区别详见附录6中的图2）

其次，要求被试阅读抽象插画和实物照片介绍材料（抽象插画被定义为被试不那么容易识别，更多地利用了艺术技巧，也更具概念性，不太注重写实；实物照片被定义为被试相对容易识别的图像，没有艺术手法，注重写实，主要为真实照片图像）并查看包装图片。最后，要求被试完成因变量量表。量表借鉴Jiang等的研究[27]，共3个题项，具体包括"如果享用这款螺蛳粉，我感受到乐在其中""这款螺蛳粉对我来说很诱人""这款螺蛳粉对我来说很有吸引力"，测量题目采用7点量表的形式（1="非常不赞同"，7="非常赞同"）（Cronbach's α系数为0.95）。

再次，为检验被试的饥饿程度的潜在影响，要求被试填写混淆变量测量题项。具体题项包括"我想要吃东西的欲望"（1=极低，7=极高），"我感受到了饥饿"（1=极低，7=极高）。同时，为了检验对不同食品图像类型的操纵是否有效，要求被试填写食品图像类型测量题项。具体题项包括："我认为以下包装上食品图像是抽象插画"（1=非常不赞同，7=非常赞同），"我认为以下包装上食品图像是实物照片"（1=非常不赞同，7=非常赞同）。

最后，要求被试报告他们的性别和年龄。

（三）实验结果

1. 操纵检验

配对样本 t 检验的结果表明，被试对两种食品图像类型（抽象插画 vs. 实物照片）的感知存在显著差异，实物照片组对实物照片维度上的评分显著高于抽象插画维度（$M_{实物照片}=6.52$，$SD=1.29$；$M_{抽象插画}=1.40$，$SD=1.22$；$t=-21.611$，$p<0.001$，Cohen's $d=4.08$）；抽象插画组对抽象插画维度上的评分显著高于实物照片维度（$M_{实物照片}=1.54$，$SD=1.20$；$M_{抽象插画}=6.15$，$SD=1.54$；$t=16.378$，$p<0.001$，Cohen's $d=3.34$）。上述结果表明，对食品图像类型的操纵是有效的。

混淆变量。独立样本 t 检验的结果表明：实物照片组和抽象插画组的饥饿程度评分之间不存在显著差异（$M_{实物照片}=2.79$，$SD=1.21$；$M_{抽象插画}=2.86$，$SD=1.13$；$t=-0.398$，$p>0.05$，Cohen's $d=-0.06$）。

2. 假设检验

消费者感知吸引力。独立样本 t 检验的结果表明：抽象插画和实物照片的消费者感知吸引力得分之间存在显著差异（$M_{实物照片}=5.76$，$SD=1.26$，$M_{抽象插画}=2.35$，$SD=1.10$，$t=18.031$，$p<0.001$，Cohen's $d=2.88$），实物照片组的消费者反应得分显著高于抽象插画组，见表 4-1。

表 4-1　不同食品图像类型在消费者感知吸引力得分上的差异比较

图像类型	N	M	SD	t
实物照片	86	5.76	1.26	18.013[***]
抽象插画	74	2.35	1.10	

注：[***]$P<0.001$。

（四）讨论

不同食品图像类型在消费者感知吸引力得分上的差异显著，实物照片组被试的感知吸引力显著优于抽象插画组，这与预测的结果一致，同时一定程度上证实了不同食品图像类型会对消费者对产品的感知吸引力产生影响，验证了H1。实验1方差分析结果表明混淆变量"饥饿程度"对因变量不存在显著影响（$p>0.05$），排除混淆变量对因变量的影响，因此在本研究中不将其作为自变量进行检验。实验2引入注意力-心理表象的序列中介效应，深入探索食品图像类型对消费者感知吸引力影响的内在机制。

四、实验2：注意力与心理表象的序列中介效应

实验旨在研究H2，探讨注意力和心理表象在食品图像类型对消费者感知吸引力中的序列中介效应。

（一）实验材料前测

在正式实验之前，为创建有效的刺激材料（抽象插画 vs.实物照片），参考Zhou等的研究[10]，使用Photoshop软件创建了不同食品图像类型的包装袋。为了排除无关因素影响，包装袋除食品图像类型不同以外其他均相同。同时为与实验1研究材料进行区分，避免造成对实验2的干扰，重新设计了刺激材料（如图4-10）。

图a　　　　　　　　图b　　　　　　　　图c

图4-10　不同食品图像类型的刺激材料（实验2）（图片区别详见附录6中的图3）

为了确保刺激材料在抽象程度以外的维度上没有差异,通过问卷星平台招募被试 37 名,其中男生 19 人,女生 18 人。要求被试在观看材料图片之后,根据自身真实感受对材料的食品图像类型进行评价,"我认为以下包装上的食品图像是抽象插画"(1=非常不赞同,7=非常赞同),"我认为以下包装上的食品图像是实物照片"(1=非常不赞同,7=非常赞同)。单因素方差分析结果表明,抽象插画维度不同食品图像类型的差异显著($F(2, 108)=34.873$, $p<0.001$)。进一步多重比较结果显示:图 a、图 b 和图 c 的抽象程度评分差异显著,图 c($M=5.00$,$SD=1.23$)的抽象程度评分显著高于图 a($M=2.46$,$SD=1.12$)和图 b($M=3.43$,$SD=1.57$);实物照片维度不同食品图像类型的差异显著($F(2, 108)=48.916$,$p<0.001$)。进一步多重比较结果显示:图 a、图 b 和图 c 的实物程度评分差异显著,图 a($M=5.54$,$SD=1.33$)的实物程度评分显著高于图 b($M=3.49$,$SD=1.35$)和图 c($M=2.65$,$SD=1.21$)。由上述结果,选择图 a 为实物照片的刺激材料,图 c 为抽象插画的刺激材料。

(二)被试选择与实验流程

实验 2 采用单因素(食品图像类型:抽象插画 vs.实物照片)被试间实验设计,检验不同食品图像类型对消费者反应的影响,引入注意力和心理表象两个中介变量,研究其序列中介效应。利用 G*power 软件计算出在显著性水平为 0.05 且效应量为中等水平($f=0.25$)时,预测达到 80%的统计力水平的总样本量至少为 128 名。实验 2 通过问卷星平台招募 214 名大学生被试。通过一道注意力测试题(此题请选择 3:1=非常不满意,7=非常满意),剔除未正确回答此问题的数据样本。同时,将数据样本中全部填写相同值或极端值以及答题时间过长或答题时间过短的数据样本剔除。最终得到有效样本 207 份,其中男生 111 人,占总人数的 53.6%,女生 96 人,占总人数的 46.4%。

被试被随机分配到单因素(抽象插画 vs.实物照片)被试间实验设计中,其中,抽象插画组 105 人,实物照片组 102 人。实验采用情景模拟法,要求被试仔细阅读材料,并将自己想象为购买情景中的顾客。首先,被试被告知需要评估某个设计公司的食品包装袋设计。然后，要求被试阅读抽象插画和实物照片介绍材料（抽象插画被定义为被试不那么容易识别，更多地利用了艺术技巧，也更具概念性，不太注重写实；实物照片被定义为被试相对容易识别的图像，没有艺术手法，注重写实，主要为真实照片图像）并查看包装图片，见图4-11。

图 a 实物照片组包装图片　　　　　　　　图 b 抽象插画组包装图片

图4-11　不同食品图像类型的刺激材料（实验2）（图片区别详见附录6中的图4）

最后，要求被试完成因变量、中介变量等量表。因变量量表借鉴 Jiang 等的研究[27]，共3个题项，具体包括："如果享用这款汉堡，我感受到乐在其中"，"这款汉堡对我来说很诱人"，"这款汉堡对我来说很有吸引力"，测量题目采用7点量表的形式（1="非常不赞同"，7="非常赞同"）（Cronbach's α 系数为0.88）。注意力量表共2个题项，具体题项包括"当查看此包装袋时，汉堡吸引了我的注意力"，"当查看此包装袋时，我的注意力集中在汉堡上"，测量题目采用7点量表的形式（1=一点也不，7=很大程度上）（Cronbach's α 系数为0.80）。心理表象量表借鉴 Bone 和 Ellen 的研究[28]，共4个题项，测量题目采用7点量表的形式（Cronbach's α 系数为0.91），具体包括"当查看此包装袋时，我脑海中出现的图像是清晰的？（1=一点也不，7=很大程度上）"，"当查看此包装袋时，我脑海中出现的图像是生动的？（1=一点也不，7=很大程度上）"，"当查看此包装袋时，我脑海中出现的图像数量是（1=几乎没有，7=非常多）"，"当查看此包装袋时，我很容易想象出吃汉堡时的情形(1=一点也不,7=很大程度上)"。其次为检验被试的饥饿程度的潜在干扰,要求被试填写混淆变量测量题项。具体题项包括:"我想要吃东西的欲望"(1=极低,7=极高)。同时,为了检验对不同食品图像类型的操纵是否有效,要求被试填写食品图像类型测量题项。具体题项包括"我认为以下包装上食品图像是抽象插画"(1=非常不赞同,7=非常赞同),"我认为以下包装上食品图像是实物照片"(1=非常不赞同,7=非常赞同)。最后,要求被试报告他们的性别和年龄。

(三) 实验结果

1. 操纵检验

配对样本 t 检验的结果表明,被试对两种食品图像类型(抽象插画 vs. 实物照片)的感知存在显著差异,实物照片组对实物照片维度上的评分显著高于抽象插画维度($M_{实物照片}$=5.95,SD=0.71;$M_{抽象插画}$=1.70,SD=0.64;t=41.678,$p<0.001$,Cohen's d=6.29);抽象插画组对抽象插画维度上的评分显著高于实物照片维度($M_{实物照片}$=1.73,SD=0.70;$M_{抽象插画}$=6.02,SD=0.64;t=-47.358,$p<0.001$,Cohen's d=-6.38)。上述结果表明,对食品图像类型的操纵是有效的。

混淆变量。独立样本 t 检验的结果表明:实物照片组和抽象插画组的饥饿程度评分之间不存在显著差异($M_{实物照片}$=4.03,SD=1.29;$M_{抽象插画}$=4.00,SD=1.40;t=0.21,$p>0.05$,Cohen's d=0.02)。

2. 假设检验

消费者感知吸引力。独立样本 t 检验的结果表明:抽象插画和实物照片的消费者感知吸引力得分之间存在显著差异($M_{实物照片}$=6.25,SD=0.54;$M_{抽象插画}$=1.51,SD=0.39;t=72.042,$p<0.001$,Cohen's d=10.06),实物照片组的消费者反应显著高于抽象插画组,结果验证了 H1。

注意力。独立样本 t 检验结果表明:抽象插画和实物照片的注意力得分之间存在显著差异($M_{实物照片}$=5.80,SD=0.68;$M_{抽象插画}$=1.76,SD=0.55;t=47.309,$p<0.001$,Cohen's d=6.53),实物照片组的注意力得分显著高于抽象插画组。

心理表象。独立样本 t 检验结果表明:抽象插画和实物照片的心理表象得分之间存在显著差异（$M_{实物照片}$=5.18，SD=0.54；$M_{抽象插画}$=1.79，SD=0.44；t=49.479，p<0.001，Cohen's d=6.11），实物照片组的心理表象得分显著高于抽象插画组。

序列中介效应分析。根据研究的理论逻辑，不同食品图像类型（抽象插画 vs.实物照片）会使消费者对产品的注意力不同，从而影响心理表象，最终影响消费者感知吸引力，注意力（中介变量1）和心理表象（中介变量2）形成了序列双中介。本研究采用 Bootstrapping（PROCESS Model 6；Hayes，2013）对双中介效应进行分析。结果验证了从食品图像类型到注意力到心理表象再到消费者感知吸引力的因果链模型（indirect effect β=-1.52，SE=0.28，95%CI=[-2.07，-0.96]不包含 0），食品图像类型会显著影响消费者对食品包装袋投入的注意力（β=-4.05，SE=0.09，95%CI=[-4.21，-3.88]不包含 0），注意力又能够显著影响心理表象（β=0.16，SE=0.06，95%CI=[0.05，0.27]不包含 0），心理表象显著影响消费者感知吸引力（β=0.16，SE=0.06，95%CI=[0.03，0.28]不包含 0）。即注意力（中介变量1）和心理表象（中介变量2）形成了序列双中介。详情见图 4-12。

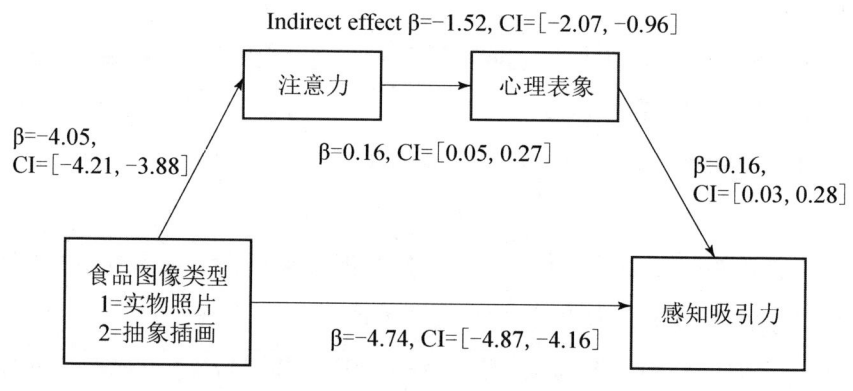

图4-12　序列中介效应图

（四）讨论

实验 2 的结果验证了 H2，表明注意力和心理表象中介了食品图像类型和消费者感知吸引力之间的关系，即不同食品类型会影响消费者对食品包装袋投入的注意力，注意力又能够有效地影响心理表象，从而影响消费者反应，揭示了食品图像类型对消费者反应影响的内部机制。实验2方差分析结果表明混淆变量"饥饿程度"对因变量不存在显著影响（$p>0.05$），排除混淆变量对因变量的影响。实验3引入调节变量食品类型（放纵型 vs.自律型），进一步探讨不同食品类型（放纵型 vs.自律型）是否能够有效的调节食品图像类型（实物照片 vs.抽象插画）对消费者感知吸引力的影响。

五、实验3：食品类型的调节效应

实验旨在研究H3，探讨当食品类型不同时，食品包装采用抽象插画或实物照片对消费者感知吸引力的影响是否有显著差异。

（一）实验材料前测

1. 食品图像材料测评

在正式实验之前，为创建有效的刺激材料（抽象插画 vs.实物照片），参考Zhou等的研究[10]，使用Photoshop软件创建了不同食品图像类型的包装袋。为了排除无关因素影响，包装袋除食品图像类型不同以外其他均相同。同时为与实验1和实验2研究材料进行区分，避免造成对实验3的干扰，重新设计了刺激材料（如图4-13）。

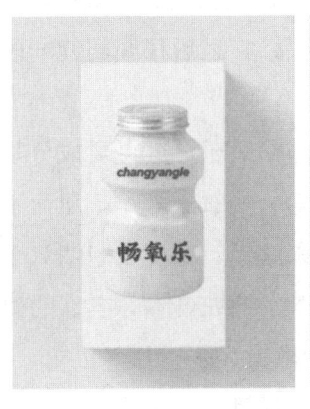 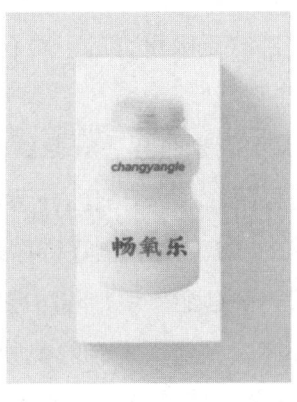 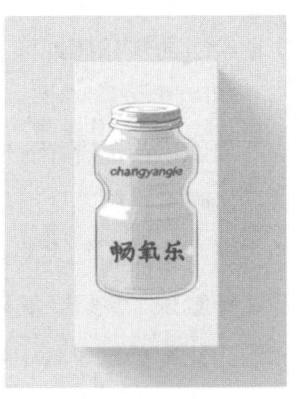

图a　　　　　　　　图b　　　　　　　　图c

图4-13　不同食品图像类型的刺激材料（实验3）（图片区别详见附录6中的图5）

为了确保刺激材料在抽象程度以外的维度上没有差异，通过问卷星平台招募被试36名，其中男生17人，女生19人。要求被试在观看材料图片之后，根据自身真实感受对材料的食品图像类型进行评价："我认为以下包装上的食品图像是抽象插画"（1=非常不赞同，7=非常赞同），"我认为以下包装上的食品图像是实物照片"（1=非常不赞同，7=非常赞同）。单因素方差分析结果表明，抽象插画维度不同食品图像类型的差异显著（F（2，105=194.368，$p<0.001$）。进一步多重比较结果显示：图 a、图 b 和图 c 的抽象程度评分差异显著，图 c（$M=6.14$，$SD=0.83$）的抽象程度评分显著高于图 a（$M=1.81$，$SD=0.92$）和图 b（$M=3.47$，$SD=1.06$）。实物照片维度不同食品图像类型的差异显著（F（2，105）=210.596，$p<0.001$）。进一步多重比较结果显示：图 a、图 b 和图 c 的实物程度评分差异显著，图 a（$M=6.17$，$SD=0.16$）的实物程度评分显著高于图 b（$M=4.06$，$SD=1.07$）和图 c（$M=1.86$，$SD=0.93$）。由上述结果，选择图 a 为实物照片的刺激材料，图 c 为抽象插画的刺激材料。

2. 食品类型材料测评

食品类型材料通过一段文字材料启动，要求被试在阅读放纵型食品和自律型食品的定义（放纵型食品：指可以提供即时的满足感或快乐感，但隐含着长期或延迟害处的一类食品；自律型食品：指可以最大化长期效用，但对短期给予的快乐感或满足感缺乏吸引力的一类食品）。之后仔细阅读一段产品介绍。

放纵组产品介绍："某公司新推出了一款饮品畅氧乐，其主要成分是白砂糖、脱脂奶粉、食用葡萄糖、水、干酪乳杆菌等。畅氧乐是一款甜而不腻的多巴胺饮品，很多隐藏的 DIY 喝法正等待你来解锁，柠檬气泡畅氧乐、芬达畅氧乐、雪碧畅氧乐……搭配冰块，酸甜冰爽，直击味蕾，丰富的口感和滋味让你在每一餐中都感受到前所未有的美妙享受！"

自律组产品介绍："某公司新推出了一款饮品畅氧乐，畅氧乐含有的钠元素可以调节体内水分与渗透压，维持体内酸碱平衡。其添加的专利菌种'干酪乳杆菌'，能以活性状态到达人体肠道内，提高肠道活性，调节肠内生态平衡。尽管其 0 植脂末、0 阿巴斯甜、0 反式脂肪酸、0 氢化植物油的配方会在一定程度上影响口感，但长期饮用有利于改善肠道健康、增强人体免疫力。"

通过问卷星平台招募被试 70 名，其中放纵组 34 名，自律组 36 名。要求被试在仔细阅读文字材料之后，根据自身真实感受对材料所描述的食品类型进行评价，"我仔细阅读了以上文字材料（1=非常不赞同，7=非常赞同）"此题评分低于 4 视为无效问卷，"我认为以上文字材料所描述的饮品为放纵型食品（1=一点儿也不，7=很大程度上）"，"我认为以上文字材料所描述的饮品为自律型食品（1=一点儿也不，7=很大程度上）"。配对样本 t 检验的结果表明，被试对两种食品类型的感知存在显著差异，放纵型食品组在放纵型维度上的评分显著高于自律型维度（$M_{放纵型}$=6.13，SD=0.92；$M_{自律型}$=1.89，SD=1.16；t=22.323，$p<0.001$，Cohen's d=3.97）；自律型食品组在自律型维度上的评分显著高于放纵型维度（$M_{放纵型}$=1.91，SD=1.27；$M_{自律型}$=5.97，SD=0.91；t=-23.831，$p<0.001$，Cohen's d=-4.08）。上述结果表明文字材料可用作实验材料。

（二）被试选择与实验流程

在实验 3 采用 2（食品图像类型：抽象插画 vs.实物照片）×2（食品类型：放纵型 vs.自律型）被试间实验设计，检验在不同食品类型的调节效应下，不同食品图像类型对消费者反应的影响。利用 G*power 软件计算出在显著性水平为 0.05 且效应量为中等水平（f=0.25）时，预测达到 80%的统计力水平的总样本量至少为 128 名。实验 3 通过问卷星平台招募 162 名大学生被试。通过一道注意力测试题（此题请选择 3，1=非常不满意，7=非常满意），剔除未正确回答此问题的数据样本。同时，将数据样本中全部填写相同值或极端值以及答题时间过长或答题时间过短的数据样本剔除。最终得到有效样本 143 份，男生 73 人，女生 70 人。其中抽象插画×放纵型食品组 38 人，抽象插画×自律型食品组 35 人，实物照片×放纵型食品组 35 人，实物照片×自律型食品组 35 人。

被试被随机分配到 2（食品图像类型：抽象插画 vs.实物照片）×2（食品类型：放纵型 vs.自律型）被试间实验设计中，其中，抽象插画×放纵型食品组 38 人，抽象插画×自律型食品组 35 人，实物照片×放纵型食品组 35 人，实物照片×自律型食品组35人。实验采用情景模拟法,要求被试仔细阅读材料,并将自己想象为购买情景中的顾客。

首先,被试被告知需要评估某个设计公司的食品包装袋设计,要求被试阅读放纵型食品和自律型食品的定义(放纵型食品:指可以提供即时的满足感或快乐感,但隐含着长期或延迟害处的一类食品;自律型食品:指可以最大化长期效用,但对短期给予的快乐感或满足感缺乏吸引力的一类食品),并仔细阅读一段产品介绍(参见预实验)。

其次要求被试阅读抽象插画和实物照片介绍材料并查看食品包装图片,见图4-14。

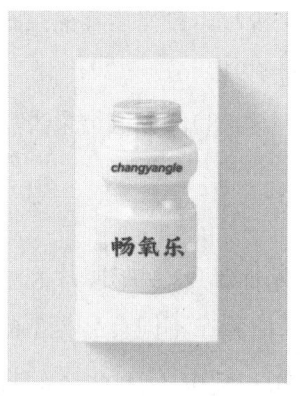 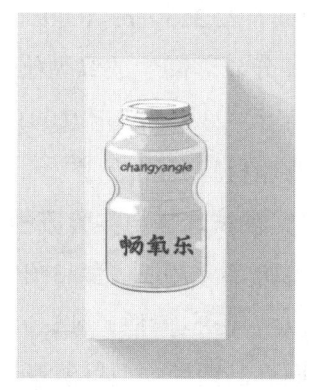

图 a 实物照片　　　　　　　　图 b 抽象插画

图4-14　不同食品图像类型的刺激材料(实验3)(图片区别详见附录6中的图6)

最后,要求被试完成因变量、中介变量混淆变量等量表。因变量量表借鉴 Jiang 等的研究[27],共 3 个题项,具体包括:"如果享用这款饮品,我感受到乐在其中","这款饮品对我来说很诱人","这款饮品对我来说很有吸引力",测量题目采用 7 点量表的形式(1="非常不赞同",7="非常赞同")(Cronbach's α 系数为0.88)。注意力量表共 2 个题项,具体题项包括:"当查看此包装时,此饮品吸引了我的注意力","当查看此包装时,我的注意力集中在此饮品上",测量题目采用 7 点量表的形式(1=一点也不,7=很大程度上)(Cronbach's α 系数为0.81)。心理表象量表借鉴 Lee 和 Kim 的研究[29],共 5 个题项,测量题目采用 7 点量表的形式(Cronbach's α 系数为0.89),具体包括:"当查看此包装时,我脑海中出现的图像是清晰的?(1=一点也不,7=很大程度上)","当查看此包装时,我脑海中出现的图像是生动的?(1=一点也不,7=很大程度上)","当查看此包装时,我脑海中出现的图像数量是(1=几乎没有,7=非常多)","当查看此包装时,我能想象出饮品的味道(1=一点也不,7=很大程度上)","当查看此包装时,我很容易想象出喝饮品时的情形(1=一点也不,7=很大程度上)"。为检验被试的饥饿程度的潜在影响,要求被试填写混淆变量测量题项。具体题项包括:"我想要吃东西的欲望"(1=极低,7=极高)。同时,为了检验对不同食品类型和不同食品图像类型的操纵是否有效,要求被试填写食品类型和食品图像类型测量题项。具体题项包括:"我认为以上文字材料所描述的饮品是放纵型食品(1=非常不赞同,7=非常赞同)","我认为以上文字材料所描述的饮品是自律型食品(1=非常不赞同,7=非常赞同)","我认为以上包装上食品图像是抽象插画"(1=非常不赞同,7=非常赞同),"我认为以上包装上食品图像是实物照片"(1=非常不赞同,7=非常赞同)。实验最后,要求被试报告他们的性别和年龄。

(三)实验结果

1. 操纵检验

食品类型。配对样本 t 检验的结果表明,被试对两种食品类型(放纵型 vs.自律型)的感知存在显著差异,放纵型食品组在放纵型维度上的评分显著高于自律型维度($M_{放纵型}$=5.99,SD=0.91;$M_{自律型}$=1.90,SD=1.06;t=23.433,$p<0.001$,Cohen's d=4.14);自律型食品组在自律型维度上的评分显著高于放纵型维度($M_{放纵型}$=1.87,SD=1.28;$M_{自律型}$=6.19,SD=0.92;t=-22.923,$p<0.001$,Cohen's d=-3.88)。上述结果表明,对食品类型的操纵是有效的。

食品图像类型。配对样本 t 检验结果表明,被试对 2 种食品图像类型(抽象插画 vs.实物照片)的感知存在显著差异,实物照片组对实物照片维度上的评分显著高于抽象插画维度($M_{实物照片}$=6.01,SD=1.04;$M_{抽象插画}$=2.19,SD=1.29;t=17.780,$p<0.001$,Cohen's d=3.26);抽象插画组对抽象插画维度上的评分显著高于实物照片维度($M_{实物照片}$=2.16,SD=1.16;$M_{抽象插画}$=6.01,SD=1;t=-20.956,$p<0.001$,Cohen's d=-3.56)。上述结果表明,对食品图像类型的操纵是有效的。

混淆变量。方差分析结果表明，不同食品图像类型组在饥饿程度上的评分不存在显著差异（$F(1,139)=0.618$，$p>0.05$，$\eta_p^2=0.004$，$M_{实物照片}=2.10$，$SD=0.93$；$M_{抽象插画}=2.00$，$SD=0.71$）；不同食品类型组在饥饿程度上的评分不存在显著差异（$F(1,139)=0.139$，$p>0.05$，$\eta_p^2=0.001$，$M_{实物照片}=2.10$，$SD=1.00$；$M_{抽象插画}=2.02$，$SD=0.63$）；食品图像类型与食品类型在饥饿程度上的交互效应不显著（$F(1,139)=1.147$，$p>0.05$，$\eta_p^2=0.008$）。

消费者感知吸引力。使用方差分析检验食品图像类型和食品类型对消费者感知吸引力的交互效应。结果显示，食品图像类型与食品类型的交互效应显著（$F(1,139)=6569.571$，$p<0.001$，$\eta_p^2=0.979$）。进一步简单效应分析结果表明，当食品类型为自律型食品时，食品图像为实物照片对消费者感知吸引力的影响显著高于食品图像为抽象插画对消费者感知吸引力的影响（$M_{实物照片}=5.86$，$SD=0.27$；$M_{抽象插画}=1.71$，$SD=0.22$，$p<0.001$），当食品类型为放纵型食品时，食品图像为抽象插画对消费者感知吸引力的影响显著高于食品图像为实物照片对消费者感知吸引力的影响（$M_{实物照片}=1.64$，$SD=0.23$；$M_{抽象插画}=4.45$，$SD=0.29$，$p<0.001$）。食品图像类型的主效应显著（$F(1,139)=241.736$，$p<0.001$，$\eta_p^2=0.635$）；食品类型的主效应显著（$F(1,139)=300.136$，$p<0.001$，$\eta_p^2=0.683$）；通过方差分析排除混淆变量对消费者反应的影响（$p>0.05$）。详情如图4-15。

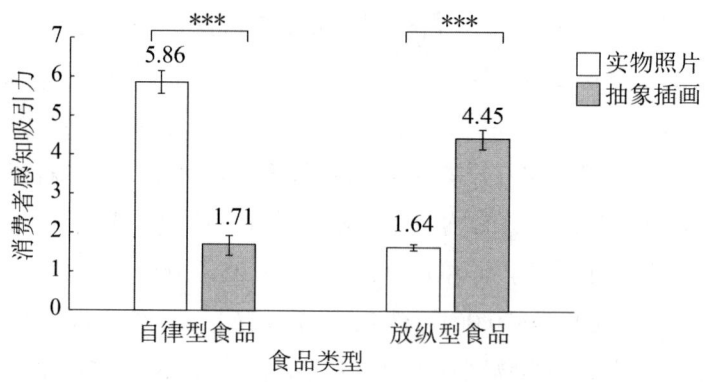

注：*** $p<0.001$。

图4-15　图像类型与食品类型对消费者感知吸引力的交互作用

注意力。对注意力进行方差分析结果表明,食品图像类型的主效应显著($F(1,139)=85.488$,$p<0.001$,$\eta_p^2=0.381$);食品类型的主效应显著($F(1,139)=68.260$,$p<0.001$,$\eta_p^2=0.329$);食品图像类型与食品类型的交互效应显著($F(1,139)=528.069$,$p<0.001$,$\eta_p^2=0.792$)。进一步简单效应分析结果表明,当食品类型为自律型食品时,食品图像为实物照片对注意力的影响显著高于食品图像为抽象插画对注意力的影响($M_{实物照片}=5.76$,$SD=0.65$;$M_{抽象插画}=2.01$,$SD=0.61$,$p<0.001$),当食品类型为放纵型食品时,食品图像为抽象插画对注意力的影响显著高于食品图像为实物照片对注意力的影响($M_{实物照片}=2.13$,$SD=0.61$;$M_{抽象插画}=3.72$,$SD=0.86$,$p<0.001$),见表4-2。

表4-2　食品类型与食品图像类型对注意力的影响($M\pm SD$)

类　型	实物照片	抽象插画
自律型食品	5.76±0.65	2.01±0.61
放纵型食品	2.13±0.61	3.72±0.86

心理表象。对心理表象进行方差分析结果表明,食品图像类型的主效应显著($F(1,139)=62.863$,$p<0.001$,$\eta_p^2=0.311$);食品类型的主效应显著($F(1,139)=97.341$,$p<0.001$,$\eta_p^2=0.412$);食品图像类型与食品类型的交互效应显著($F(1,139)=2895.983$,$p<0.001$,$\eta_p^2=0.954$)。进一步简单效应分析结果表明,当食品类型为自律型食品时,食品图像为实物照片对心理表象的影响显著高于食品图像为抽象插画对心理表象的影响($M_{实物照片}=4.97$,$SD=0.30$;$M_{抽象插画}=2.24$,$SD=0.29$,$p<0.001$);当食品类型为放纵型食品时,食品图像为抽象插画对心理表象的影响显著高于食品图像为实物照片对心理表象的影响($M_{实物照片}=2.15$,$SD=0.20$;$M_{抽象插画}=4.18$,$SD=0.26$,$p<0.001$),见表4-3。

表4-3　食品类型与食品图像类型对心理表象的影响($M\pm SD$)

类　型	实物照片	抽象插画
自律型食品	4.97±0.30	2.24±0.29
放纵型食品	2.15±0.20	4.18±0.26

有调节的序列中介分析。参照 Hayes（2013）的中介模型（Model 86，n=5000），使用 PROCESS 程序在 95%的置信区间下，以食品图像类型为自变量、食品类型为调节变量、消费者感知吸引力为因变量、注意力（中介变量 1）和心理表象（中介变量 2）作为中介变量进行分析。结果显示，食品类型和食品图像类型的交互效应会显著地影响消费者感知吸引力（β=6.14，SE=0.45，95%CI=[5.26,7.02]不包含 0）。同时，食品类型和食品图像类型的交互效应会对注意力产生影响（β=5.34，SE=0.23，95%CI=[4.88，5.80]不包含 0），注意力又会显著影响心理表象（β=0.68，SE=0.03，95%CI=[0.61，0.74]不包含 0），心理表象显著影响消费者感知吸引力（β=0.18，SE=0.08，95%CI=[0.02，0.35]不包含 0）。注意力（中介变量 1）和心理表象（中介变量 2）形成了序列中介。详情如图 4-16。

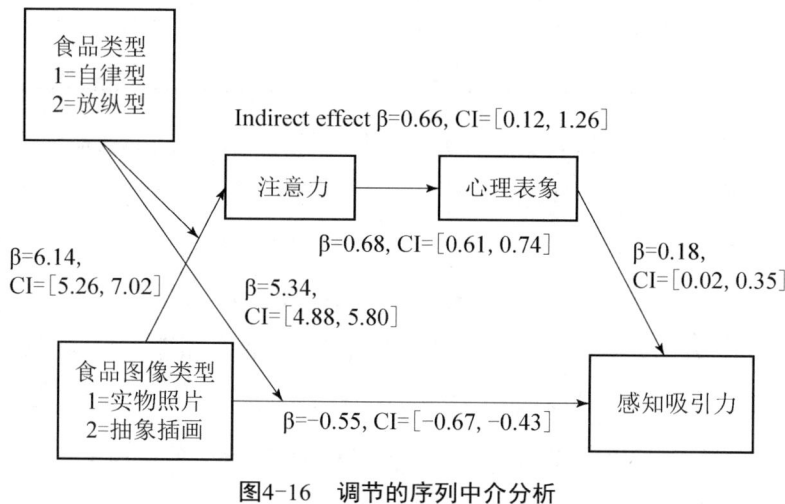

图 4-16 调节的序列中介分析

（四）讨论

实验 3 再次验证了 H2，说明了注意力和心理表象的序列中介，即不同食品类型会影响消费者对食品包装袋投入的注意力，注意力又能够有效地影响心理表象，从而影响消费者感知吸引力。实验 3 方差分析结果表明混淆变量"饥饿程度"对因变量不存在显著影响（$p>0.05$），排除混淆变量对因变量的影响。同时实验 3 验证了 H3，说明了食品类型有效地调节了食品图像类型对消费者感知吸引力的影响，即当食品类型为自律型食品时，食品包装采用实物照片的食品图像比抽象插画的食品图像更能影响消费者的感知吸引力，即提高消费者对产品的感知吸引力；当食品类型为放纵型食品时，食品包装采用抽象插画的食品图像比实物照片的食品图像更能影响消费者的感知吸引力，即提高消费者对产品的感知吸引力。

六、结论与启示

（一）结论

本研究通过3个实验论证了食品图像类型对消费者反应的影响。实验1表明食品包装采用实物照片的食品图像类型比抽象插画的食品图像类型更能提高消费者的反应，即对产品的感知吸引力。实验2证实了从食品图像类型到注意力、到心理表象再到消费者反应的序列中介模型。实验3探索了食品类型对主效应的调节效应。对于自律型食品，食品包装采用实物照片的食品图像类型更能够提高消费者反应。对于放纵型食品，食品包装采用抽象插画的食品图像类型更能够提高消费者反应。同时再次验证了实验2的注意力–心理表象序列中介效应。

（二）营销启示

消费者有时通过产品或产品的包装设计来了解与产品相关的公司，而公司更需要了解消费者的需求，设计和生产消费者需要和满意的产品。产品通常被认为是公司和消费者的一种沟通形式，除了产品的本身功能和属性之外，产品设计和产品包装设计对消费过程有重要影响，它需要能够吸引消费者的注意，并使消费者产生相关行为。重要的是，产品设计需要了解不同的产品类别更适合某种特定类型的图像与产品本身的结合，并给消费者留下深刻印象。例如，一个享乐主义产品与抽象插画的图像类型更匹配，还是与实物照片的图像类型更匹配，这个问题的答案是非常重要的。一个恰当的产品包装设计可以在短时间内让消费者感知其价值，可以帮助消费者做出购买选择或对产品产生积极的态度。同样的，一家公司的产品更有利于消费者产生积极的态度，那么他在市场竞争面前将占据更有利的地位。

本研究结论对于食品包装设计企业的食品图像类型决策具有实践指导意义。食品包装设计企业时常选择不同包装风格向市场传递特定信息，以实现其不同的市场目标。本研究重点考察了食品图像类型的市场效应，通过食品包装上不同食品图像类型对消费者反应的影响，为企业如何更有效地设计食品包装策略提供了实践依据。食品图像类型能够有效地影响消费者投入的注意力和产生的心理表象，从而导致不同的消费者反应。食品图像类型采用实物照片而不是抽象插画能够使消费者投入更高的注意力，更有利于消费者产生心理表象，从而使消费者对产品产生更高的吸引力。此外，食品图像类型对消费者反应的影响存在一定的边界条件，对于自律型食品，食品包装上的食品图像为实物照片时比食品图像为抽象插画更能赢得他们的青睐；而对于放纵型食品，食品包装上的食品图像为抽象插画时比食品图像为实物照片更能影响消费者反应。

参考文献

[1] Scott L M. Images in advertising: The need for a theory of visual rhetoric[J]. Journal of Consumer Research, 1994，21（2）：252–273.

[2] Rundh B. The multi-faceted dimension of packaging: Marketing logistic or marketing tool? [J]. British Food Journal, 2005, 107（9）：670–684.

[3] Pennings M C, Striano T, Oliverio S. A picture tells a thousand words: Impact of an educational nutrition booklet on nutrition label gazing[J]. Marketing Letters, 2014, 25（4）：355–360.

[4] Herbes C, Beuthner C, Ramme I. How green is your packaging-A comparative international study of cues consumers use to recognize environmentally friendly packaging[J]. International Journal of Consumer Studies, 2020, 44（3）：258–271.

[5] Verbeke W, Ward R W. Consumer interest in information cues denoting quality, traceability and origin: An application of ordered probit models to beef

labels[J]. Food Quality and Preference, 2006, 17（6）: 453–467.

[6] Strahilevitz M, Myers J G. Donations to charity as purchase incentives: How well they work may depend on what you are trying to sell[J]. Journal of Consumer Research, 1998, 24（4）: 434–446.

[7] Huang J, Wang L, Chan E Y. Larger=more attractive? Image size on food packages influences purchase likelihood[J]. Psychology & Marketing, 2022, 39（6）: 1257–1266.

[8] Tiggemann M, Kemps E. The phenomenology of food cravings: The role of mental imagery[J]. Appetite, 2005, 45（3）:305–313.

[9] Wu R, Wu H H, Wang C L. Why is a picture 'worth a thousand words'? Pictures as information in perceived helpfulness of online reviews[J]. International Journal of Consumer Studies, 2021, 45（3）: 364–378.

[10] Zhou Z, Zheng L, Li X. Abstract or concrete? The influence of image type on consumer attitudes[J]. International Journal of Consumer Studies, 2021, 45（5）, 1132–1146.

[11] Fennis B M, Das E, Fransen M L. Print advertising: vivid content[J]. Journal of Business Research, 2012, 65（6）: 861–864.

[12] Miller D W, Stoica M. Comparing the effects of a photograph versus artistic renditions of a beach scene in a direct-response print ad for a Caribbean resort island: A mental imagery perspective[J]. Journal of Vacation Marketing, 2004, 10（1）: 11–21.

[13] Babin L A, Burns A C. Effects of print ad pictures and copy containing instructions to imagine on mental imagery that mediates attitudes[J]. Journal of Advertising, 1997, 26（3）: 33–44.

[14] Rook D W. The ritual dimension of consumer behavior[J]. Journal of Consumer Research, 1985, 12（3）: 251–264.

[15] Vohs K D, Wang Y, Gino F, et al. Rituals enhance consumption[J].

Psychological Science, 2013, 24（9）: 1714–1721.

[16] Hobson N M, Schroeder J, Risen J L, et al. The psychology of rituals: An integrative review and process-based framework[J]. Personality and Social Psychology Review, 2018, 22（3）: 260–284.

[17] Ratcliffe E, Baxter W L, Martin N. Consumption rituals relating to food and drink: A review and research agenda[J]. Appetite, 2019, 134: 86–93.

[18] Escalas J E. Imagine yourself in the product: Mental simulation, narrative transportation, and persuasion[J]. Journal of Advertising, 2004, 33（2）: 37–48.

[19] Deng X, Srinivasan R. When do transparent packages increase (or decrease) food consumption? [J]. Journal of Marketing, 2013, 77（4）: 104–117.

[20] Macinnis D J, Price L L. The role of imagery in information processing: Review and extensions[J]. Journal of Consumer Research, 1987, 13（4）: 473–491.

[21] Dou W, Li Y, Geisler M W et al. Involuntary polymodal imagery involving olfaction, audition, touch, taste, and vision[J]. Consciousness and Cognition: An International Journal. 2018, 62: 9–20.

[22] Burns A C, Biswas A, Babin L A. The operation of visual imagery as a mediator of advertising effects[J]. Journal of Advertising, 1993, 22（2）: 71–85.

[23] Wertenbroch K. Consumption self-control by rationing purchase quantities of virtue and vice[J]. Marketing Science, 1998, 17（4）: 317–337.

[24] 董春艳, 郑毓煌. 消费者自我控制:文献评述与研究展望[J]. 经济管理, 2010, 32（11）: 170–177.

[25] 王长征, 范永玺. 尾数定价策略对恶习产品和美德产品购买意愿的影响研究[J]. 管理现代化, 2017, 37（4）: 75–77.

[26] 杨韶光, 金立印. "放纵物"与"自律物"消费者行为研究述评[J]. 外国经济与管理, 2018, 40（12）: 84–97.

[27] Jiang Y, Lei J. The effect of food toppings on calorie estimation and consumption[J]. Journal of Consumer Psychology, 2014, 24（1）: 63–69.

[28] Bone P F, Ellen P S. The generation and consequences of communication-evoked imagery[J]. Journal of Consumer Research, 1992, 19（1）: 93–104.

[29] Lee A, Kim M G. Effective electronic menu presentation: From the cognitive style and mental imagery perspectives[J]. International Journal of Hospitality Management, 2020, 87: 102377.

第五章

线上购物情景中心理表象的诱发与影响

第一节　研究背景

随着网络销售渠道的不断拓宽以及物流行业的迅猛发展，线上购物已成为消费者日常的购物方式之一[1]。面对庞大的市场潜力，卖方市场在面临着更多机遇的同时，也将面临激烈的竞争和消费者评价标准变高等这类考验和变化。面对这些考验和变化，卖方除了提高自身产品的竞争优势以外，掌握消费者的消费决策心理显得尤为重要。为了增强消费者对产品的了解，3D产品、AR、VR等技术陆续登录线上购物营销情景。如今，商家和线上购物平台如亚马逊、天猫、淘宝、京东等相继投入使用3D图像技术，推出了一系列虚拟体验产品的功能；例如香奈儿的虚拟试妆、得物平台的虚拟试鞋、Gentle monster的虚拟试戴墨镜，这些技术通过使用3D图像模拟现实产品，让消费者通过心理表象产生对产品的模拟使用图像，从而辅助消费者在实际购买行为发生前对产品进行判断和评价。

通常来说，消费者在选购产品时会希望获取评估产品所需的所有信息，以做出明智的购买决策。这些信息通常包含产品的材质、产地、参数等，而其中最直观以及最具吸引力的是产品的外观。除此之外，缺乏对产品的实际体验也会阻碍消费者做出购买决策，导致消费者心理产生不确定性、不满意，甚至导致产品退货[2, 3]。线上购物情景中，消费者无法看到、触摸、感觉、闻到或尝试他们想要购买的产品，由于产品很难在购买前进行试用，所以消费者很难做出购买决策。此外，一些体验型产品如服装和鞋子，需要试用才能形成具体感知，但在线上购物情景中，消费者无法检查和感受体验型产品并评估其质量，从而导致消费者对购买产品犹豫不决[4]。

对于电商来说，一个可以充分展示产品信息，辅助消费者预先体验产品的产品展示方式是很重要的。广告图像这一在线产品展示的方式有助于介绍产品、显示产品信息并且彰显产品的吸引力[5]。广告图像不仅可以呈现给消费者静态图像的2D展示方式，得益于触摸屏设备（如智能手机、平板电脑）

带来的新的交互方式,消费者还可以使用触摸屏设备查看产品 3D 展示方式,消费者可以在触摸屏上用手触摸、拖动和拉伸 3D 产品图像。这样更直观、自然的交互体验可以给消费者带来更加丰富的感官输入,多种的感官线索交织在一起可以增强对消费者感知的影响,从而提升在线购买意愿。一些知名品牌如 Nestle(雀巢)、Nike(耐克)、Mercedes-Benz(奔驰)等都开始尝试使用 3D 图像广告进行品牌营销和推广。

2D 图像是由两个平面坐标建构的平面图像,通常用于平面广告、图表、平面设计等。2D 图像只有两个维度,缺乏深度感和立体感。3D 图像是由三个坐标建构的三维图像,可以呈现物体的深度感和立体感。3D 图像通常应用于电影、游戏、建筑设计、医疗科学等领域。3D 图像可以从各个角度进行旋转、缩放、移动等操作,用户可以更深入地了解图像中的物体信息。研究发现在与 3D 产品可视化交互时,消费者几乎启动了所有的感官[6, 7]。3D 产品可视化可以支持多模态的感官交互,超越了传统的基于静态 2D 内容的用户交互。具有多模态特性的 3D 图像能够使用户感知产品信息更接近真实世界。因为制作流程复杂,因此 3D 图像并未在日常生活中普遍运用。如果使用 360 度的三维模型在线展示高价值的产品,如手工艺品、古董等,买家需要更好地掌握足够的信息才会做出购买决定,这种情况下制作高精度的 3D 模型具有较高的利润回报。但是对于常规售价和利润率较低的商品,如日常用品、食品等,买方和卖方通常满足于在线产品展示的标准模式,即 2D 图像,在这种情境中 3D 图像尚未得到广泛应用[8]。尽管当前的感官使能技术无法为所有类型的电子商务产品提供触觉、味觉和嗅觉体验,但 3D 可视化是电子商务网站克服现有限制并为消费者优化感官体验的一个途径,3D 可视化有助于消费者快速了解产品,特别是使用实物照片的 360 度可旋转视图,这种视图比 3D 模型更能吸引消费者[9]。

研究发现,3D 图像能够诱发心理表象,并对说服效果产生连锁的积极影响。与 2D 图像广告相比,3D 图像广告创造了更生动的心理表象,并对品牌态度、购买意愿以及重访网站的意愿产生了积极影响。这两种不同的图像类型会对消费者产生不同的感官影响,从而导致不同的产品评价[1]。研究者还发现，具有不同触觉特性的商品需要采用不同的图像呈现方式以产生最佳的营销效果。这一发现有助于制定更有效的产品展示策略，从而提高销售和品牌声誉[10]。因此，将图像类型划分为 2D 图像和 3D 图像，可能会产生不同的产品评价。

此外，无论是线上还是线下，购物体验通常都依赖于心理表象。当消费者只是在备选产品之间做出抉择时，产品的功能性或实用性维度会被赋予更大的权重。然而，当消费者预期他们的产品体验时，他们则更有可能卷入心理表象中，此时，感官或享乐维度在购买决策中的权重则变得更加突出。因此，理解表象如何影响消费者的线上购物行为是非常重要的。消费者在购物时是否以及如何展开对使用产品情景的想象，只需改变（口头）价格交易的设计即可受到影响。例如，对比未能体现产品间相关性的零售店促销信息（例如"免费获得第二件商品"），传递产品间具有较强关联性的零售店促销信息（例如"免费获得配套的衬衫"）则能够触发更多的消费表象。消费表象（即关于消费实例的表象）涵盖了所有感觉，并影响消费者对促销和产品的态度。研究者发现，一条宣称"第二条牛仔裤减价 50%"的牛仔裤促销信息，不会像"购买牛仔裤时搭配衬衫减价 50%"的促销信息那样带来较高的产品态度评分，后者更像是一段形象生动的"消费片段"。

消费者在购物时还会对自己使用产品的情景展开想象。服装行业中一种非常普遍的做法是为女装设置"虚荣尺码"，即服装制造商会使用比衣服的实际尺码更小的尺码标签。理解虚荣尺码有助于促进服装的销售，因为女性似乎更偏好购买和穿戴较小尺码标签的服装。为什么虚荣尺码能够起作用，毕竟女性知道她们并没有减肥。那么为什么她们穿小号的衣服会感觉更好呢？研究发现，小码标签能够触发更积极的与自我相关的心理表象。也就是说，通过穿小尺码的衣服，女性想象自己变瘦了。而女性的这种自我相关的表象对其随后的购物行为和服装购买意愿会进一步产生影响。

无论是实体购物环境还是在线购物环境，心理表象都可以被购物活动诱发。随着网上购物越来越多，未来的研究有必要确认购物体验的哪些方面是依赖于表象的。尽管产品配图和详尽的产品文字描述能够诱发表象，但视频或其他更具互动性的沟通手段（如直播带货）却为表象的生成提供了更具生动性的替代方案。这些满载着心理表象的沟通手段如何影响消费者购买过程中的搜索、思考和购买决策的制定，亦是亟待解决的重要议题。此外，随着传统实体店内购物的多重感官体验逐渐被网上购物所取代，那么如何利用多重感官表象增强线上购物体验也是一个关键的研究议题。

第二节　图像类型与产品类型诱发的心理表象对产品评价的影响

一、研究目的与意义

（一）理论意义

在线产品展示是顾客在网络购物时获取产品资讯的一个主要渠道，同时也会对顾客的产品认知及消费决策产生影响。已有文献对在线购物平台产品的广告图片设计进行了较少的探讨。本研究拟从以下几个方面扩展现有文献，补充有关广告图像对产品评价的研究空白。首先，本研究为探索图像类型对产品评价的影响做出了贡献，本研究把图像类型和产品类型引入广告设计领域，把图像类型划分为 2D 图像和 3D 图像两种类型，将产品类型划分为搜索型产品和体验型产品两种类型。此前的研究只考虑了图像类型对产品评价的影响，并未探究图像类型和产品类型对产品评价的交互效应。其次，本研究丰富了心理表象相关领域的理论研究。图像类型能够通过提高心理表象水平，从而进一步提高产品评价，本研究将探究心理表象在图像类型和产品类型对产品评价影响中的中介效应。最后，本研究将探索图像类型、产品评价和消费情境对产品评价的交互效应，解释心理表象在图像类型、产品评价和消费情境对产品评价的交互效应中的中介效应，并丰富当前在广告图像方面的相关研究。

（二）实践意义

本研究对在线购物情景中的营销沟通方式有重要启示，图片类型对于传递产品和品牌信息非常重要[6]。对于初入市场的新品牌，可能面临着产品知名度低、市场占有率低等劣势，企业在产品宣传的萌芽期，通过对图像类型、产品类型、消费情境的探究，可以通过灵活使用与产品类型相匹配的图像类型，提升心理表象水平并使消费者对产品产生更高的评价。

二、文献回顾与研究假设

（一）搜索型产品和体验型产品

根据消费者感觉需要体验商品以评估质量的程度将产品划分为搜索型产品和体验型产品。搜索型产品指的是消费者可以通过不同的渠道进行信息的搜集，当搜集的信息足够多时，就能比较准确地知晓产品的特性，这类产品往往有统一的衡量标准，通过广泛收集信息，可以清楚地了解产品性能，消费者在购买前有明确的需求和目的，并且能够通过搜索或对比等方式获取信息，进行有效的选择和购买。典型的搜索型产品包括电器、家具、日用品、化妆品等。体验型产品是指消费者在购买前可能没有明确的需求和目的，购买的原因更多是为了享受产品所带来的体验和感受，常见的体验型产品包括旅游、美食、娱乐、文化艺术等，不能仅通过信息搜索来全面了解产品特性，所以必须通过亲身体验[11]。两种产品类型的营销策略和目标也有所不同。对于搜索型产品，重点是提供准确的产品信息和价格，以及方便的购买渠道和售后服务，增加用户的购买意愿和忠诚度。而对于体验型产品，重点是通过打造独特的产品体验和品牌文化，吸引用户的关注和兴趣，增强品牌认知度和合法度，从而进一步提高销售额。总的来说，搜索型产品和体验型产品针对不同的消费需求和购买心理，需要采取不同的营销策略和目标，以提高产品的市场竞争力和用户满意度。使用感官评估产品的需求越大，产品拥有的体验特征就越多。已有研究将搜索型产品定义为需要通过搜索大量信息的产品；体验型产品定义为难以从信息中获取产品感受，需要更多主观体验感受的产品[12]。搜索型产品需要更多数据信息，体验型产品需要更多的直接体验，因此，本研究认为图像类型和产品类型的交互效应可能会影响产品评价，体验型产品比搜索型产品更需要产品体验,所以体验型产品的3D图像比2D图像的产品评价可能更高。

(二)在线购物情景中的图像类型与心理表象

心理表象是通过视觉表象形成心理图像的能力,是一种心理过程,人们通过先前的感觉或知觉经验整合从视觉、触觉和听觉中收集的感官信息[12,13]。表象是在记忆基础上对知觉经验的"再体验"。从这个角度,表象往往被称为"弱知觉",表象拥有和知觉经验类似的属性。因此,表象主观感觉包含知觉信息越多则越清晰,而这一表象清晰度反映了表象与知觉内容的相似程度,两者的相似程度决定了表象的主观生动性,是表象最为重要的属性[14]。

心理旋转、心理扫描、心理折纸等研究范式证明了视觉表象存在空间属性。心理表象通过提供与产品互动的清晰而具体的心理图像帮助消费者预测未来体验或使用产品的情况。心理表象是帮助消费者做出判断的主要信息来源,能够影响消费者态度,并提高产品评价[15]。对于处于产生产品创意阶段和设计新产品概念阶段的营销管理者来说,研究消费者对新产品的心理表象以及他们与新产品互动的方式是十分必要的[16,17,18]。因此,广告图像的空间信息是否能够通过心理表象从而进一步影响产品评价,是本研究关注的问题。

已有研究证明了感官输入在消费者判断和购买决策中的重要性[19,20]。受在线购物情景的制约,消费者在评价商品或服务时,往往难以获取充足的感知信息。在这种情景下,消费者在判断和评价中更加依赖于心理表象[21]。心理表象作为一种认知过程,其感官信息会在工作记忆中表现出来[22]。通过对思维、情感以及对客体经验的感官模拟,可以让消费者对假想情境的真实结果做出更为精确的预期。3D图像作用于心理表象的心理加工机制中的核心桥梁是远程临场感[23]。远程临场感使得在线购物情景中的产品展示可以满足消费者的心理需求。尽管心理表象的营销后效已经得到证实,但消费者的心理表象是否可以潜在地减少产品的不确定性仍有待探索[24]。

不同感官模态的心理表象，如味觉表象[25]、嗅觉表象[26]、触觉表象[27, 29]和空间表象[28]可由营销刺激物诱发。图片作为产品视觉刺激的主要来源，可以快速传达独特的广告理念，清晰地展示产品特征，有效地树立品牌形象。之前的研究表明，使用图像（与不使用图像相比）更容易吸引消费者的注意力[31]，促进消费者对产品、品牌、广告等的积极态度，并增加消费者的购买意愿[32]。根据图像空间信息的差异，可以将产品图片类型分为2D和3D格式。3D图像可以通过更加生动、形象、立体的产品展现方式，提高消费者生成的心理表象水平并形成产品评价[31]。在线购物情景中，产品的触觉属性（如纹理、硬度、光滑度）和空间属性（如形状、结构、方向、运动）很难预先"体验"，尽管它们对产品评估很重要[30]。空间表象可以帮助购物情景中的消费者在脑海中描绘产品的物理形状、轮廓和结构，以及产品如何适应环境。基于以上分析，借鉴前人研究，将在线购物中的消费情境划分为购物情境和浏览情境[30]。在此基础上，提出假设如下。

H1：图像类型与产品类型对产品评价存在交互效应。当3D图像与体验型产品匹配时更能够提高消费者对产品的评价。

H2：心理表象在图像类型与产品类型对产品评价的交互效应中起中介效应。当3D图像与体验型产品匹配时能够提高心理表象水平，从而进一步提高对产品的评价。

H3：消费情境在图像类型与产品类型对产品评价的交互效应中起调节效应。心理表象在图像类型、产品类型与消费情境对产品评价的交互效应中起中介效应。在购买情境下，3D图像与搜索型产品匹配时能够提高心理表象水平，从而进一步提高消费者对产品的评价；在浏览情境下，3D图像与体验型产品匹配时能够提高心理表象水平，从而进一步提高消费者对产品的评价。

本研究的理论框架，见图5-1。

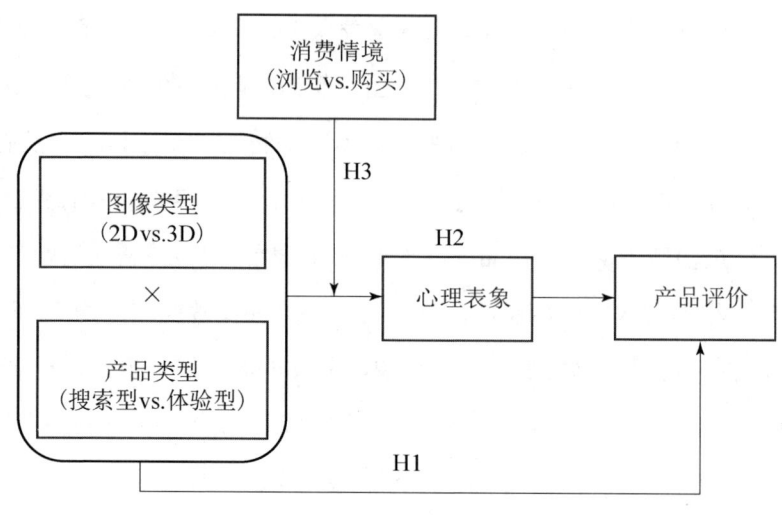

图5-1　理论框架

三、实验材料前测

（一）被试选择与实验流程

1. 产品类型实验材料的测评

第一次预实验的目的是在实验中区分搜索型和体验型产品的使用，为了解决这一问题，借鉴前人研究[33]，进行了第一次预实验，目的是确定以下产品可归入搜索型产品还是体验型产品：数码相机、笔记本电脑、手机、鞋子、墨镜和服装。招募了50名被试参加这项测试。这50名被试需要填写一份包含5个题项的量表，具体题项为："对我来说，看到产品从而对产品做出判断是很重要的"，"对我来说，触摸产品从而对产品做出判断是很重要的"，"对我来说，倾听产品从而对产品做出判断是很重要的"，"我可以充分地通过使用零售商或制造商提供的关于产品属性和功能的信息来充分评估该产品"，"我可以通过阅读产品属性信息来评估该产品的质量"。其中量表的前三项评估了体验特征，后两项测量了搜索特征。以7点Likert量表衡量每种产品，从而评估了6种产品可归入搜索型产品还是体验型产品。

2. 图像类型实验材料的测评

为创建有效的刺激物材料（2D图像vs.3D图像），使用Photoshop软件创建不同类型的产品图像图片（具体实验材料图片见附录3）。随后，测试被试对实验材料的图像类型感知差异评价，借鉴前人研究[1]，被试通过填写一份包含 6 个题项的问卷，具体题项为："该图像是平面的"，"该图像是静态的"，"我认为该图像是 2D 图像"，"该图像是立体的"，"该图像是连续动态的"，"该图像是 3D 格式"。评分采用了 7 点 Likert 量表，从而评估了图像材料是否可能纳入本研究。其中，前三项评估了 2D 维度，后三项评估了 3D 维度。

3. 消费情景实验材料的测评

为了评估消费情景材料是否有效，让被试填写了一份包含 4 个题项的量表，具体题项为："我认为自己参与了购物过程"，"我有意愿购买图像中的产品"，"我认为自己在浏览图像"，"我没有意愿购买图像中产品"。评分采用了 7 点 Likert 量表，其中，前两项评估了购买情境，后两项评估了浏览情境。

（二）前测结果

为提高实验可靠性，本研究在正式问卷发放之前，局部小范围进行一次问卷预发放。对预发放数据配对样本 t 检验发现，鞋子组对体验品质维度上的评分显著高于搜索品质维度（$M_{体验品质}$=5.39，SD=1.35，$M_{搜索品质}$=2.75，SD=1.33，t=8.749，$p<0.001$，d=1.97，$α_{体验品质}$=0.89，$α_{搜索品质}$=0.85）；墨镜组对体验品质维度上的评分显著高于搜索品质维度（$M_{体验品质}$=6.03，SD=1.01，$M_{搜索品质}$=2.48，SD=1.00，t=16.876，$p<0.001$，d=3.53，$α_{体验品质}$=0.77，$α_{搜索品质}$=0.89）；服装组对体验品质维度上的评分显著高于搜索品质维度（$M_{体验品质}$=5.11，SD=1.39，$M_{搜索品质}$=2.80，SD=1.46，t=8.02，$p<0.001$，d=1.62，$α_{体验品质}$=0.73，$α_{搜索品质}$=0.70）；数码相机组对搜索品质维度上的评分显著高于体验品质维度（$M_{体验品质}$=3.13，SD=1.62，$M_{搜索品质}$=4.39，SD=1.86，t=−3.23，$p<0.01$，d=0.72，$α_{体验品质}$=0.86，$α_{搜索品质}$=0.76），笔记本电脑组对搜索品质维度上的评分显著高于体验品质维度（$M_{体验品质}$=2.99，SD=1.43，$M_{搜索品质}$=5.09，SD=1.71，t=−6.67，$p<0.001$，d=1.33，$α_{体验品质}$=0.72，$α_{搜索品质}$=0.88）；手机组对搜索品质维度上的评分显著高于体验品质维度（$M_{体验品质}$=3.07，SD=1.42，$M_{搜索品质}$=4.92，SD=1.79，t=−5.76，$p<0.001$，d=1.14，$α_{体验品质}$=0.76，$α_{搜索品质}$=0.82）。因此，在主实验

中，使用数码相机、笔记本电脑和手机作为搜索型产品，使用鞋子、墨镜和服装作为体验型产品。具体实验材料图片见附录3。

2D图像对2D维度上的评分显著高于3D维度（M_{2D}=5.23，SD=1.74；M_{3D}=2.51，SD=1.06；t=8.97，$p<0.001$，d=1.89，$α_{2D}$=0.81，$α_{3D}$=0.82），3D图像对3D维度上的评分显著高于2D维度（M_{2D}=2.56，SD=1.17；M_{3D}=5.34，SD=1.53；t=-10.30，$p<0.001$，d=2.04，$α_{2D}$=0.81，$α_{3D}$=0.73）。说明对图像类型实验材料的选取是有效的。

在浏览情境中被试的浏览参与度明显高于购买情境（$M_{浏览}$=5.60，SD=1.24；$M_{购买}$=3.12，SD=1.49；t=10.09，$p<0.001$，d=1.81，$α_{浏览}$=0.85，$α_{购买}$=0.76）；而在购买情境中被试的浏览参与度明显低于购买情境（$M_{浏览}$=2.51，SD=0.99；$M_{购买}$=5.28，SD=1.51；t=-11.15，$p<0.001$，d=2.17，$α_{浏览}$=0.73，$α_{购买}$=0.83）。说明对消费情景实验材料的选取是有效的。

四、实验1：图像类型与产品类型的匹配对产品评价的影响

（一）被试选择与实验流程

通过利用G*power软件计算出在显著性水平为0.05且效应量为中等水平（f=0.25）时，预测达到80%的统计力水平的总样本量至少为128名。实验3通过问卷星平台招募184名大学生被试。通过一道注意力测试题（在27362189这串数字中，倒数第三个数字是8？请选择：1=非常不符合，7=非常符合），剔除未正确回答此问题的数据样本。同时，将数据样本中全部填写相同极端值以及答题时间过短的数据样本剔除。最终得到有效样本149份，其中男生72人，女生77人，平均年龄21.79±1.97岁。

实验1采用2（图像类型：2D vs.3D）×2（产品类型：搜索型 vs.体验型）被试间实验设计，因变量为产品评价。考察图像类型和产品类型对产品评价的影响。

将149名被试随机分为4组：2D图像×搜索型产品组40人、3D图像×搜索型产品组36人、2D图像×体验型产品组36人、3D图像×体验型产品组37人。在实验中，被试在完成性别和年龄的信息采集后，阅读指导语"请您想象正在某购物网站上查看商品信息，以下是您浏览的广告图像和广告语

(具体实验材料图片见附录 3 中的图 1—图 4),请您仔细阅读后,根据看到的信息填答后面的问题"。查看完产品图像后,被试需要填写产品评价量表[29]。该量表包含 4 个题项,即"您对这些产品的总体评价是什么?"(1=非常消极,7=非常积极),"您如何评价这些产品?"(1=差,7=优秀),"您对购买这些产品有多大兴趣?"(1=一点也不,9=非常),"您购买这些产品的可能性有多大?"(1=一点也不,7=非常)。采用 7 点计分(1=非常消极,7=非常积极)。其中所有题目都是正向计分题。该量表得分越高,说明被试的产品评价越高。在本研究中,该量表的 Cronbach α 系数为 0.80。

(二)实验结果

1. 操纵检验

进行配对样本 t 检验发现,数码相机组对搜索品质维度上的评分显著高于体验品质维度($M_{搜索品质}$=5.26,SD=1.41;$M_{体验品质}$=2.71,SD=1.27;t=15.83,p<0.001,d=1.90;$α_{体验品质}$=0.82,$α_{搜索品质}$=0.81),鞋子组对体验品质维度上的评分显著高于搜索品质维度($M_{搜索品质}$=3.07,SD=1.57;$M_{体验品质}$=5.08,SD=1.70;t=-10.16,p<0.001,d=1.23;$α_{体验品质}$=0.88,$α_{搜索品质}$=0.87)。

2D 图像对 2D 维度上的评分显著高于 3D 维度(M_{2D}=5.33,SD=1.59;M_{3D}=2.46,SD=1.02;t=19.05,p<0.001,d=2.15;$α_{2D}$=0.83,$α_{3D}$=0.87),3D 图像对 3D 维度上的评分显著高于 2D 维度(M_{2D}=2.33,SD=0.98;M_{3D}=5.00,SD=1.78;t=-16.44,p<0.001,d=1.86;$α_{2D}$=0.87,$α_{3D}$=0.84)。结果表明,操作有效地影响了参与者。

2. 假设检验

产品评价。使用方差分析检验图像类型与产品类型对产品评价的交互效应,结果显示,图像类型的主效应显著($F(1, 145)$=9.434,p<0.01,$η_p^2$=0.06),3D 图像的产品评价显著高于 2D 图像的产品评价(M_{3D}=4.30,SD=1.29,M_{2D}=3.62,SD=1.43)。产品类型的主效应不显著($F(1, 145)$=1.498,p=0.223,$η_p^2$=0.01),说明搜索型产品和体验型产品的产品评价不存在显著差异。图像类型与产品类型对产品评价的交互效应显著($F(1, 145)$=7.790,p<0.01,$η_p^2$=0.05)。进一步简单效应分析表明,当产品类型为搜索型产品时,不同图

像类型下的产品评价不存在显著差异（$F(1,145)=0.04$，$p>0.05$，$\eta_p^2=0.00$；$M_{2D}=3.80$，$SD=1.54$，$M_{3D}=3.86$，$SD=1.40$）；当产品类型为体验型产品时，不同图像类型下的产品评价存在显著差异（$F(1,145)=16.87$，$p<0.001$，$\eta_p^2=0.10$），3D图像的产品评价显著高于2D图像的产品评价（$M_{2D}=3.46$，$SD=1.28$，$M_{3D}=4.74$，$SD=1.02$），如图5-2。

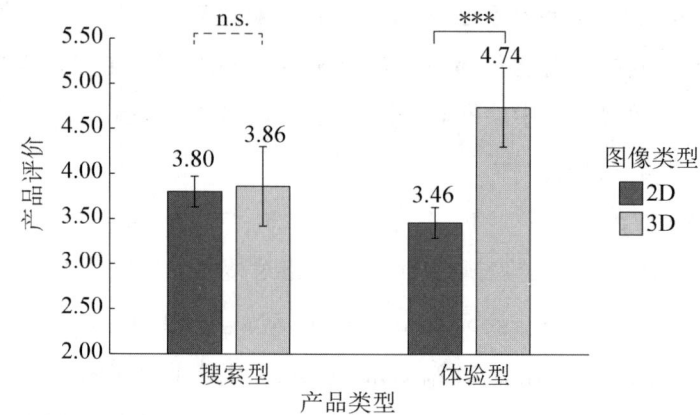

注：*** $p<0.001$，n.s.表示不存在显著差异。

图5-2　图像类型与产品类型对产品评价的交互效应（实验1）

（三）讨论

上述实验结果验证了H1，即产品类型与图像类型的交互效应影响了产品评价，对于搜索型产品而言，不同的产品图像类型，消费者的产品评价没有差异；对于体验型产品而言，不同的产品图像类型，消费者的产品评价有显著差异，3D图像的产品评价显著高于2D图像的产品评价。但实验1还存在以下不足：实验只证明了产品类型与图像类型的交互效应对产品评价的影响，未能说明这一影响关系的具体机制。以上不足我们将在实验2中解决，探究图像类型和产品类型影响产品评价的中介机制。

五、实验2：心理表象的中介效应

（一）被试选择与实验流程

通过利用G*power软件计算出在显著性水平为0.05且效应量为中等水平（f=0.25）时，预测达到80%的统计力水平的总样本量至少为128名。实验 3 通过问卷星平台招募 184 名大学生被试。通过一道注意力测试题（在 27362189 这串数字中，倒数第三个数字是 8？请选择：1=非常不符合，7=非常符合），剔除未正确回答此问题的数据样本。同时，将数据样本中全部填写相同极端值以及答题时间过短的数据样本剔除。最终得到有效样本 132 份，其中男生 64 人，女生 68 人，平均年龄 21.74±2.28 岁。

实验 2 采用 2（图像类型：2D vs. 3D）×2（产品类型：搜索型 vs. 体验型）被试间实验设计，中介变量为心理表象，因变量为产品评价。在检验图像类型和产品类型对产品评价影响的基础上，检验心理表象是否中介了该过程。

将 132 名被试随机分为 4 组：2D 图像×搜索型产品组 34 人、3D 图像×搜索型产品组 34 人、2D 图像×体验型产品组 32 人、3D 图像×体验型产品组 32 人。在实验中，被试在完成性别和年龄的信息采集后，阅读指导语"请您想象正在某购物网站上查看商品信息，以下是您浏览的广告图像和广告语（具体实验材料图片见附录 3 中的图 5—图 8），请您仔细阅读后，根据看到的信息填答后面的问题"。查看完产品图像后，被试需要填写产品评价量表[30]，该量表的 Cronbach's α 系数为 0.87。

接下来，被试需要填写心理表象量表[34]，该量表包含 3 个题项，具体包括"觉得脑海中浮现的产品图像的程度（1=根本没有；7=很大程度）"，"脑海中浮现出的此类图像的数量（1=很少或没有图像；7=很多图像）"，"对产品的想象程度（1=根本不存在；7=在很大程度上）"。采用 7 点计分（1=根本没有，7=很大程度上）。其中所有题目都是正向计分题。该量表得分越高，说明被试的心理表象水平越高。在本研究中，该量表的 Cronbach's α 系数为 0.88。

（二）实验结果

1. 操纵检验

进行配对样本 t 检验发现，笔记本电脑组对搜索品质维度上的评分显著高于体验品质维度（$M_{搜索品质}$=5.29，SD=1.12；$M_{体验品质}$=2.72，SD=1.27；t=17.66，p<0.001，d=2.15；$α_{体验品质}$=0.93，$α_{搜索品质}$=0.92），太阳镜对体验品质维度上的评分显著高于搜索品质维度（$M_{搜索品质}$=3.20，SD=1.36；$M_{体验品质}$=5.31，SD=1.39；

$t=-11.59$,$p<0.001$,$d=1.53$;$\alpha_{体验品质}=0.87$,$\alpha_{搜索品质}=0.97$)。

2D 图像对 2D 维度上的评分显著高于 3D 维度（$M_{2D}=5.06$,$SD=1.54$；$M_{3D}=2.46$,$SD=0.88$；$t=17.00$,$p<0.001$,$d=2.07$；$\alpha_{2D}=0.80$,$\alpha_{3D}=0.80$），3D 图像对 3D 维度上的评分显著高于 2D 维度（$M_{2D}=2.34$,$SD=0.90$；$M_{3D}=5.18$,$SD=1.48$；$t=-18.61$,$p<0.001$,$d=2.32$；$\alpha_{2D}=0.79$,$\alpha_{3D}=0.83$）。结果表明，操作有效地影响了参与者。

2. 假设检验

产品评价。图像类型的主效应显著（$F(1,128)=8.99$,$p<0.01$,$\eta_p^2=0.07$），具体来说，3D 图像的产品评价显著高于 2D 图像的产品评价（$M_{3D}=4.48$,$SD=1.57$；$M_{2D}=3.81$,$SD=1.21$）；产品类型的主效应不显著（$F(1,128)=2.03$,$p>0.05$,$\eta_p^2=0.02$），搜索型产品和体验型产品的产品评价不存在显著差异；最后，图像类型和产品类型对产品评价的交互效应显著（$F(1,128)=13.65$,$p<0.01$,$\eta_p^2=0.10$）。进一步简单效应分析表明，对于搜索型产品时，2D 图像和 3D 图像的产品评价不存在显著差异（$F(1,128)=0.25$,$p>0.05$,$\eta_p^2=0.00$；$M_{2D}=4.07$,$SD=0.91$；$M_{3D}=3.90$,$SD=1.46$）。对于体验型产品时，2D 图像和 3D 图像的产品评价存在显著差异（$F(1,128)=21.73$,$p<0.01$,$\eta_p^2=0.15$），3D 图像的产品评价显著高于 2D 图像的产品评价（$M_{2D}=3.54$,$SD=1.42$；$M_{3D}=5.09$,$SD=1.46$）。如图 5-3。

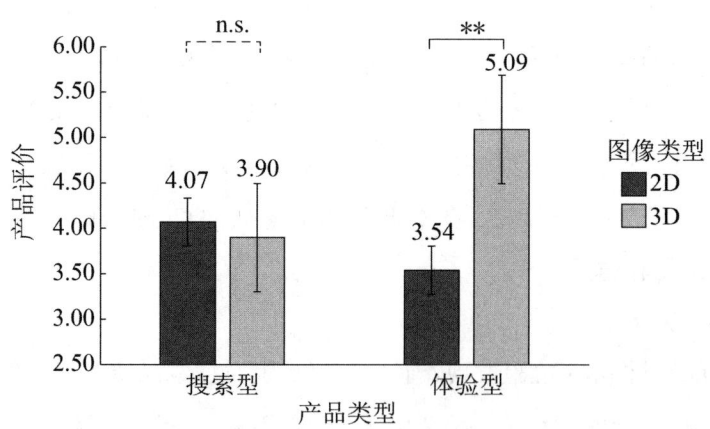

注：** $p<0.01$，n.s.表示不存在显著差异。

图5-3 图像类型与产品类型对产品评价的交互效应（实验2）

心理表象。图像类型的主效应显著（$F(1, 128)=8.07$，$p<0.01$，$\eta_p^2=0.06$），具体来说，3D 图像的心理表象水平显著高于 2D 图像的心理表象水平（$M_{3D}=4.17$，$SD=1.66$；$M_{2D}=3.40$，$SD=1.61$）；产品类型的主效应不显著（$F(1, 128)=0.261$，$p>0.05$，$\eta_p^2=0.02$），搜索型产品和体验型产品的心理表象水平不存在显著差异；最后，图像类型和产品类型对心理表象的交互效应显著（$F(1, 128)=6.19$，$p<0.05$，$\eta_p^2=0.05$）。进一步简单效应分析表明，对于搜索型产品，2D 图像和 3D 图像的心理表象水平不存在显著差异（$F(1,128)=0.06$，$p>0.05$，$\eta_p^2=0.00$；$M_{2D}=3.67$，$SD=1.59$；$M_{3D}=3.77$，$SD=1.79$）。对于体验型产品，2D 图像和 3D 图像的心理表象水平存在显著差异（$F(1, 128)=13.78$，$p<0.01$，$\eta_p^2=0.10$），3D 图像的心理表象水平显著高于 2D 图像的心理表象水平（$M_{2D}=3.11$，$SD=1.61$；$M_{3D}=4.60$，$SD=1.40$）。如图 5-4。

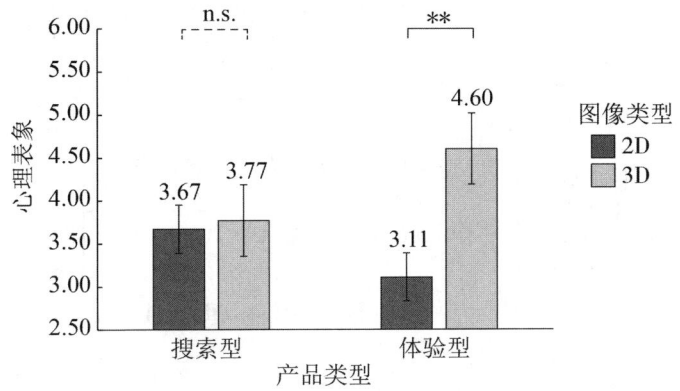

注：** $p<0.01$，n.s.表示不存在显著差异。

图5-4　图像类型与产品类型对心理表象的交互效应（实验2）

调节的中介分析。本研究以图像类型为自变量，以产品评价为因变量，心理表象为中介变量，以产品类型为调节变量，采用 Bootstrapping（PROCESS Model 8；Hayes，2013）分析调节中介效应。结果表明，图像类型和产品类型对心理表象的交互效应显著（β=1.39，95% CI=[0.29，2.50]不包含 0），图像类型和产品类型对产品评价的交互效应显著（β=1.39，95%CI=[0.48，2.29]不包含 0），同时，心理表象又会显著地影响产品评价（β=0.24，95%CI=[0.10，0.38]不包含 0）。当产品类型为搜索型产品时，图像类型对产品评价的间接效应不显著（indirect effect β=0.02，95%CI=[-0.18，0.24]包含 0）。当产品类型为体验型产品时，图像类型对产品评价的间接效应显著（indirect effect β=0.35，95%CI=[0.11，0.68]包含 0）。总而言之，图像类型和产品类型对产品评价的交互效应显著，且心理表象起到中介作用，如图 5-5。

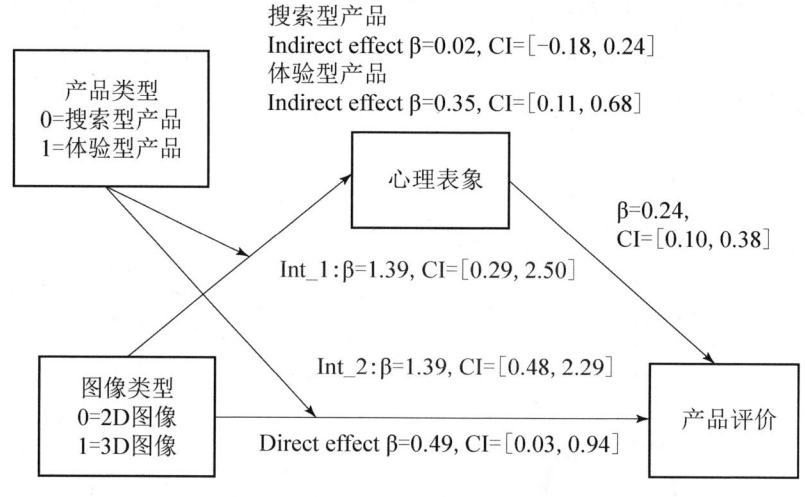

图5-5　有调节的中介效应（实验2）

（三）讨论

上述实验结果验证了 H2，即心理表象在产品类型与图像类型对产品评价的影响中起中介效应。具体来说，当产品类型为体验型产品时，图像类型会通过心理表象显著影响产品评价，但当产品类型为搜索型产品时，图像类型对产品评价的间接效应不显著。实验 1 和实验 2 都论证了图像类型和产品类型的交互效应对产品评价的影响，但它们还存在以下不足：此前实验并未对消费情景具体为购物情境还是浏览情境做出区分，对于不同消费情境下实验可能会产生不同的实验结果。以上不足我们将在实验 3 中解决，探究图像类型和产品类型影响产品评价的边界条件。

六、实验3：线上消费情境的调节效应

（一）被试选择与实验流程

通过利用 G*power 软件计算出在显著性水平为 0.05 且效应量为中等水平（f=0.25）时，预测达到 80%的统计力水平的总样本量至少为 128 名。实验 3 通过问卷星平台招募 256 名大学生被试。通过一道注意力测试题（在 27362189 这串数字中，倒数第三个数字是 8？请选择：1=非常不符合，7=非常符合），剔除未正确回答此问题的数据样本。同时，将数据样本中全部填写相同极端值以及答题时间过短的数据样本剔除。最终得到有效样本 219 份，其中男生 117 人，女生 102 人，平均年龄 21.79±1.97 岁。

实验 3 采用 2（图像类型：2D vs. 3D）×2（产品类型：搜索型 vs.体验型）×2（消费情境：购买 vs.浏览）被试间实验设计，中介变量为心理表象，因变量为产品评价。在检验图像类型和产品类型对产品评价的交互效应的基础上，探查消费情境的调节效应。

将 219 名被试随机分为 8 组：2D 图像×搜索型产品×浏览情境组 25 人、2D 图像×搜索型产品×购买情境组 28 人、3D 图像×搜索型产品×浏览情境组 28 人、3D 图像×搜索型产品×购买情境组 25 人、2D 图像×体验型产品×浏览情境组 29 人、2D 图像×体验型产品×购买情境组 30 人、3D 图像×体验型产品×浏览情境组 27 人、3D 图像×体验型产品×购买情境组 27 人。

为了操纵消费情境，借鉴了前人的研究方法[30]。实验 3 虚构了一家名叫 TAK 的网上商店，在购买情景下，让被试想象他们收到了一张礼券，并用它在 TAK 在线商店购买服装产品。被试阅读指导语"请您想象自己得到了一张礼品券，可以使用礼品券在网上商店 TAK 购买手机。您正在查看商品信息，打算给自己买一台手机"。在浏览情景下，告诉被试他们可以浏览 TAK 在线商店。被试阅读的指导语为"请您想象自己正在网上商店 TAK 浏览手机的商品信息"（具体实验材料图片见附录 3 中的图 9—图 12）。被试查看材料后对自己的参与程度进行评分，题项为"我认为自己参与了该过程"（1=一点也不，7=非常）。查看完产品图像后，被试需要填写产品评价量表[29]，该量表的 Cronbach's α 系数为 0.77。接下来，被试需要填写心理表象的量

表，该量表的 Cronbach's α 系数为 0.87。

（二）实验结果

1. 操纵检验

配对样本 t 检验发现，在浏览情境中的浏览参与度显著高于购买情境中的浏览参与度（$M_{浏览}$=5.51，SD=1.30；$M_{购买}$=3.37，SD=1.51；t=17.95，p<0.001，d=1.52；$α_{浏览情境}$=0.96，$α_{购买情境}$=0.94）；在购买情境中的购买参与度显著高于浏览情境中的购买参与度（$M_{浏览}$=2.67，SD=1.11；$M_{购买}$=5.54，SD=1.38；t=-24.76，p<0.001，d=2.29；$α_{浏览情境}$=0.96，$α_{购买情境}$=0.90）。

手机组对搜索品质维度上的评分显著高于体验品质维度（$M_{搜索品质}$=5.26，SD=1.26；$M_{体验品质}$=2.75，SD=1.37；t=19.64，p<0.001，d=1.91；$α_{体验品质}$=0.83，$α_{搜索品质}$=0.93），服装组对体验品质维度上的评分显著高于搜索品质维度（$M_{搜索品质}$=3.38，SD=1.34；$M_{体验品质}$=5.40，SD=1.30；t=-14.59，p<0.001，d=1.53；$α_{体验品质}$=0.85，$α_{搜索品质}$=0.96）。

2D 图像对 2D 维度上的评分显著高于 3D 维度（M_{2D}=5.23，SD=1.43；M_{3D}=2.60，SD=1.04；t=22.46，p<0.001，d=2.10，$α_{2D}$=0.81，$α_{3D}$=0.93），3D 图像对 3D 维度上的评分显著高于 2D 维度（M_{2D}=2.52，SD=0.98；M_{3D}=5.15，SD=1.55；t=-21.14，p<0.001，d=2.03；$α_{2D}$=0.93，$α_{3D}$=0.91）。结果表明，操作有效地影响了参与者。

2. 假设检验

产品评价。图像类型的主效应显著（$F(1, 128)$=9.68，p<0.01，$η_p^2$=0.04），具体来说，3D 图像的产品评价显著高于 2D 图像的产品评价（M_{3D}=4.49，SD=1.63；M_{2D}=3.82，SD=1.64）。图像类型、产品类型、消费情境的交互效应显著（$F(1, 128)$=9.19，p<0.01，$η_p^2$=0.04）。具体来说，在浏览情境下，对于搜索型产品，2D 图像和 3D 图像的产品评价不存在显著差异（$F(1, 128)$=0.00，p>0.05，$η_p^2$=0.00；M_{2D}=4.02，SD=1.45；M_{3D}=4.02，SD=1.42），对于体验型产品，2D 图像和 3D 图像的产品评价存在显著差异（$F(1, 128)$=8.39，p<0.05，$η_p^2$=0.04；M_{2D}=3.65，SD=1.60；M_{3D}=4.90，SD=1.59）；在购买情境下，对于搜索型产品，2D 图像和 3D 图像的产品评价存在

显著差异（$F(1, 128)=10.44$，$p<0.05$，$\eta_p^2=0.05$；$M_{2D}=3.64$，$SD=1.86$；$M_{3D}=5.08$，$SD=1.63$），对于体验型产品，2D 图像和 3D 图像的产品评价不存在显著差异（$F(1, 128)=0.01$，$p>0.05$，$\eta_p^2=0.00$；$M_{2D}=4.00$，$SD=1.65$；$M_{3D}=4.04$，$SD=1.64$）。如图 5-6。

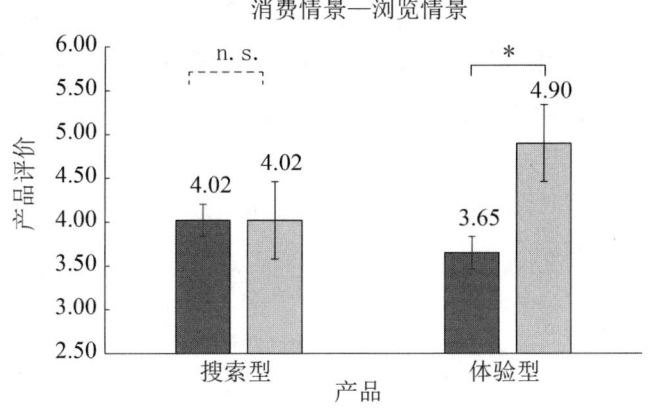

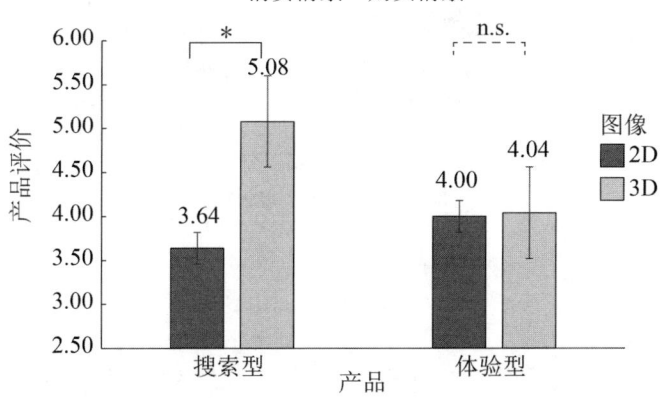

注：$* p < 0.05$，n.s.表示不存在显著差异。

图5-6 消费情境、图像类型、产品类型对产品评价的交互效应（实验3）

心理表象。图像类型的主效应显著（$F(1, 128)=9.33$，$p<0.01$，$\eta_p^2=0.04$），具体来说，3D 图像的心理表象显著高于 2D 图像的心理表象（$M_{3D}=4.30$，$SD=1.56$；$M_{2D}=3.66$，$SD=1.57$）；图像类型、产品类型、消费情境的交互效应显著（$F(1, 128)=8.90$，$p<0.01$，$\eta_p^2=0.04$）。具体来说，在浏览情境下，对于搜索型产品，2D 图像和 3D 图像的心理表象不存在显著差异（$F(1, 128)=$

0.09，$p>0.05$，$\eta_p^2=0.00$；$M_{2D}=4.00$，$SD=1.65$；$M_{3D}=4.08$，$SD=1.72$），对于体验型产品，2D 图像和 3D 图像的心理表象存在显著差异（$F(1, 128)=19.71$，$p<0.05$，$\eta_p^2=0.04$；$M_{2D}=3.34$，$SD=1.54$；$M_{3D}=4.53$，$SD=1.48$）；在购买情境下，对于搜索型产品，2D 图像和 3D 图像的心理表象存在显著差异（$F(1, 128)=24.22$，$p<0.05$，$\eta_p^2=0.05$；$M_{2D}=3.38$，$SD=1.42$；$M_{3D}=4.73$，$SD=1.35$），对于体验型产品，2D 图像和 3D 图像的心理表象不存在显著差异（$F(1, 128)=0.04$，$p>0.05$，$\eta_p^2=0.00$；$M_{2D}=3.96$，$SD=1.63$；$M_{3D}=3.90$，$SD=1.60$）。如图 5-7。

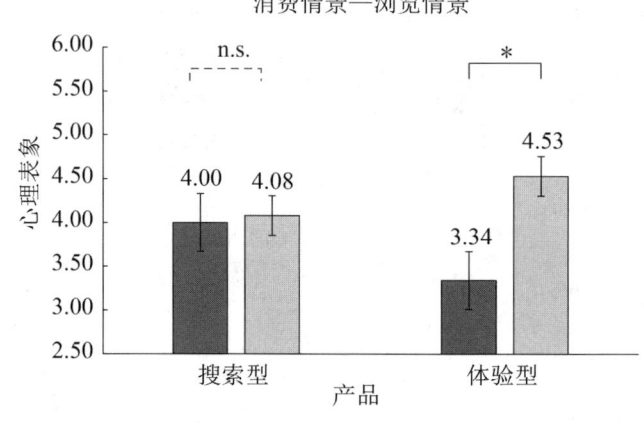

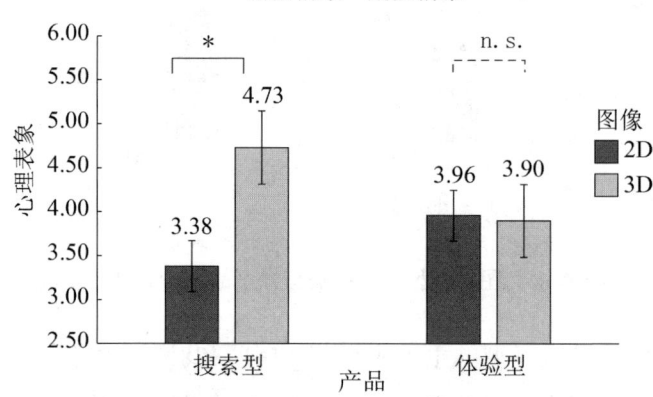

注：$*p<0.05$，n.s.表示不存在显著差异。

图5-7　消费情境、图像类型、产品类型对心理表象的交互效应（实验3）

调节的中介分析。本研究以图像类型为自变量，以产品评价为因变量，心理表象为中介变量，以产品类型为调节变量1，消费情境为调节变量2，采用Bootstrapping（PROCESS Model 12；Hayes，2013）分析产品类型的调节中介效应。结果表明，消费情境、图像类型、产品类型对心理表象的交互效应显著（β=-2.51，95%CI=[-4.17，-0.85]），图像类型、产品类型、消费情境的交互效应会显著地影响产品评价（β=-2.00，95%CI=[-3.71，-0.29]），同时，心理表象又会显著地影响产品评价（β=0.26，95%CI=[0.12，0.40]）。在浏览情境×体验型产品（indirect effect β=0.31，95%CI=[0.07，0.63]）和购买情境×搜索型产品（indirect effect β=0.35，95%CI=[0.09，0.72]）的条件下，图像类型对产品评价的间接效应显著，而在浏览情境×搜索型产品（indirect effect β=0.02，95%CI=[-0.22，0.31]）和购买情境×体验型产品（indirect effect β=-0.01，95%CI=[-0.26，0.23]）的条件下，图像类型对产品评价的间接作用不显著。总而言之，消费情境、图像类型、产品类型的交互效应会通过心理表象有效地影响产品评价。如图5-8。

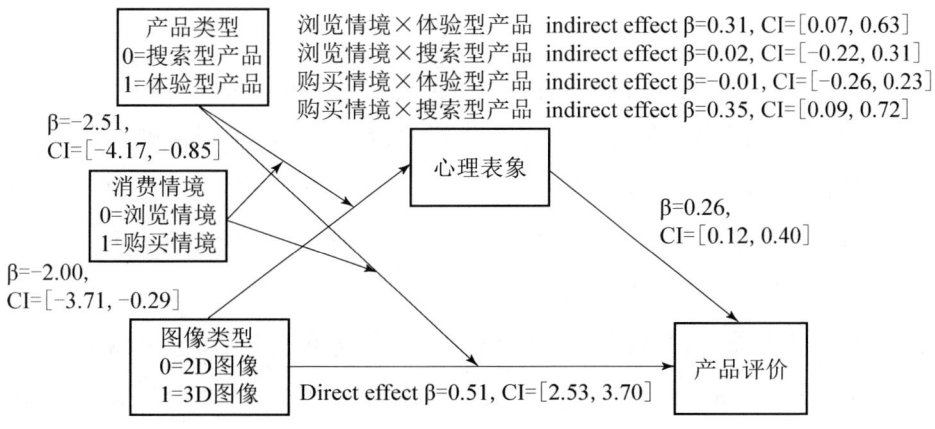

图5-8 有调节的中介效应（实验3）

（三）讨论

上述实验结果验证了H3，即消费情境在产品类型与图像类型对产品评价的影响中起调节效应。在购买情境下，对于搜索型产品，图像类型和产品类型的匹配对产品评价具有显著影响，搜索型产品和3D图像匹配时更能提高产品评价；对于体验型产品，图像类型对产品评价无显著影响。而在浏览情境下，对于搜索型产品，图像类型对产品评价无显著影响；对于体验型产品，图像类型和产品类型的匹配对产品评价具有显著影响，体验型产品和3D图像匹配时更能提高产品评价。心理表象在图像类型、产品类型、消费情境对产品评价的交互效应中起中介效应。

七、总讨论

本研究探讨了在3项实验中，图像类型和产品类型是否以及何时会影响产品评价。结果显示，当3D图像与体验型产品匹配时更能够提高消费者对产品的评价（实验1）。心理表象在图像类型和产品类型对产品评价的影响中起中介效应（实验2）。更重要的是，本研究为这种效应提出了一个边界条件，即消费情境。消费情境在图像类型和产品类型对产品评价的交互效应之间起调节效应。具体来说，在购买情境下，3D图像与搜索型产品匹配时能够提高心理表象水平，从而进一步提高对产品的评价；在浏览情境下，3D图像与体验型产品匹配时能够提高心理表象水平，从而进一步提高消费者对产品的评价（实验3）。

实验1结果表明，图像类型和产品类型的交互效应会显著影响消费者对产品的评价。所得研究结果与以往研究结果相同，3D图像能够产生更高的产品评价[25]。本研究在此基础上加入产品类型这一变量进行了拓展研究，具体来说，对于体验型产品，3D图像比2D图像的产品评价更高，而对于搜索型产品来说，3D图像和2D图像无显著差异。

实验2结果表明，心理表象中介了图像类型和产品类型对产品评价的影响，即图像类型和产品类型能够通过心理表象的中介效应影响消费者的产品评价。该结果支持了以往的研究结果[1, 24]，3D图像相比于2D图像能够提供更多空间信息，连续动态的图像更能够满足消费者对产品心理模拟的需求，因此会产生更高的产品评价。本研究在此基础上进一步进行探讨，对于不同的产品类型，心理表象对图像类型的中介效应并不一致，消费者对于搜索型产品更需要的是精确的信息来进行评价，心理表象对搜索型产品并没有起到作用，但在体验型产品中，消费者需要通过感受产品来进行评价，在心理表象的中介作用下，3D图像比2D图像更能够满足消费者的需求，消费者对产品的评价也更高，因此，心理表象介导了图像类型和产品类型对产品评价的影响。

实验 3 结果表明，消费情境在图像类型与产品类型的交互效应对产品评价的影响之间起调节效应。所得结果与以往研究结果相同，消费情境充当调节变量影响广告图像对产品评价的作用机制。本研究拓展了先前的研究，心理表象在图像类型、产品类型和消费情境对产品评价的三重交互效应中起中介效应。具体来说，在购买情境下，3D 图像与搜索型产品匹配时通过提高心理表象水平，从而进一步提高消费者对产品的评价；在浏览情境下，3D 图像与体验型产品匹配时通过提高心理表象水平，从而提高消费者对产品的评价。

参考文献

[1] Liu Y, Jiang Z, Chan H C. Touching products virtually: Facilitating consumer mental imagery with gesture control and visual presentation[J]. Journal of Management Information Systems, 2019, 36（3）: 823–854.

[2] Gu Z , Tayi G K. Consumer pseudo-showrooming and omni-channel placement strategies[J]. MIS Quarterly, 2017, 41（2）: 583–606.

[3] Hong Y, Pavlou P A. Product fit uncertainty in online markets: Nature, effects, and antecedents[J]. Information Systems Research, 2014, 25（2）: 328–344.

[4] Daroch B, Nagrath G, Gupta A. A study on factors limiting online shopping behaviour of consumers[J]. Rajagiri Management Journal, 2021, 15（1）: 39–52.

[5] Ramezani Nia M, Shokouhyar S. Analyzing the effects of visual aesthetic of Web pages on users' responses in online retailing using the VisAWI method[J]. Journal of Research in Interactive Marketing, 2020, 14（4）: 357–389.

[6] Li Y, Xie Y. Is a picture worth a thousand words? An empirical study of image content and social media engagement[J]. Journal of Marketing Research,

2020, 57（1）: 1–19.

[7] Klein L R. Creating virtual product experiences: The role of telepresence[J]. Journal of interactive Marketing, 2003, 17（1）: 41–55.

[8] Debbabi S, Daassi M, Baile S. Effect of online 3D advertising on consumer responses: The mediating role of telepresence[J]. Journal of Marketing Management, 2010, 26（9）: 967–992.

[9] Grigorovici D M, Constantin C D. Experiencing interactive advertising beyond rich media: Impacts of ad type and presence on brand effectiveness in 3D gaming immersive virtual environments[J]. Journal of Interactive Advertising, 2004, 5（1）: 22–36.

[10] Edwards S M, Gangadharbatla H. The novelty of 3D product presentations online[J]. Journal of Interactive Advertising, 2001, 2（1）: 10–18.

[11] 陈瑞霞, 李园园. 在线评论有用性的影响因素研究——品牌声誉和产品类型的调节效应[J]. 运筹与管理, 2023, 32（2）: 193–199.

[12] Weathers D, Sharma S, Wood S L. Effects of online communication practices on consumer perceptions of performance uncertainty for search and experience goods[J]. Journal of Retailing, 2007, 83（4）: 393–401.

[13] Sweller J, Sweller S. Natural information processing systems[J]. Evolutionary Psychology, 2006, 4（1）: 434–458.

[14] 叶晓燕, 张得龙, 常松, 刘鸣. 视觉表象个体差异及其神经基础[J]. 心理科学进展, 2018, 26（7）: 1186–1192.

[15] Zhou Z, Zheng L, Li X. Abstract or concrete? The influence of image type on consumer attitudes[J]. International Journal of Consumer Studies, 2021, 45（5）: 1132–1146.

[16] Eric D, Ryan S. Harmful effects of mental imagery and customer orientation during new product screening[J]. Journal of Marketing Research, 2019, 56（4）: 637–651.

[17] Gavilan D, Avello M. Brand-evoked mental imagery: The role of brands

in eliciting mental imagery[J]. SAGE Open, 2020, 10（4）: 215–224.

[18] Jang W E, Lee S Y, Asada A. Self-imagery and advertising effectiveness: The role of sense of presence[J]. The Journal of General Psychology, 2023, 150（2）: 212–233

[19] Krishna A. An integrative review of sensory marketing: Engaging the senses to affect perception, judgment and behavior[J]. Journal of Consumer Psychology, 2012, 22（3）: 332–351.

[20] Krishna A, Schwarz N. Sensory marketing, embodiment, and grounded cognition: A review and introduction[J]. Journal of Consumer Psychology, 2014, 24（2）: 159–168.

[21] Castaño R, Sujan M, Kacker M. Managing consumer uncertainty in the adoption of new products: Temporal distance and mental simulation[J]. Journal of Marketing Research, 2008, 45（3）: 320–336.

[22] Huang J, Wang L, Chan E Y. Larger=more attractive? Image size on food packages influences purchase likelihood[J]. Psychological & Marketing, 2022, 39（6）: 1257–1266.

[23] Skard S, Knudsen E S, Sjåstad H, et al. How virtual reality influences travel intentions: The role of mental imagery and happiness forecasting[J]. Tourism Management, 2021, 87: 104360.

[24] Kim Y, Krishnan R. On product-level uncertainty and online purchase behavior: An empirical analysis[J]. Management Science, 2015, 61（10）: 2449–2467.

[25] Simmons W K, Martin A, Barsalou L W. Pictures of appetizing foods activate gustatory cortices for taste and reward[J]. Cerebral Cortex, 2005, 15（10）: 1602–1608.

[26] Krishna A, Morrin M, Sayin E. Smellizing cookies and salivating: A focus on olfactory imagery[J]. Journal of Consumer Research, 2014, 41（1）: 18–34.

[27] Peck J, Barger V A, Webb A. In search of a surrogate for touch: The effect of haptic imagery on perceived ownership[J]. Journal of Consumer Psychology, 2013, 23（2）: 189–196.

[28] Campos A. Spatial imagery: A new measure of the visualization factor[J]. Imagination, Cognition and Personality, 2009, 29（1）: 31–39.

[29] Klatzky R L, Peck J. Please touch: Object properties that invite touch[J]. IEEE Transactions on Haptics, 2012, 5（2）: 139–147.

[30] Wu R, Li Y. The effect of human model image backgrounds on consumer responses: empirical evidence from a Chinese apparel e-retailer[J]. Asia Pacific Journal of Marketing and Logistics, 2021, 33（8）: 1844–1860.

[31] Miller D W, Stoica M. Comparing the effects of a photograph versus artistic renditions of a beach scene in a direct-response print ad for a Caribbean resort island: A mental imagery perspective[J]. Journal of Vacation Marketing, 2004, 10（1）: 11–21.

[32] Pennings M C, Striano T, Oliverio S. A picture tells a thousand words: Impact of an educational nutrition booklet on nutrition label gazing[J]. Marketing Letters, 2014, 25（4）: 355–360.

[33] Huang L, Tan C H, Ke W. Comprehension and assessment of product reviews: A review-product congruity proposition[J]. Journal of Management Information Systems, 2013, 30（3）: 311–343.

[34] Xu X, Chen R, Jiang L. The influence of payment mechanisms on pricing: When mental imagery stimulates desire for money[J]. Journal of Retailing, 2020, 96（2）: 178–188.

第六章

新产品营销情境中心理表象的诱发与影响

第六章　新产品营销情境中心理表象的诱发与影响　/　195

第一节　研究背景

作为一种前瞻性的心理过程，心理表象可以直接应用于新产品开发中，尤其是尚未创造出来的产品。表象能够影响新产品设计、新产品创意以及将新产品引入市场的预期成功性。

对于新产品设计而言，拟议的新产品与现有产品之间可能存在巨大差异。如果新产品的设计仅与现有产品存在增量上的差异，可能不需要消费者表象发挥作用；然而，真正的新产品，即对比当前产品出现重大变革的产品，在表象形象化之后，消费者对这种产品的评价明显更为有利。当消费者评估新产品时，新产品所呈现出的信息类型也会影响表象的处理量。当使用具体的语言描述产品时，消费者在卷入回溯性视觉表象时给出的评价更为有利。相反，当使用抽象语言描述产品时，消费者在卷入前瞻性、预期性的视觉表象时给出的评价更为有利。表象的处理量在信息描述类型和新产品评价之间起到了中介效应。

设计师在新产品设计过程中使用的表象会直接影响设计结果，包括感知原创性、感知有用性以及产品的整体吸引力。当设计师在产品设计过程中注重想象力（vs.记忆）时，其他人会认为他的设计更具原创性和吸引力。相较于设计师没有对消费者使用产品的情况展开想象，将"消费者使用产品"这一表象纳入到产品设计过程中，也会提高新产品的感知有用性和吸引力。

作为一种更为自动化的心理表象，心理模拟指个体对单一事件或者一系列事件的模拟性心理表征[1]。在新产品营销情境中，消费者对购买新产品后的场景进行想象，可能涉及如何使用该产品及为什么使用该产品两方面内容，前者聚焦于产品使用的流程，后者聚焦于产品使用的收益[2,3]。基于此，曾伏娥等将心理模拟分为过程模拟和结果模拟，其研究结果发现，心理模拟有助于提高消费者的感知产品创新，且相比于过程模拟，结果模拟能显著提高感知产品创新的新颖性[2]。

另一些研究者把消费者对广告生成的心理模拟分为另外两种类型：一

种为感觉模拟,即想象某种产品的目标消费者使用产品时的主观感受;一种为客观模拟,即想象某种产品的目标消费者如何客观地看待产品以及在使用产品时如何与产品互动,即根据客观事实对产品展开想象[4]。他们发现,采用感觉模拟(vs.客观模拟)的消费者具有更高水平的移情关怀、更强的认知灵活性和创新性思维。具体做法是研究者要求被试设计幼儿园的内部空间,并且要求被试想象孩子们在内部空间中的感受(vs.孩子们如何使用内部空间)。结果显示,采用感觉表象的设计师更能提升新产品的感知原创性。有研究者借鉴此范式对心理模拟进行操纵:引导被试想象为老年消费者设计购物车,被试被告知他们在设计过程中担任产品设计师的角色。感觉模拟组的被试被要求闭上眼睛,想象老年人使用购物车时的感受和体验,并根据老年人的感受和体验设计购物车。客观模拟组的被试被要求闭上眼睛,想象老年人如何客观地看待自己和购物车之间的互动,并根据老年人的客观想法设计购物车[5]。

尽管大多数研究建议在开发新产品时应该以消费者为导向,但这种表象也可能有负面影响。在新产品开发的筛选阶段,关注消费者的结果是使得营销管理者卷入到"消费者与产品互动"的心理表象之中。这一表象导致营销管理们盲目乐观地认为该产品将获得成功,并会被许多消费者采纳。这种表象的消极后果是即使较差的产品创意也可能获得管理者的有利评价。从管理者和消费者的双重视角来看,表象在新产品开发中起着关键作用。未来的研究有必要探索表象的形成过程如何影响管理者。容易生成的表象可能会导致过度自信。管理者或消费者表象生成的流畅性可能会影响重要的营销效果。

第二节 心理模拟对绿色环保食品购买意愿和感知创新性的影响

一、问题的提出

食品浪费是一个紧迫的全球性问题,发生在食物系统的两个阶段:消费前和消费后。餐前浪费发生在食品制造、加工、配送和零售过程中。消费后浪费发生在家庭食品管理和消费过程中。这种损失对环境、经济和公共健康造成了严重的负面影响。粮食损失会对环境产生负面影响，因为当粮食被浪费时，其生产中使用的自然资源和相关的排放被浪费了。首先，垃圾填埋场中食物垃圾分解产生甲烷和二氧化碳——这两种温室气体导致气候变化。其次，在经济方面，食物浪费对农民和消费者的收入有直接负面影响。最后，在公共健康方面，食物浪费降低了食物的可获得性，尤其是营养丰富的食物。

食品回收层次结构表明，可以通过减少过剩食品的生产来尽量减少食物浪费。因此，一种符合需求的食品应运而生。绿色环保食品是通过一种新的烹饪方法生产的，解决了食物浪费的问题。食品公司利用食品浪费的材料作为生产绿色环保食品的主要来源。绿色环保食品是一个相对较新的食品类别，例如，加工厂从豆浆中生产出一种面粉作为豆浆生产的副产品。此外，消费者也可以通过选择可持续食品来为可持续社会做出贡献。总体而言，消费绿色环保食品是减少资源浪费和促进可持续消费者行为的方法之一。因此，如何提高消费者对绿色环保食品的购买意愿，对可持续消费者行为和绿色环保食品的开发和发展具有重要意义。

绿色环保食品能否在实际市场上取得成功，取决于消费者对食品的接受程度。然而，关于消费者对绿色环保食品的购买意愿的研究较少，特别是对绿色环保食品的营销传播工具不足。并且，消费者的心理机制尚未被探索。因此，本研究提出通过营销沟通技能的心理模拟启动，提高消费者对绿色环保食品的产品评价和购买意愿。

同时，企业生产创新类产品是保持竞争优势的关键，扭转消费者对新产品较低的接受度也是企业创新成功的关键。如何才能有效提高消费者对新产品的接受度？学者及营销人员对此类新产品进行了大量探索。与传统食品相比，绿色环保食品具有明显的创新意义，然而，与传统食品相比，消费者购买绿色环保食品的意愿较低。有研究者对此做出了解释，绿色环保食品有两个特征：创新型和不确定性。前者对于企业营销是有启示作用的，后者则反映了消费者由于缺乏对绿色环保食品的使用经验，对这类新产品还存在疑虑。消费者购买绿色环保食品的主要因素在于他们感知到绿色环保食品具有相对优势，即感知产品创新，不确定性主要是在感知产品创新引发购买意向的基础上，对购买决策起到一定的阻碍作用。从消费者的角度出发，感知产品创新对消费者购买意愿有显著的正向影响作用[6]。本研究认为，可以通过提高消费者感知产品创新来正向促进购买意愿，所以全面理解消费者为何采纳绿色环保食品，需要从感知产品创新的角度加以分析。

通过心理模拟，个体可以从两个方面对事物进行想象：一方面，想象在体验某事物的主观感受，被称为"感觉模拟"；另一方面，想象在体验事物后结果上的获利，被称为"客观模拟"。感觉模拟关注情境化的抽象概述，客观模拟关注去情境化的具体细节。基于此，本研究引用解释水平理论，推测感觉模拟和客观模拟将使个体启动不同的解释水平，进而影响感知产品创新。此外，消费者在阅读有关权威方发布的质疑或支持绿色环保食品的信息时，会产生不同程度的质疑，而消费者质疑和感知产品创新有着密切的联系。因此，本研究将以消费者质疑为调节变量，考虑在不同程度的消费者质疑下，心理模拟对感知产品创新的影响差异。

二、理论基础与研究假设

（一）心理模拟理论

本研究沿用以往研究的分类方式[4]，把心理模拟分为感觉模拟和客观模拟，感觉模拟即想象某种产品的目标消费者使用该产品时的主观感受。客观模拟即想象某种产品的目标消费者如何客观的看待该产品以及在使用该产品时如何与产品互动。本研究借鉴前人研究范式[4,5]，对心理模拟进行操纵，引导被试想象自己是设计师，并关注消费者使用绿色环保食品时的感受或关注消费者如何客观地看待和评价绿色环保食品。挖掘两种心理模拟策略对感知产品创新是否有差异，以及哪种心理模拟策略更能提高消费者的感知产品创新。

（二）解释水平理论

Trope 等提出了解释水平理论，主张个体对事件的反应取决于个体的心理表征[7]。而人们对事件的心理表征具有不同的解释水平，解释水平取决于人们所感知的与认知客体的心理距离，进而影响了人们对事物的判断和决策[8]。心理距离反映了个体主观感知的某个客体与当下状态或经验的差异程度，包括时间距离、空间距离、社会距离和概率距离四个维度[9]。心理距离较远时，解释水平更高，个体倾向于采用抽象思维模式，心理表征具有简单化、核心化、去背景化的特点；心理距离较近时，解释水平较低，个体倾向于采用具象思维模式，心理表征具有复杂化、表面化、背景化的特点。研究表明，解释水平会系统影响消费者的行为倾向[10]。例如，高解释水平的消费者更关注选择目标的价值，倾向于选择能够带来更高收益的产品；而低解释水平的消费者更关注选择目标的可行性，倾向于选择风险小、易使用的产品。有研究结果表明，解释水平在心理模拟和感知产品创新之间起中介的关系[2, 11]。该研究将心理模拟分为过程模拟和结果模拟，发现相比过程模拟，当被试进行结果模拟时，会启用更高的解释水平，进而提升感知产品创新中新颖性维度的评价。

而本研究中对心理模拟的分类与以往研究有所区别，旨在探究在本研究所采用的心理模拟区分方式下，解释水平是否还会存在中介效应。因此，本研究引入解释水平理论，以尝试对心理模拟影响感知产品创新的可能效应加以理论解释。

（三）研究假设

1. 心理模拟与购买意愿

研究发现，天然成分的展示、有关食品的品牌信息、沟通技巧和消费者之间的性别差异，都会影响消费者对绿色环保食品的购买意愿[12]。研究发现了消费者接受新食品的障碍（厌恶和新奇恐惧），并强调营销干预措施，如品牌推广，有助于提高消费者对非传统食品的接受度[13]。为绿色环保食品提供有机或本地标签可以减少消费者对绿色环保食品的新技术的恐惧，并提高接受绿色环保食品的可能性[14]。

研究者发现了不同消费者群体购买绿色环保食品的购买意愿的差异，以及这些群体的潜在特征。他们对澳大利亚和英国的消费者进行了一项调查，发现687名受访者中有近一半愿意购买绿色环保食品。这些消费者寻求地位和便利。他们还担心价格和食物浪费问题[15]。研究者分析在不同时代的消费者对绿色环保食品的购买意愿,并发现 Z 一代(1995 年至 2009 年出生)、Y 一代(1980 年至 1994 年出生)和婴儿潮一代(1946 年至 1964 年出生)更愿意购买绿色环保食品,而 X 一代(1965 年至 1979 年出生)因为担心和质疑其质量,购买意愿较低[16]。

消费者普遍接受绿色环保食品的可能性存在,但大多数消费者对绿色环保食品仍保持强烈的观望态度。由此总结了以下 4 点。第一,消费者对绿色环保食品的接受度并不高。第二,大多数消费者不熟悉绿色环保食品,对生产食品的新技术有一定的恐惧。第三,不同消费者群体之间的购买意愿存在一定的差异。例如,年轻一代有更高的购买意愿。第四,没有足够的营销工具来推广绿色环保食品。

心理模拟作为一种对营销刺激的认知加工机制,在广告营销、数字零售和新产品营销等领域得到了广泛的应用[17]。使用心理模拟策略有助于目标消费者学习和理解新产品,降低他们对新产品不确定性的感知,提高他们对新产品的评价和购买意愿[18]。人们认为,消费者使用心理模拟策略将有助于目标消费者学习和理解新产品,降低他们对新产品不确定性的认识,提高他们对新产品的评价和购买意愿[18]。因此,在新产品营销领域,心理模拟可以引导目标消费者想象使用或获得新产品的结果和好处[19],从而提高他们对新产品的接受度。与新产品类似,绿色环保食品作为一种新型食品对消费者来说相对不熟悉,有一定的质疑和新奇恐惧。因此,本研究旨在验证基于心理模拟来提高消费者对绿色环保食品的接受度,从而提高他们的购买意愿这一方法是否可行。假设当消费者使用心理模拟的学习策略时,他们可以通过想象积极的结果(如环境保护、社会可持续发展等)来更好地理解绿色环保食品,进而提高购买意愿。因此,提出实验 1 的假设。

H1:对比不诱发心理模拟,采用心理模拟学习策略可以显著提高消费者对绿色环保食品的购买意愿。

2. 解释水平的中介效应

实验 2 把消费者对绿色环保食品的积极心理模拟学习策略细分化,具体区别为感觉模拟、客观模拟。感觉模拟引导消费者想象食用绿色环保食品时的主观感受,客观模拟引导消费者想象如何客观地看待和评价绿色环保食品。

根据解释水平理论,个体会根据所处环境对外界刺激做出不一样的解释,并形成一个连续体,在理论上可以简化为高解释水平和低解释水平[7]。高解释水平关注刺激物的抽象的、一般化的和更加简单的特征,心理表征的抽象程度较高;低解释水平关注刺激物的具体的、情景化的和更加复杂的特征,心理表征的抽象程度较低[8]。

基于以上逻辑,消费者的解释水平将会影响他们对绿色环保食品的认知加工,因为绿色环保食品是非常规食品,往往被认为是创新的。感知产品创新这一变量更能反映出消费者对绿色环保食品认知加工上的区别。

因此,为了进一步直观地确定心理模拟的两种类型中(感觉模拟/客观模拟)哪一种策略更为有效,实验2不再以购买意愿为因变量,而是采用在新产品营销领域和新产品采纳领域中更常用的、与绿色环保食品自身属性更加契合的、更能反应消费者对绿色环保食品认知加工上区别的感知产品创新这一变量作为因变量。感知产品创新,指消费者主观感知到某产品在新颖性和有用性两个维度上与其他同类产品的差异程度[20]。消费者在评价、判断和决策制定时,更加关切与其解释水平相匹配的信息、经验和事物[7]。因此,启动感觉模拟的消费者,在想象时更关注食用绿色环保食品的各类感觉,比如味道、口感、情绪体验等抽象化特征。而启动客观模拟的消费者,在想象时更关注与绿色环保食品的评价和互动,比如安全、便捷等趋于表面的具体化特征。基于解释水平理论,两种心理模拟可能会对消费者的解释水平造成一定影响,从而进一步影响消费者感知产品创新。为检验上述推论,因此,提出实验2假设。

H2:解释水平中介了心理模拟对感知产品创新的影响。

H2a:对比于客观模拟,消费者采用感觉模拟时,会启用更高的解释水平,进而提高感知新颖性。

H2b:对比于客观模拟,消费者采用感觉模拟时,会启用更高的解释水平,进而提高感知有用性。

3. 消费者质疑的调节效应

绿色产品被认为具有社会和环境责任。随着消费者对与产品消费相关的环境和社会影响的认识不断提高，促进了绿色标签产品的渗透和市场份额的扩大。然而，在最终消费者中，似乎有越来越多的人对标示着绿色产品的环境和社会证书持怀疑态度。例如，有研究者调查了马来西亚的消费者，发现生态标签所披露的信息普遍缺乏可信度[21]。研究表明，有相当一部分最终消费者对生态标签的可信度提出质疑[22]。综上，消费者质疑可能是消费者接受绿色环保食品的一大障碍。

消费者质疑，指消费者对创新和新颖产品提供的好处所持有的怀疑态度[23]。有研究发现，在消费者高度质疑的情境中，渐变式广告诱发的更高水平的过程模拟更容易打消消费者质疑，从而更能够提高广告的可信度与说服力[24]。过程模拟可以通过构建可行的计划来提高说服力，而结果模拟带来更强的情绪唤醒和整体收益[25]。

基于上述结论，本研究认为，在高消费者质疑的条件下，相比客观模拟带来的强烈的情绪唤醒和整体收益，感觉模拟可以通过启动消费者想象他们偏好的饮食习惯或者积极的情绪体验来提高说服力，从而打消消费者质疑，获得更有利于绿色环保食品的评价，提高消费者解释水平，进而提高消费者感知产品创新。在低消费者质疑的条件下，即对绿色环保食品相对信任，无论消费者采用哪种心理模拟学习策略，对感知产品创新的影响不存在显著差异。

综上所述，在讨论以解释水平为内在机制的相关影响时，有必要对消费者质疑加以考虑。实验3将进一步探究在不同消费者质疑程度下，实验2中已经出现的效应是否会出现异质性，因此，提出实验3的假设。

H3：消费者质疑能够有效地调节心理模拟对感知产品创新的影响。

H3a：在高消费者质疑条件下，对比客观模拟，消费者采用感觉模拟时，会显著提高感知产品创新。

H3b：在低消费者质疑条件下，对比客观模拟，消费者采用感觉模拟时，感知产品创新不存在显著差异。

三、实验1：心理模拟对绿色环保食品购买意愿的影响

实验1旨在验证H1，对比不诱发心理模拟，采用心理模拟学习策略的消费者对绿色环保食品的购买意愿显著增加。

（一）被试选择

采用中等效应量（effect size f=0.25）及期望功效值（power=0.80），运用G*Power 3.1软件，计算计划样本量为159人以上。因此，实验1在问卷星发布线上问卷以一定报酬募集了180名消费者完成一系列有关桃山发糕购买意愿的调查活动，参与者被随机分配到3组（绿色环保食品心理模拟组vs.绿色环保食品控制组vs.传统食品控制组），最后总样本量为（N=166，女性比例58.4%），各组样本量为（$n_{绿色环保食品心理模拟组}$=57，$n_{绿色环保食品控制组}$=53，$n_{传统食品控制组}$=56）。

（二）实验材料设计和实验流程

实验1创建了一个虚拟食品品牌"桃山发糕"（36元，12片38克），并为这一虚拟品牌创造2种不同的广告图片（绿色环保食品广告图片/传统食品广告图片），实验材料主要参考了前人的研究[26]，但在产品形象选择和产品描述方面与中国市场的消费者消费习惯一致（图6-1）。

传统发糕的介绍："我们从不吝啬原料。采用天然优质小麦粉和天然压榨植物油并辅以传统工艺制造。"具体而言，传统工艺是："传统发糕的工艺和生产方法源自中国传统民间的生产方法。"

绿色环保发糕的介绍："我们的原材料是绿色环保的。采用升级回收的小麦粉和再次精炼的发酵粉并辅以升级再造工艺制造。"升级再造的工艺是："这是一种绿色工艺，即循环利用一种食品的副产品作为原料制造另外一种食品。小麦粉是由啤酒酿造过程中额外产生的谷物研磨而成，发酵剂是一种二次精炼而成的发酵粉。"

为确保这一操作的有效性，研究者在网上募集了126位参与者（年龄集中在18-40岁，女性所占比例为59.52%），随机分为2组参与前测（绿色环保食品广告图片组vs.传统食品广告图片组），各组样本量为（$n_{绿色环保食品广告图片组}$=63，$n_{传统食品组广告图片组}$=63）。将实验1中使用的不同发糕广告图片呈现给各组参与

者，要求参与者根据所获得的广告图片及图中文字对该发糕进行传统性和创造性评估（7分量表，1=非常不符合，7=非常符合，传统性感知Cronbach's α系数为0.951，创造性感知Cronbach's α系数为0.955）："你在多大程度上感觉该发糕是（传统的/古老的/守旧的）"，"你在多大程度上感觉该发糕是（创新的/先进的/进取的）"。结果表明，绿色环保食品组在创造性感知维度上的评分显著高于传统性感知维度（$M_{传统性感知}$=2.87，SD=1.59，$M_{创新性感知}$=5.56，SD=1.17，$t(62)$=-9.728，$p<0.001$），传统食品组在传统性感知维度上的评分显著高于创造性感知维度（$M_{传统性感知}$=5.55，SD=1.40，$M_{创新性感知}$=2.95，SD=1.94，$t(62)$=8.025，$p<0.001$），结果确保了实验1绿色环保食品操作的有效性。

发糕

我们从不含害原料。采用天然优质小麦粉和天然发酵粉并辅以传统工艺制造。

传统发糕的工艺和生产方法源自于中国传统民间的生产方法。

传统食品

发糕

我们的原材料是绿色环保的。采用升级回收的小麦粉和再次精炼的发酵粉并辅以升级再循环工艺制造。

这是一种绿色工艺，即循环利用一种食品的副产品作为原料制造另外一种食品。小麦粉是由啤酒酿造过程中额外产生的谷物研磨而成，发酵剂是一种二次精炼而成的安全发酵粉。

绿色环保食品

图6-1　传统食品广告图片和绿色环保食品广告图片（实验1）

正式实验中，研究者在模拟情景文字描述中告知参与者该产品的价格在他们能够接受的范围内，从而减少价格、收入等原因对实验的干扰。采用"绿色环保食品心理模拟组" vs."绿色环保食品控制组" vs."传统食品控制组"

的组间设计,并设计不同的操纵方法(具体实验材料详见附录4中的实验1心理模拟文字启动材料)。在绿色环保食品心理模拟组中,消费者的心理模拟策略是通过叙事传输的形式发起的。参与者被要求阅读绿色环保食品广告图片的介绍,并想象购买绿色环保食品后对环境和社会的积极影响。他们还被要求使用两句话(限制8–16个字)分别描述购买绿色环保食品后对环境和对社会的积极影响。随即回答一个检测题"你是否成功地依照实验指令展开想象"。在绿色环保食品控制组和传统食品控制组中,为了确保这两组参与者在时间、认知资源的消耗和联想效价方面与绿色环保食品心理模拟组一致,参与者在阅读完相应的广告图片之后,要求他们回忆本周内任意两件积极的事情,分别用两句话(限8–16个字)描述这两件积极的事情。

实验最后,使用问卷来测量参与者的购买意愿和态度。采用前人设计的购买意愿的量表[27]:"你会购买这种食品的可能性是""你考虑购买这种食品的可能性是""你购买这种食品的意愿是"(7点量表,1=极低,7=极高,Cronbach's α系数为0.918)。此外,为了排除消费者因心理模拟而产生的情绪变化对其绿色环保食品购买意愿的影响,有必要排除消费者受到的积极和消极情绪的影响。为此,使用修订版的PANAS量表[28],包括6个问项"热情""兴奋""精力充沛""害怕""紧张""愤怒"(7点量表,1=一点也不,7=非常强烈,Cronbach's α系数为0.728)。

(三)实验结果

1. 操纵检验

在线实验中,共测试了180名参与者。7位参与者在检测题回答了"否",7位参与者未能根据引导语进行心理模拟,排除之后,获得166份有效问卷,有效率为92.22%。最后总样本量为($N=166$,女性所占比例58.4%),各组样本量为($n_{绿色环保食品心理模拟组}=57$,$n_{绿色环保食品控制组}=53$,$n_{传统食品控制组}=56$)。3组参与者的情绪状态不存在显著差异($F(2, 163)=0.32$,$p=0.72>0.05$,$M_{绿色环保食品心理模拟组}=3.30$,$SD=0.80$,$M_{绿色环保食品控制组}=3.33$,$SD=1.01$,$M_{传统食品控制组}=3.19$,$SD=1.06$)。性别、年龄、学历对购买意愿的影响均不显著($p>0.05$)。

绿色环保食品心理模拟组在创造性感知维度上的评分显著高于传统性

感知维度（$M_{传统性感知}$=3.19，SD=1.20，$M_{创新性感知}$=4.45，SD=1.46，$t(56)$=5.344，$p<0.001$），绿色环保食品控制组在创造性感知维度上的评分显著高于传统性感知维度（$M_{传统性感知}$=3.40，SD=1.17，$M_{创新性感知}$=4.94，SD=1.40，$t(52)$=6.135，$p<0.001$），传统食品控制组在传统性感知维度上的评分显著高于创造性感知维度（$M_{传统性感知}$=5.18，SD=1.16，$M_{创新性感知}$=2.79，SD=1.10，$t(55)$=-10.609，$p<0.001$），结果再次验证了绿色环保食品操作的有效性（创造性感知：Cronbach's α 系数为 0.931，传统性感知：Cronbach's α 系数为 0.872），操作有效地影响了大部分参与者。

2. 假设检验

购买意愿。结果表明，对比绿色环保食品控制组和传统食品控制组，绿色环保食品心理模拟组的参与者对购买意愿有显著差别（$F(2,163)$=7.214，$p<0.01$）。绿色环保食品心理模拟组（$M_{绿色环保食品心理模拟组}$=5.43，SD=1.04）比绿色环保食品控制组（$M_{绿色环保食品控制组}$=4.86，SD=1.51，$t(108)$=2.300，$p<0.05$，d=0.44）和传统食品控制组（$M_{传统食品控制组}$=4.48，SD=1.41，$t(111)$=4.045，$p<0.001$，d=0.77）产生了更高的购买意愿，绿色环保食品控制组与传统食品控制组对购买意愿不存在显著差异（$t(107)$=1.356，p=0.178，d=0.26）。结果为 H1 提供了依据。

（四）讨论

实验 1 结果验证了 H1，表明绿色环保食品心理模拟组的参与者比绿色环保食品控制组和传统食品控制组产生了更高的购买意愿，即对比不诱发心理模拟，采用心理模拟学习策略可以显著提高消费者对绿色环保食品的购买意愿。同时，排除了参与者情绪差异的潜在干扰。在此基础上，实验 2 将进一步细分心理模拟，采用更加直观呈现消费者认知加工的感知产品创新代替购买意愿，以进一步探究有解释水平作用的内在机制。

四、实验2：解释水平的中介效应

实验 2 旨在检验心理模拟（感觉模拟 vs.客观模拟）对绿色环保食品对感知产品创新的影响，以及检测解释水平的中介效应。为了提高结果的稳健性以及实验结论的外部效度，在实验 2 中选择饮品类产品即绿色环保啤酒作为实验材料,同时采用不同于实验 1 的文字启动方式(具体实验材料详见附录 4 中的实验 2 心理模拟操纵材料)。实验 2 采用以心理模拟(感觉模拟 vs. 客观模拟)作为单因素两水平被试间设计,中介变量为解释水平,因变量为感知产品创新。

(一)被试选择

采用中等效应量(effect size d=0.5)及期望功效值(power=0.80),运用 G*Power 3.1 软件,计算计划样本量为 128 人以上。因此,实验 2 在问卷星发布线上问卷募集了 150 名消费者完成一系列有关新款绿色环保啤酒的调查活动。参与者被随机分配到 2 组(感觉模拟组 vs.客观模拟组),最后总体样本容量为(N=134,女性所占比例 67.2%),各组样本容量为($n_{感觉模拟组}$=67,$n_{客观模拟组}$=67)。

(二)实验材料设计和实验流程

实验 2 创建了一个虚拟啤酒品牌,并为这一虚拟啤酒品牌编写了 2 段不同的心理模拟启动材料(感觉模拟/客观模拟)。在心理模拟正式启动前,研究者向参与者呈现感觉模拟、客观模拟的操作性定义。当人们想象正在做某事时,通常有 2 种不同的想象方法或想象视角可以采用。

感觉模拟:指想象某种产品的目标消费者使用该产品时的主观感受。

客观模拟:指想象某种产品的目标消费者如何客观地看待该产品以及在使用该产品时如何与产品互动。

随后再呈现心理模拟启动材料。

感觉模拟组启动材料:假如你作为一款啤酒的设计师,该啤酒是一款绿色环保食品,它是用安全期内的剩余面包酿造而成的啤酒。闭上眼睛,想象消费者在饮用该啤酒时的主观感受和体验,注意,是从消费者的感受出发,包含消费者的主观情绪等,然后根据消费者的感受和体验尽可能多地列出自己的设计想法。

客观模拟组启动材料:假如你作为一款啤酒的设计师,该啤酒是一款绿色环保食品,它是用安全期内的剩余面包酿造而成的啤酒。闭上眼睛,想象消费者如何客观地看待和评价这款啤酒,注意,是从消费者的客观看法出发,不夹杂消费者的主观情绪和感受。然后根据消费者的客观评价尽可能多地列出自己的设计想法。

为确保这一操作的有效性，研究者在网上募集了 66 位参与者（女性所占比例为 48.5%），随机分为 2 组（感觉模拟组 vs.客观模拟组）进行前测，各组样本量为（$n_{感觉模拟组}$=33，$n_{客观模拟组}$=33）。将实验 2 中使用的不同的心理模拟启动材料分别呈现给两组参与者（感觉模拟/客观模拟），要求参与者对获得的绿色环保啤酒文字材料进行 2 个维度的评分（7 分量表，1=完全不采用，7=完全采用）"当您对上述情景展开想象时，您采用的是哪种想象方法（感觉模拟/客观模拟）"。结果表明，感觉模拟组对感觉模拟的评分显著高于客观模拟（$M_{感觉模拟}$=6.03，SD=0.77，$M_{客观模拟}$=2.42，SD=0.97，t（32）=17.69，p<0.001，d=4.12），客观模拟组对客观模拟的评分显著高于感觉模拟（$M_{感觉模拟}$=2.03，SD=0.81，$M_{客观模拟}$=5.39，SD=0.90，t（32）=-15.52，p<0.001，d=3.92），结果确保了实验 2 心理模拟文字启动材料操纵的有效性。

正式实验：每个参与者被随机分配到两组中的一组，研究者在模拟情景文字描述中告知参与者该产品的价格在他们能够接受的范围内，从而减少价格、收入等因素对实验的干扰。采用"感觉模拟组"vs."客观模拟组"的组间设计，并借鉴前人的范式[5]对心理模拟进行操纵：引导参与者想象正在为消费者设计一款绿色环保啤酒，该款啤酒是用安全期内的剩余面包酿造而成的，参与者被告知他们在设计过程中担任产品设计师的角色。感觉模拟组的参与者被要求阅读有关绿色环保啤酒感觉模拟的文字材料，并按照文字要求闭上眼睛，想象消费者在饮用该款啤酒时的主观感受和体验，并根据消费者的感受和体验设计啤酒。客观模拟组的参与者被要求阅读有关绿色环保啤酒客观模拟的文字材料，并按照文字要求闭上眼睛，想象消费者如何客观地看待和评价这款啤酒，并根据消费者的客观评价设计啤酒。在完成心理模拟操纵之后，设置了进一步强化心理模拟操纵的填空题。2 组参与者都被要求在想象活动完成后尽可能多地列出自己的设计想法以强化操纵，研究者在参与者想象过程和列出设计想法过程都未限制时间（具体方法见附表）。

随后，使用问卷来测量参与者的感知产品创新性。改编自薛寒欣等[29]设计的感知产品创新量表（7点量表，1=极低，7=极高，Cronbach's α系数为0.863）。该量表分为两个维度，"您感知到该款绿色环保食品的原材料、加工工艺等很新颖"，"您感知到该款绿色环保食品与传统食品相比存在明显创新"，"您感知到该款绿色环保食品提供了与以往显著不同的解决方案"为新颖性维度；"您感知到该款绿色环保食品可以为您提供独特的好处（解渴等）"，"您感知到该款绿色环保食品可以解决您所担心的食品浪费问题"，"您感知到该款绿色环保食品对您而言十分有意义"为有用性维度。解释水平的量表（Cronbach's α系数为0.819）采用Vallacher等[30]开发的缩减版的行为识别量表（Behavior Identification From，BIF）。该量表列出了25个行为（如："参军"），每个行为都有具体（如1="报名入伍"）和抽象（如7="帮助国防"）两种表征，要求参与者根据自己的感觉偏好选择更能表征该行为的一方。本研究借鉴前人的做法，从25个题项中选择10个题项，组成缩减版的BIF量表，并让参与者在具体描述和抽象描述之间进行7点评分，以评分均值表示解释水平，均值越大则解释水平越高。

此外，测量参与者的情绪状态（Cronbach's α系数为0.886）之后（参见实验1），研究者让参与者报告有关产品熟悉度的五个问题，采用Alba和Hutchinson的5题量表[31]（7点量表，1=非常不符合，7=非常符合，Cronbach's α系数为0.720）："你非常了解该产品"，"你主动了解过该产品"，"你了解该类型产品不同品牌之间的差异"，"你有丰富的使用该产品的经验"，"你有丰富的购买该产品的经验"。最后测量参与者的性别、年龄、学历、收入、家庭规模。

（三）实验结果

1. 操纵检验

在线实验中，共测试了150名参与者。7位参与者在检测题回答了"否"，9位参与者未能根据引导语进行心理模拟，排除之后，获得134份有效问卷，有效率为89.33%。2组参与者的情绪状态不存在显著差异（$M_{感觉模拟组}$=3.75，SD=1.45，$M_{客观模拟组}$=3.52，SD=1.37，$t(132)$=0.93，p>0.05）。产品熟悉度不存在显著差异（$M_{感觉模拟组}$=2.73，SD=0.79，$M_{客观模拟组}$=2.57，

SD=0.84,t(132)=1.143,p>0.05)。性别、年龄、学历、收入、家庭规模对感知产品创新的影响均不显著(p>0.05)。

感觉模拟组在感觉模拟维度上的评分显著高于客观模拟维度($M_{感觉模拟}$=5.54,SD=1.11,$M_{客观模拟}$=2.45,SD=0.84,t(66)=18.34,p<0.001),客观模拟组在客观模拟维度上的评分显著高于感觉模拟维度($M_{感觉模拟}$=2.81,SD=1.22,$M_{客观模拟}$=5.60,SD=1.22,t(66)=-13.72,p<0.001),结果再次验证了感觉模拟和客观模拟操作的有效性,操作有效地影响了大部分参与者。

2. 假设检验

感知产品创新。感觉模拟组的参与者对感知产品创新的评分显著高于客观模拟组($M_{感觉模拟组}$=5.66,SD=0.44,$M_{客观模拟组}$=3.57,SD=0.65,t(132)=21.74,p<0.001),其中感觉模拟组的新颖性评分显著高于客观模拟组($M_{感觉模拟组}$=5.79,SD=0.62,$M_{客观模拟组}$=3.75,SD=1.00,t(132)=14.17,p<0.001),感觉模拟组的有用性评分显著高于客观模拟组($M_{感觉模拟组}$=5.52,SD=0.59,$M_{客观模拟组}$=3.40,SD=0.79,t(132)=17.58,p<0.001)。见图6-2。

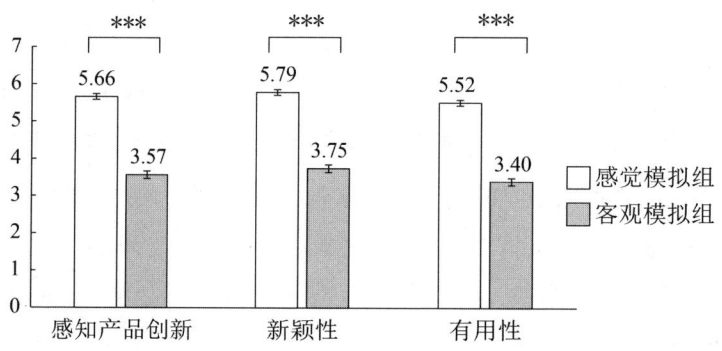

注:*** $p < 0.001$。

图6-2 心理模拟对感知产品创新的影响(实验2)

解释水平。结果表明,两组参与者的解释水平存在显著差异,感觉模拟组在解释水平上的评分显著高于客观模拟组($M_{绿色环保食品感觉模拟组}$=4.02,SD=0.65,$M_{客观模拟组}$=2.70,SD=0.45,t(132)=13.66,p<0.001)。

中介效应分析。为进一步验证解释水平在两种心理模拟学习策略和感知产品创新之间的中介效应，实验 2 通过 Bootstrapping 分析（采用 PROCESS Model 4）对解释水平的中介效应进行分析。结果表明，解释水平中介了心理模拟对感知产品创新的影响（indirect effect β=−0.30，95%CI=[−0.52，−0.09]不包含 0），该结果支持了 H2，详情请见图 6-3。

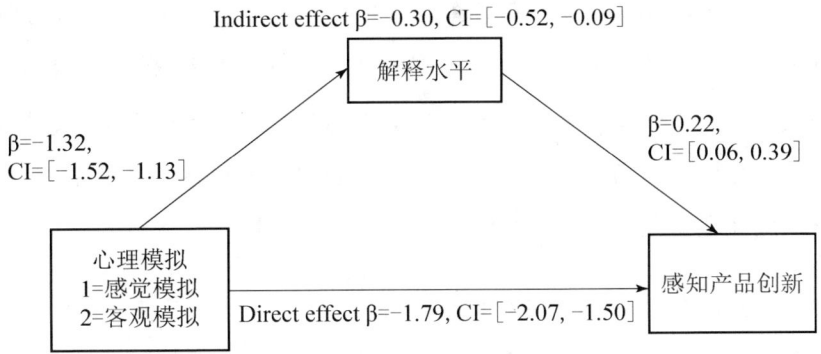

图6-3　解释水平中介效应（实验2）

此外，深入研究解释水平分别对感知产品创新性中两个维度的中介效应，结果表明解释水平中介了心理模拟对感知新颖性（indirect effect β=−0.34，95%CI=[−0.65，−0.03]不包含 0）的影响，支持了 H2a，详情请见图 6-4。解释水平对感知有用性的影响不显著，置信区间 CI 为[−0.01，0.40]包含 0，该结果未能支持 H2b。

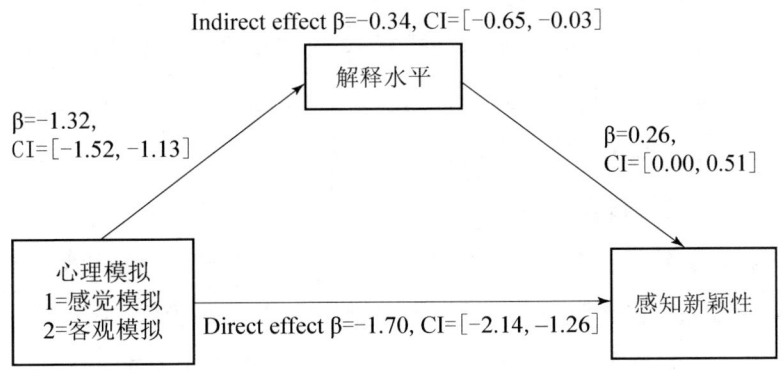

图6-4　解释水平中介效应（实验2）

（四）讨论

实验 2 结果验证了 H2，表明采用感觉模拟比采用客观模拟更能提高消费者的感知产品创新，并且感觉模拟组的参与者在新颖性维度和有用性维度都显著高于客观模拟组。实验 2 引入了解释水平这一中介变量，结果揭示了心理模拟影响感知产品创新的内在机制，即解释水平中介了心理模拟对感知产品创新的影响。对比于客观模拟，消费者采用感觉模拟时，会启用更高的解释水平，进而提高感知产品创新。且此机制适用于新颖性，但不适用于有用性。考虑到本研究主要关注心理模拟对感知产品创新的影响差异，因此在后续实验中不再细分新颖性和有用性。

五、实验3：消费者质疑的调节效应

实验 2 验证了心理模拟影响感知产品创新性的主效应及中介机制。实验 3 将进一步探究在不同程度的消费者质疑下，上述效应是否会出现异质性，即探究消费者质疑对心理模拟与感知创新性之间关系的调节效应，验证 H3。

（一）被试选择

采用中等效应量（effect size $f = 0.25$）及期望功效值（power=0.80），运用 G*Power 3.1 软件，计算计划样本量为 128 人以上。因此，实验 3 在网上募集了 180 名参与者，完成一系列关于绿色环保食品的调查活动。借鉴 Cian 等[24]消费者质疑情境操纵材料，参与者被随机分配到 4 组（感觉模拟/客观模拟）×（高消费者质疑/低消费者质疑）。最后总体样本为（N=160，女性比例为 43.80%），各组样本量为（$n_{感觉模拟-高消费者质疑}$=40，$n_{客观模拟-高消费者质疑}$=40，$n_{感觉模拟-低消费者质疑}$=40，$n_{客观模拟-低消费者质疑}$=40）。

（二）实验材料设计和实验流程

实验 3 创建了一个虚拟的绿色环保食品——蛋白棒，该款蛋白棒是一款绿色环保食品，它是用安全期内的豆渣制成的，这些豆渣是在制作豆腐、豆浆、豆干等豆制品中产出的副产品。并为这一款蛋白棒编写了 2 段不同的心理模拟启动材料（感觉模拟/客观模拟）。在心理模拟正式启动前，研究者向参与者呈现感觉模拟、客观模拟的操作性定义（参见实验2）。

感觉模拟组启动材料：假如你作为一款蛋白棒的设计师，该款蛋白棒是一款绿色环保食品，它是用安全期内的豆渣制成的，这些豆渣是在制作豆腐、豆浆、豆干等豆制品中产出的副产品。闭上眼睛，想象消费者在食用该款蛋白棒时的主观感受和体验，注意，是从消费者的感受出发，包含消费者的主观情绪等，然后根据消费者的感受和体验尽可能多地列出自己的设计想法。

客观模拟组启动材料：假如你作为一款蛋白棒的设计师，该款蛋白棒是一款绿色环保食品，它是用安全期内的豆渣制成的，这些豆渣是在制作豆腐、豆浆、豆干等豆制品中产出的副产品。闭上眼睛，想象消费者如何客观地看待和评价这款蛋白棒，注意，是从消费者的客观看法出发，不夹杂消费者的主观情绪和感受。然后根据消费者的客观评价尽可能多地列出自己的设计想法。

为确保这一操作的有效性，研究者在网上募集了66位参与者（$N=66$，女性比例为31.80%），随机分为2组（感觉模拟组 vs.客观模拟组）进行前测，各组样本量为（$n_{感觉模拟组}=33$，$n_{客观模拟组}=33$）。将实验3中要使用的不同的心理模拟启动材料分别呈现给两组参与者（感觉模拟/客观模拟），要求参与者对获得的绿色环保蛋白棒文字材料进行2个维度上的评分（7点量表，1=完全不采用，7=完全采用）："当您对上述情景展开想象时，您采用的是哪种想象方法（感觉模拟/客观模拟）"。结果表明，感觉模拟组对感觉模拟的评分显著高于客观模拟（$M_{感觉模拟}=6.12$，$SD=0.49$，$M_{客观模拟}=2.70$，$SD=1.57$，$t(32)=11.86$，$p<0.001$，$d=2.94$），客观模拟组对客观模拟的评分显著高于感觉模拟（$M_{感觉模拟}=2.52$，$SD=1.46$，$M_{客观模拟}=6.06$，$SD=0.90$，$t(32)=12.13$，$p<0.001$，$d=2.92$），结果确保了实验3心理模拟文字启动材料操纵的有效性。

参考Cian等[24]的文字启动材料。要求被试阅读"研究表明，70%到80%的生发产品广告都是可信的（不可信的），由于（尽管）美国皮肤病学会和食品药品监督管理局近年来采取了许多行动，这些产品能够（无法）兑现广告承诺"。基于此,研究者创建了两段不同的消费者质疑操纵材料(高消费者质疑/低消费者质疑)。

高消费者质疑组启动材料:食品药品监督管理部门和质量检测部门最近的调查表明,70%至80%的绿色环保食品的营销信息是不真实的,该类食品与传统食品相比未存在明显创新,所采用的原材料、加工工艺也不算新颖。不仅不能满足消费者的个性化需求,也不能对减少全球性的食品浪费起到实际作用。

低消费者质疑组启动材料:食品药品监督管理部门和质量检测部门最近的调查表明,70%至80%的绿色环保食品的营销信息是真实的,该类食品与传统食品相比存在明显创新,所采用的原材料、加工工艺也更加新颖。既能满足消费者的个性化需求,也能对减少全球性的食品浪费起到很大作用(具体实验材料详见附录4中的实验3材料)。

为确保这一操作的有效性,研究者在网上募集了72位参与者($N=72$,女性比例为27.78%),随机分为2组(高消费者质疑组 vs.低消费者质疑组)进行前测,各组样本量为($n_{高消费者质疑组}=36$,$n_{低消费者质疑组}=36$)。将实验3中要使用的不同的消费者质疑启动材料分别呈现给两组参与者(高消费者质疑/低消费者质疑),要求参与者对获得的启动文字材料进行质疑程度的评分(7点量表,1=低,7=高):"阅读完上述材料后,您对绿色环保食品营销信息的质疑程度是?"采用独立样本t检验进行分析,结果表明,高消费者质疑组对质疑程度的评分显著高于低消费者质疑组($M_{高消费者质疑}=6.56$,$SD=0.88$,$M_{低消费者质疑}=2.97$,$SD=1.00$,$t(70)=16.17$,$p<0.001$,$d=3.81$),结果确保了实验3消费者质疑情景材料操纵的有效性。

正式实验:采用2(感觉模拟/客观模拟)×2(高消费者质疑/低消费者质疑)组间设计,每个参与者被随机分配到4组中的一组,研究者在模拟情景文字描述中告知参与者该产品的价格在他们能够接受的范围内,从而减少价格、收入等因素对实验的干扰。

首先,为参与者呈现一段消费者质疑操纵材料(高消费者质疑/低消费者质疑),再引导消费者进行心理模拟(感觉模拟/客观模拟),各组样本量为 $n_{高消费者质疑-感觉模拟组}=40$,$n_{高消费质疑-客观模拟组}=40$,$n_{低消费者质疑-感觉模拟组}=40$,$n_{低消费者质疑-客观模拟组}=40$。

在完成心理模拟之后,回答一个检测题(参见实验2)。

随后,使用问卷来测量参与者的感知产品创新性(Cronbach's α 系数为 0.877)、解释水平(Cronbach's α 系数为 0.910)、情绪状态(Cronbach's α 系数为 0.706)、产品熟悉度(Cronbach's α 系数为 0.735)和社会学人口变量(参见实验2)。

(三)实验结果

1. 操纵检验

在线实验中,共测试了180位参与者。6位参与者在检测题回答了"否",14位参与者未能根据引导语进行心理模拟,排除之后,获得160份有效问卷,有效率为88.89%。4组参与者的情绪状态($F(3,156)=0.31$,$p=0.82$)和产品熟悉度($F(3,156)=1.60$,$p=0.19$)不存在显著差异。性别、年龄、学历、收入、家庭规模对感知产品创新的影响均不显著($p>0.05$)。

感觉模拟组对感觉模拟的评分显著高于客观模拟($M_{感觉模拟}=5.38$,$SD=1.99$,$M_{客观模拟}=2.44$,$SD=1.70$,$t(79)=7.46$,$p<0.001$,$d=1.59$),客观模拟组对客观模拟的评分显著高于感觉模拟($M_{感觉模拟}=3.09$,$SD=1.45$,$M_{客观模拟}=4.91$,$SD=1.69$,$t(79)=-5.98$,$p<0.001$,$d=1.16$)。高消费者质疑组对质疑程度的评分显著高于低消费者质疑组($M_{高消费者质疑}=4.01$,$SD=2.21$,$M_{低消费者质疑}=1.98$,$SD=0.93$,$t(158)=7.59$,$p<0.001$,$d=1.20$)。因此本实验的操纵是成功的。

2. 假设检验

感知产品创新。结果表明,心理模拟(感觉模拟/客观模拟)和消费者质疑(高消费者质疑/低消费者质疑)对感知产品创新存在显著的交互效应($F(1,156)=179.82$,$p<0.001$,$\eta_p^2=0.535$)。心理模拟的主效应显著($F(1,156)=199.62$,$p<0.001$,$\eta_p^2=0.561$),消费者质疑的主效应显著

（$F(1, 156)=12.41$，$p<0.01$，$\eta_p^2=0.074$）。在低消费者质疑的情境下，2 组参与者的感知产品创新不存在显著差异（$M_{感觉模拟组}=3.62$，$SD=0.56$，$M_{客观模拟组}=3.53$，$SD=0.55$，$t(78)=0.67$，$p=0.05$）。在高消费者质疑情境下，2 组参与者的感知产品创新存在显著差异（$M_{感觉模拟组}=5.58$，$SD=1.17$，$M_{客观模拟组}=2.39$，$SD=0.42$，$t(78)=16.28$，$p<0.001$，$d=3.63$）。

解释水平。结果表明，心理模拟（感觉模拟/客观模拟）和消费者质疑（高消费者质疑/低消费者质疑）对解释水平存在显著的交互效应（$F(1, 156)=4.55$，$p<0.05$，$\eta_p^2=0.028$）。心理模拟的主效应显著（$F(1, 156)=272.90$，$p<0.001$，$\eta_p^2=0.636$）。消费者质疑的主效应显著（$F(1, 156)=41.45$，$p<0.001$，$\eta_p^2=0.210$）。在低消费者质疑的情境下，2 组参与者的解释水平存在显著差异（$M_{感觉模拟组}=5.81$，$SD=0.32$，$M_{客观模拟组}=3.93$，$SD=0.74$，$t(78)=14.71$，$p<0.001$，$d=3.32$）。在高消费者质疑情境下，2 组参与者的解释水平存在显著差异（$M_{感觉模拟组}=5.24$，$SD=0.75$，$M_{客观模拟}=2.80$，$SD=1.23$，$t(78)=10.69$，$p<0.001$，$d=2.40$）。

调节的中介分析。以心理模拟（感觉模拟/客观模拟）为自变量，感知产品创新为因变量，解释水平为中介变量，消费者质疑为调节变量，采用 Bootstrapping（PROCESS Model 8）分析消费者质疑（高消费者质疑/低消费者质疑）的调节效应。结果表明，心理模拟和消费者质疑对解释水平存在显著的交互效应（int_1: $\beta=0.56$，95% CI=[0.04，1.07]不包含 0），同时解释水平会显著地影响感知产品创新（$\beta=0.14$，95% CI=[0.002，0.280]不包含 0），心理模拟和消费者质疑的交互效应会显著影响感知产品创新（int_2: $\beta=3.03$，95% CI=[2.57，3.49]不包含 0）。

在高消费者质疑情况下，心理模拟会通过解释水平显著影响感知产品创新（indirect effect $\beta=-0.34$，95% CI=[-0.63，-0.09]不包含 0），在低消费者质疑情况下，心理模拟会通过解释水平显著影响感知产品创新（indirect effect $\beta=-0.27$，95% CI=[-0.48，-0.07]不包含 0）。总之，心理模拟作为自变量，解释水平作为中介变量，有消费者质疑加入的前半段调节有效地影响感知产品创新（indirect effect β=0.08，95% CI=[1.89，2.82] 不包含 0），详情请见图 6-5。

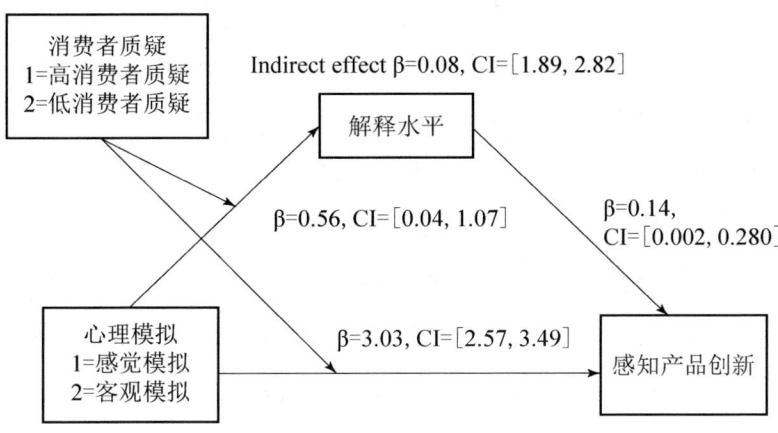

图6-5　调节的中介效应（实验3）

（四）讨论

实验 3 通过操纵消费者质疑（高消费者质疑/低消费者质疑），进一步验证主效应的理论逻辑，明确了主效应的边界条件。即在高消费者质疑的情境下，心理模拟不仅会显著地影响解释水平进而提高消费者的感知产品创新，也会显著地影响感知产品创新，且在该情景下，感觉模拟组对感知产品创新的影响显著高于客观模拟组。在低消费者质疑的情境下，心理模拟会显著地影响解释水平进而提高消费者的感知产品创新，但不会显著地影响感知产品创新，且在该情景下，感觉模拟和客观模拟对感知产品创新的影响不存在显著差异。

六、结论和讨论

实验 1 研究结果发现，在没有市场干预的情况下，消费者对绿色环保食品的购买意愿与传统食品不存在显著差异。以往的研究大多讨论了消费者抵制绿色环保食品的心理因素，如对技术的恐惧和安全质疑，但没有涉及与消费者购买绿色环保食品的意愿相关的研究。这一结论反映了消费者对绿色环保食品有较高的接受度，甚至与传统食品没有明显差异，这可能是源自对升级再造工艺的技术和食品安全的信任。也有可能是本研究所选用的实验材料对消费者来说过于熟悉和普通，大部分人对发糕类食品没有明显的偏好，所以无论是采用什么工艺和原材料，参与者都不甚在意，因此购买意愿没有显著差别。而绿色环保食品心理模拟组相较于其他两组有更深的认知加工，从而出现购买率显著高于其他两组的现象。

实验 2 研究结果发现，相比客观模拟，感觉模拟会启用更高的解释水平，进而提高感知产品创新。这一结论反映了启动感觉模拟的消费者在认知加工中采用更偏抽象化、简单化、去背景化的认知方式，而启动客观模拟的消费者则会采用更偏具体化、复杂化、背景化的认知方式。以实验 2 中绿色环保啤酒为例，感觉模拟组的参与者填写的设计想象更关注颜色和图案的运用，目的是让消费者在食用时更能注重其口感以及带来的情绪状态，比如：颜色——绿色——清爽凛冽；图案——麦穗——清新麦香；图案——气泡和冰块——心情愉悦。而客观模拟组的参与者在想象时则更关注其材质、外形，甚至为该款啤酒设计了标语和 logo，目的是让消费者在使用时更能注重其环保性和安全性，比如：材质——铝材——可回收，更环保；外形——扭扭瓶——便捷；封口——木制——安全。对比感觉模拟组，客观模拟组在进行想象时启动了更细致更复杂的加工，注重使用背景和情境，因此解释水平偏低，感觉模拟则与之相反。实验 2 契合了解释水平理论。感知产品创新的两个维度：新颖性和有用性本身属于较为抽象的维度，高解释水平的个体更易被具有抽象和一般性特征的刺激所影响，因此对感知产品创新的评分显著高于客观模拟。

实验 3 研究结果发现，消费者质疑能够有效地调节心理模拟对感知产品创新的影响。在高消费者质疑条件下，对比客观模拟，消费者采用感觉模拟时，会显著提高感知产品创新。在低消费者质疑条件下，对比客观模拟，消费者采用感觉模拟时，感知产品创新不存在显著差异。这一结果反映了，实验 2 中所阐述的内在机制，只在高消费者质疑的条件下适用。当消费者高度质疑绿色环保食品时，对比客观模拟带来的更强烈的情绪唤醒和整体收益，感觉模拟在想象的过程中所带来的积极情绪体验和饮食习惯偏好更能打消消费者质疑。结论再一次肯定了前人的研究，也拓展了心理模拟的使用情境。

参考文献

[1] Elder R S, Krishna A. A review of sensory imagery for consumer psychology[J]. Journal of Consumer Psychology, 2022, 32（2）, 293–315.

[2] 曾伏娥, 金其然, 池韵佳等. 过程还是结果？心理模拟对感知产品创新的影响研究[J]. 南开管理评论, 2023, 26（2）: 154–165.

[3] Castaño R, Sujan M, Kacker M, et al. Managing consumer uncertainty in the adoption of new products: Temporal distance and mental simulation[J]. Journal of Marketing Research, 2008, 45（3）: 320–336.

[4] Herd K B, Mehta R, et al. Head versus heart: The effect of objective versus feelings-based mental imagery on new product creativity[J]. Journal of Consumer Research, 2019, 46（1）: 36–52.

[5] Cheng L K, Toung C L. More fluency of the mental imagery, more effective? [J]. Journal of Social Marketing, 2021, 11（1）: 1–24.

[6] 穆宇, 寇小萱. 感知产品创新对消费者购买意愿的影响机制研究[J]. 老字号品牌营销, 2023, （8）: 25–27.

[7] Trope Y, Liberman N. Construal-level theory of psychological distance[J]. Psychological Review, 2010, 117（2）, 440–463.

[8] 柴俊武, 赵广志, 何伟. 解释水平对品牌联想和品牌延伸评估的影响[J]. 心理学报, 2011, 43（2）: 175–187.

[9] Huang N, Burtch G, Hong Y, et al. Effects of multiple psychological distances on construal and consumer evaluation: A field study of online reviews[J]. Journal of Consumer Psychology, 2016, 26（4）: 474–482.

[10] Connors S, Khamitov M, Thomson M, et al. They're just not that into you: How to leverage existing consumer-brand relationships through social psychological distance[J]. Journal of Marketing, 2021, 85（5）: 92–108.

[11] Liberman N, Trope Y. The role of feasibility and desirability considerations in near and distant future decisions: A test of temporal construal theory[J]. Journal of Personality & Social Psychology, 1998, 75（1）: 5–18.

[12] Aschemann-Witzel J, Peschel A O. How circular will you eat? The sustainability challenge in food and consumer reaction to either waste-to-value or yet underused novel ingredients in food[J]. Food Quality and Preference, 2019, 77: 15–20.

[13] Ellis S F, Savchenko O M, Messer K D. What's in a name? Branding reclaimed water[J]. Environmental Research, 2019, 172: 384–393.

[14] Perito M A, Coderoni S, Russo C. Consumer attitudes towards local and organic food with upcycled ingredients: An Italian case study for olive leaves[J]. Foods (Basel Switzerland), 2020, 9(9): 1325–1332.

[15] McCarthy B, Kapetanaki A B, Wang P. Completing the food waste management loop: Is there market potential for value-added surplus products（VASP）? [J]. Journal of Cleaner Production, 2020, 256: 120435.

[16] Zhang J, Ye H, Bhatt S, et al. Addressing food waste: How to position upcycled foods to different generations[J]. Journal of Consumer Behaviour, 2020, 20（2）: 242–250.

[17] Petrova P K, Cialdini R B. Fluency of consumption imagery and the backfire effects of imagery appeals[J]. Journal of Consumer Research, 2005, 32（3）: 442–452.

[18] Zhao M, Dahl D W, Hoeffler S. Optimal visualization aids and temporal framing for new products[J]. Journal of Consumer Research, 2014, 41（4）: 1137–1151.

[19] Zhao M, Hoeffler S, Zauberman G. Mental simulation and product evaluation: The affective and cognitive dimensions of process versus outcome simulation[J]. Journal of Marketing Research, 2011, 48（5）: 827–839.

[20] MacVaugh J, Schiavone F. Limits to the diffusion of innovation: A literature review and integrative model[J]. European Journal of Innovation Management, 2010, 13（2）: 197–221.

[21] Rahbar E, Wahid N A. Investigation of green marketing tools'effect on consumers'purchase behavior[J]. Business Strategy Series, 2011, 12（2）:73–83.

[22] 崔彬, 伊静静. 消费者食品安全信任形成机理实证研究——基于江苏省 862 份调查数据[J]. 经济经纬, 2012, （2）: 115–119.

[23] Jahanmir S F, Lages L F. The late-adopter scale: A measure of late adopters of technological innovations[J]. Journal of Business Research, 2016, 69（5）: 1701–1706.

[24] Cian L, Longoni C, Krishna A. Advertising a desired change: When process simulation fosters（vs. hinders）credibility and persuasion[J]. Journal of Marketing Research, 2020, 57（3）: 489–508.

[25] 张洁梅, 王昊. 目标框架对订阅型知识付费意愿的影响研究[J]. 科研管理, 2024, 45（02）: 200–208.

[26] Bhatt S, Lee J, Deutsch J, et al. From food waste to value-added surplus products（VASP）: Consumer acceptance of a novel food product category[J]. Journal of Consumer Behaviour, 2018, 17（1）: 57–63.

[27] Grewal D, Monroe K B, Krishnan R. The effects of price-comparison advertising on buyers' perceptions of acquisition value, transaction value, and behavioral intentions[J]. Journal of Marketing, 1998, 62（2）, 46–59.

[28] Song L, Lifu C, Xuqun Y, et al. The relation of gratitude and life satisfaction: An exploration of multiple mediation[J]. Journal of Psychological Science, 2017, 40（4）, 954–960.

[29] 薛寒欣. 感知产品创新对新能源汽车购买意愿的影响机制研究[J]. 中国石油大学学报（社会科学版）, 2023, 39（06）: 84–91.

[30] Vallacher R R, Wegner D M. What do people think they're doing?

Action identification and human behavior[J]. Psychological Review, 1987, 94(1): 3–15.

[31] Alba J W, Hutchinson J W. Dimensions of consumer expertise[J]. Journal of Consumer Research, 1987, 13（4）, 411–454.

第七章

消费者心理表象的未来研究问题

本研究系统梳理了消费者心理表象的主要研究和未来研究问题,接下来将重点探讨消费者心理表象的研究发展空间与趋势。

第一节 心理表象的诱发方法

本研究探讨了不同营销情景(广告营销、品牌营销、新产品营销、线上购物)中的表象,展示了诱发表象的不同方式。通常,研究者会使用口头指令("想象……")和图片来诱发深思熟虑的表象和叙事传输。自动表象可以通过图片诱发,也可以通过价格优惠信息的设计,甚至通过产品的尺寸标签来诱发自动表象。

未来研究需要探索诱发深思表象或自动表象的新情境、新方法。例如,使用增强现实(AR)和虚拟现实(VR)诱发表象。AR、VR、3D产品等新兴技术的核心内容就是表象。由AR和VR体验创造的沉浸感可能是遵循了更为传统的表象生成过程,与用户生成的表象相比,它们展现出更强的感知类比表征。AR为营销人员和消费者提供的一个机会,即赋予消费者在购买前以虚拟数字形式试用产品的能力。例如,戴在脸上的虚拟眼镜可以让消费者看到使用产品时的自己。美妆产品APP的AR功能也是类似的,即允许产品以多种表现形式来展现自身。由AR和VR增强的心理模拟也为描绘更为复杂的场景提供了便利。未来研究可进一步将实际知觉和表象的说服力影响与AR和VR的说服力影响进行比较。

在与虚拟产品互动的早期文献中,Schlosser[1]证实,当被试有机会与产品在线互动(vs.被动地观看产品)时,他们会参与到更多的表象过程之中,并增加了认知精加工。因此,被试对所描述的虚拟产品也有较积极的态度和较高的购买意愿。现在,这种与虚拟产品互动的水平已经被新技术大大地提升了,即一种让个体沉浸在完整构建出来的虚拟世界中的技术。鉴于表象对态度和行为意图的直接影响,更具沉浸感的内容可能会极大地影响广告在增强现实或虚拟现实环境中的说服力。随着增强现实和虚拟现实为广告商以及消费者提供了无限的可能性，探索通过AR和VR技术诱发的表象将成为一个有趣的研究领域。

消费心理学研究中使用的许多实验场景多为使用指导语指示被试展开"想象"的情景。虽然期望的实验结果是被试能够对指导语展示出来的消费场景展开想象，但更关键的是探索如何在没有明确指导语的情景下促使被试参与到消费场景中。这种方法更为贴合现实世界中的营销情景。重要的是，未来研究应该探索如何使用不同的方法鼓励被试去想象实验场景对特定因变量的影响效应。

如前所述，心理表象的测量主要是通过自我报告、神经科学手段（大脑激活）和结果变量（行为）测量来实现的。但必须要注意的是，使用自我报告量表测量自动表象，仅能在事后捕获追溯性的回忆表象，并且是以深思熟虑的方式进行捕捉。因此，自我报告测量法是否真的能够捕捉自动表象依旧存疑。通常，使用这种测量手段是期望通过中介模型展现心理表象的形成过程。但必须意识到，通过中介效应展示表象的过程性并不适合所有情景。因为，表象的形成过程可能是通过调节效应显示出来的，或者根本不会显示出来。此外，还可以通过结果性变量而不是通过自我报告和中介模型来显示心理表象的存在。

第二节　心理表象的测量

尽管已有研究普遍认为心理表象是多维度的，但关于具体维度是什么，仍然存在分歧。消费心理实验研究中通常对心理表象的测量方法为，操纵变量和诱发表象的情境后，要求被试对表象的若干维度进行自评打分。常用的表象量表有两维度、三维度、四维度以及八维度模型。测量表象的心理生理学方法，如功能磁共振成像、脑电图或眼动跟踪技术，代表了测量表象的另一个专业领域，但应认识到这些方法成本高昂且繁琐。

表象如何影响产品评估可以通过几种心理机制给予解释。对这些机制的测量在理解表象的操作性定义中发挥了关键作用。Bone和Ellen[2]创建了量表用以测量表象的生动性（即图像的清晰度、生动性、逼真性、鲜明性）和形成的图像数量（例如，"当你听到这则广告时，你会想象到什么样的图像？"），以及创建图像的难易程度（例如，"我在脑海中想象这一场景并不困难"）。这些量表中的构念对于指导后续研究探索广告说服情境中表象是如何运作的至关重要。这些量表也被Elder和Krishna[3]改编后用于测量心理模拟（自动表象），并被应用到随后的心理模拟研究中。

值得关注的是，以有意义的方式捕捉感官表象的个体差异也是相当困难的，尽管有许多自我报告量表可用，尤其是视觉表象方面的自我报告。所谓有意义的方式，是指这些量表的差异是否能够转化成预期的消费者态度或行为上的差异。不幸的是，大多数表象的研究人员发现他们通常并没有这样做。对于视觉表象，VVIQ是一个较为广泛使用的视觉表象自我报告差异量表，因为它是QMI量表的视觉组成部分[4]。而且QMI量表可适用于测量所有感觉。对于更偏向于自动化的表象，通常测量表象数量和表象生成的难易程度的量表来自Elder和Krishna，但他们的研究建立在Bone和Ellen研究的基础上，并要注意到前述提到过他们对自动表象测量的批评。有关表象中个体差异的更多信息可以参见Adaval[5]的研究。

表象能力的个体差异在很大程度上取决于所研究的消费情景，包括刺激物、表象的诱发以及想象中的感官体验。未来的研究可能集中在表象量表的构建、量表的验证，或者将自我报告测量法与心理生理学工具配合使用，共同测量表象。

第三节　心理表象与解释水平

一些研究探讨了解释水平（construal level）与表象之间的关系。个体在接收信息时与信息的距离会影响他们形成的心理表象的生动性，以及该事件发生的预计可能性[6]。感官表象距离和心理距离之间的一致性程度影响消费者的产品态度和购买意向[7]。因此，Elder等[7]的研究表明，味觉和触觉（需要更多的物理接近个体才能体验到）在心理上让人感觉更接近，同理，听觉和视觉在心理上让人感觉更疏远。

　　心理距离也会影响大脑中形成的图像的细节和颜色[8]。具体而言，对于遥远的未来事件，个体自我报告的脑中的图像颜色不如近期事件的图像颜色鲜艳。Lee等[8]提出了许多有见地的研究经验，例如在实证研究中，对于过去的体验使用黑白色，对未来的体验使用彩色，而实际的"现在"体验可以使用丰富多彩的颜色，而从遥远记忆中提取出来的过去体验，可以使其"失去色彩"。

　　近期涌现的一些文献提供了关于心理表象和解释水平之间如何相互作用的见解，但在这一领域还需要更多的研究工作。参与到心理表象之中会影响个体的解释水平。未来研究应继续探索解释水平和心理表象之间的相互作用。

第四节　客体动作承载性与购买行为

　　许多自动表象研究的一个基本主题是客体动作承载性。客体动作承载性指人们知觉客体时同时激活的针对客体的行动。人类为了与周围的物体互动（如拾取物体），他们会经常进行自动心理模拟。Tucker和Ellis[9]的研究已经证实了心理模拟现象，并且已有研究者将心理模拟应用于市场营销情景中。产品动作承载性（product affordance）的影响效应甚至会影响消费者对"不可抓取"的产品的知觉。Maille等[10]发现，如果不可抓取的产品与另一个可抓取的物体位于同一视野内，且该可抓取的物体吸引着他们的主导手，那么消费者会更积极地倾向于选取不可抓取的产品。

　　在客体动作承载性及其如何影响购买行为方面还有更多的研究空间。可以通过前面讨论的设计元素来实现。显示产品互动的视频也可能产生这些表象，特别是当产品或产品互动是新颖的且难以想象时。

第五节 过程表象与结果表象

另一个有待研究的领域是过程表象（过程模拟）和结果表象（结果模拟）。"叙事运输"领域中的研究工作[11]要求人们想象达到某一目标的过程（过程模拟）或达到目标后的感觉（结果模拟）。这项研究表明，在低等到中等参与度下，如果让消费者想象的是过程而非结果，那么论证强度对行为表象的影响会更大；然而，在高度参与的情况下，得到的结论正好相反。虽然本研究中的过程表象（如"我们希望你想象使用该广告中的洗发水的过程"）和结果表象（如"我们希望你想象该广告中的洗发水给你带来的好处"）的启动更为深思熟虑，但Cian等[12]证实了过程表象和结果表象也可以更为自动自发地生成（如仅仅通过观看广告中的不同视觉元素）。他们发现，在减肥、脱发和一些消费者渴望改变现状的情景中，使用前后对比型广告和渐进式广告（一系列展示逐渐改变的图片）就是过程表象和结果表象自动自发生成的例证。他们发现，前后对比型广告诱发的过程表象比渐进式广告诱发的过程表象少。

继Cian等的研究之后，未来研究可以探索过程表象或结果表象对消费动机的影响效应。相较于第一人称，个体从第三人称的角度想象一项任务的成功，其动机会更强。同理，如果消费者能够设想消费过程中的中间步骤，即过程表象产生的图像，或消费者能够看到成品，即结果表象生成的图像，就可能激发不同的消费动机。未来研究需要进一步探索结果表象与过程表象对消费动机的影响。

第六节 心理表象的消极营销后果

未来研究的另一个潜在领域是探索表象的负面影响。表象并不总是对消费者知觉产生积极影响。极尽详尽地对消极情景展开想象可能会提高个体对事件发生的感知可能性，甚至可能会产生情感上的负面的错误记忆。此外，人们对未来事件的消极方面想象得越生动，他们就越有可能避免事件的发生。例如，生动地想象长时间的航班延误、哭闹的孩子和宾馆房间里的蟑螂会大大降低人们度假的意愿。在Elder和Krishna[3]的研究中，在味道不好的汤的右边（vs.左边）放一个勺子会降低对这种汤的购买意愿，这大概是因为对于右利手的人来说，右边的勺子有助于更好地对味道糟糕的汤展开心理模拟。消费心理学文献中的许多表象研究都集中在提高表象的积极影响上，表象也可以用来帮助个体防止消极后果，如不良健康选择的后果。如何有效地利用表象来减少消极行为是未来研究的一个广阔领域。

综上，心理表象是消费心理学中的一个关键概念。经过几十年的研究，心理表象的认知过程和知觉过程才得到了清晰的界定。通过无数的使用表象作为营销策略的活动的成功，已经可以确定表象的管理启示。在广告、新产品开发、促销和许多其他领域，表象在影响消费者和管理者行为方面发挥着重要作用。

已有研究对于表象影响消费者的评价和行为意图的探索为未来研究提供了坚实的基础。除了强调现有的研究外，希望本研究能够从理论和实际应用的角度推动表象的未来研究。30多年前，在对表象研究的早期文献综述中，MacInnis和Price将表象研究描述为"还处于婴儿时期"[13]。尽管从那时起，表象研究在方法论和理论上皆取得了长足的进步，但受研究者想象力的限制，该研究领域仍存在进一步拓展的空间。

参考文献

[1] Schlosser A E. Experiencing products in the virtual world: The role of goal and imagery in influencing attitudes versus purchase intentions[J]. Journal of Consumer Research, 2003, 30（2）: 184–198.

[2] Bone P F, Ellen P S. The generation and consequences of communication-evoked imagery[J]. Journal of Consumer Research, 1992, 19（1）:

93–104.

[3] Elder R S, Krishna A. The "visual depiction effect" in advertising: Facilitating embodied mental simulation through product orientation[J]. Journal of Consumer Research, 2012, 38（6）: 988–1003.

[4] Sheehan P W. A shortened form of Betts' questionnaire upon mental imagery[J]. Journal of Clinical Psychology, 1967, 23（3）: 386–389.

[5] Adaval R, Saluja G, Jiang Y. Seeing and thinking in pictures: A review of visual information processing[J]. Consumer Psychology Review, 2019, 2（1）: 50–69.

[6] Jia Y, Huang Y, Wyer R S, et al. Physical proximity increases persuasive effectiveness through visual imagery[J]. Journal of Consumer Psychology, 2017, 27（4）: 435–447.

[7] Elder R S, Schlosser A E, Poor M, et al. So close I can almost sense it: The interplay between sensory imagery and psychological distance[J]. Journal of Consumer Research, 2017, 44（4）: 877–894.

[8] Lee H, Fujita K, Deng X, et al. The role of temporal distance on the color of future-directed imagery: A construal-level perspective[J]. Journal of Consumer Research, 2017, 43（5）: 707–725.

[9] Tucker M, Ellis R. The potentiation of grasp types during visual object categorization[J]. Visual Cognition, 2001, 8（6）: 769–800.

[10] Maille V, Morrin M, Reynolds-McIlnay R. On the other hand…Enhancing promotional effectiveness with haptic cues[J]. Journal of Marketing Research, 2020, 57（1）: 100–117.

[11] Escalas J E, Luce M F. Process versus outcome thought focus and advertising[J]. Journal of Consumer Psychology, 2003, 13（3）: 246–254.

[12] Cian L, Longoni C, Krishna A. Advertising a desired change: When process simulation fosters（vs. hinders）credibility and persuasion[J]. Journal of Marketing Research, 2020, 57（3）: 489–508.

[13] MacInnis D J, Price L L. The role of imagery in information processing: Review and extensions[J]. Journal of Consumer Research, 1987, 13（4）: 473–491.

附 录

附录1 品牌传记诱发的叙事传输对消费者品牌态度的影响实验材料

1. 实验1材料

（1）强势品牌传记

艾尔是由陈伊创立的一个领先的优质服装品牌。在成长的过程中，陈伊喜欢尝试各类时尚服装，因此对服装设计产生了浓厚的兴趣。高中毕业后，陈伊进入中央美术学院，学习专业服装设计。她心里清楚地知道自己的下一步是建立自己的服装品牌。

在一家国际服装公司20万元的资金支持下，陈伊在一家最先进的生产工厂创建了艾尔，并开始了她的探索。为了成为市场领导者，陈伊精心设计了她的产品线。支持她品牌的国际服装公司帮助她与一些知名零售商建立了联系，并说服他们冒险尝试她的品牌。零售商的物流支持，加上她可观的营销和分销预算，使得陈伊在生产的每一步都有质量保障。购买过她服装的顾客对她的服装给予了很高的评价。她的服装品牌名字很快就传开了。现在，艾尔已经发展成为了一个知名服装品牌，在各大商城供应。

（2）弱势品牌传记

艾尔是由陈伊创立的一个相对较小的新服装品牌,她必须与强大的竞争对手竞争。在成长的过程中,陈伊生长在一个经济拮据的家庭,小小年纪的她便喜欢观察人们穿着的各类时尚服装,因此对服装产生了浓厚的兴趣。读完公立高中后,陈伊白天打工勉强度日,在无数个夜晚自学服装设计,她心里清楚地知道自己的下一步是建立自己的服装品牌。

陈伊在银行借了 20 万的个人贷款,在一个由车库改造而成的生产工厂里创建了艾尔,并开始了她的探索。尽管缺乏外部资金和技术资源,陈伊仍坚持不懈,并凭借自己的热情打造了自己的产品线。她知道商场和零售商不会冒险尝试她的新品牌。赢得这些销路需要大量的预算和人脉,但陈伊两样都没有。通过坚定的决心和无数次尝试,她说服了商家尝试她的服装。那些购买过她服装的人对她的服装给予了很高的评价。她的服装品牌名字很快就传开了。尽管与更强大的竞争对手相比,艾尔的知名度相对较低,但它正在努力"做大做强"。

2. 实验 2 材料

(1) 强势品牌传记

零度冰淇淋是由罗莎创立的一个领先的优质冰淇淋品牌。

在成长的过程中,罗莎喜欢在父母设备齐全的厨房里尝试各种冰淇淋配方,因此对冰淇淋产生了浓厚的兴趣。高中毕业后,罗莎进入一所烹饪学院,学习冰淇淋制作及其美食。她心里清楚地知道自己的下一步是建立自己的冰淇淋品牌。在一家国际食品公司 20 万元的资金支持下,罗莎在一家最先进的生产工厂创建了零度冰淇淋,并开始了她的探索。为了成为市场领导者,罗莎精心设计了她的产品线。支持她品牌的国际食品公司帮助她与一些知名零售商建立了联系,并说服他们冒险尝试她的品牌。零售商的物流支持,加上她可观的营销和分销预算,使得罗莎在生产的每一步都有质量保障。品尝过她冰淇淋的美食评论家对她的冰淇淋给予了很高的评价。她的品牌和冰淇淋的名字很快就传开了。现在,零度冰淇淋成为了市场领先的潮流品牌,被美食评论家认为是高级冰淇淋,在各个美食店供应。

（2）弱势品牌传记

零度冰淇淋是由罗莎创立的一个相对较小的新冰淇淋品牌，它必须与强大的竞争对手竞争。

罗莎生长在一个经济拮据的家庭，她喜欢在父母的厨房里尝试各种冰淇淋食谱，这也变成了她的爱好，决定了她在以后的生活中的追求。读完公立高中后，罗莎白天打工勉强度日，花了无数个夜晚自学冰淇淋制作及其美食，她心里清楚地知道自己的下一步是建立自己的冰淇淋品牌。罗莎在银行借了20万的个人贷款，在一个由车库改造而成的生产工厂里创建了零度冰淇淋，并开始了她的探索。尽管缺乏外部资金或技术资源，罗莎仍坚持不懈，并凭借自己的热情打造了自己的产品线。她知道老牌零售商不会冒险尝试她的新品牌。赢得这些零售商需要大量的营销预算和人脉，但罗莎两样都没有。通过坚定的决心和无数次尝试，她说服了美食评论家品尝她的冰淇淋。那些尝过她冰淇淋的人对她的冰淇淋给予了很高的评价。她的品牌和冰淇淋的名字很快就传开了。尽管与更强大的竞争对手相比，零度冰淇淋的知名度相对较低，但它被食品评论家评为一个有着光明未来的冰淇淋品牌。

（3）高风险信息

想象你从一个可靠的来源阅读了下面的信息：最近的研究显示，去年夏天报告的事件中，23%的食物中毒是由于食用了冰淇淋，这使得冰淇淋被归入高风险食品类别。

（4）低风险信息

想象你从一个可靠的来源阅读了下面的信息：最近的研究显示，去年夏天报告的事件中，1%的食物中毒是由于食用了冰淇淋，这使得冰淇淋被归入低风险食品类别。

3. 实验3材料

（1）强势品牌传记

莱茵之声是由林帆创立的领先高端音频品牌。在成长过程中，林帆喜欢摆弄家里最先进的立体声音响设备，对音乐和声学有很强的鉴赏力。高中毕业后，林帆进入清华大学学习物理学，主要研究声学和波动力学。他知道他的下一步是建立自己的音频品牌。

在一家国际公司100万的资金支持下，林帆在一家最先进的生产工厂创建了莱茵之声，并开始了他的探索。为了成为市场领导者，林帆精心设计了他的产品线。支持他品牌的国际公司帮助他与知名零售商建立了联系，并说服他们冒险使用他的品牌。零售商的物流支持，加上他可观的营销和分销预算，使林帆能够在生产上有质量保障。购买过他产品的顾客对他的品牌给予了很高的评价。他的品牌名称流传得很快。现在，莱茵之声被视为市场领先的潮流品牌，被音响发烧友视为顶级音频品牌。

（2）弱势品牌传记

莱茵之声是由林帆创立的一个相对较小的新音频品牌，他必须与强大的竞争对手竞争。林帆生长在一个经济拮据的家庭，小时候他便喜欢摆弄家里唯一的调频收音机，因此他对音乐和声学产生了浓厚的兴趣。公立高中毕业后，林帆白天打工勉强度日，无数个夜晚在网上和图书馆自学物理，专注于声学和波动力学。他心里清楚地知道他的下一步是建立自己的音频品牌。

林帆从银行借了20万元的个人贷款，在一个由车库改造而成的生产工厂中创建了莱茵之声，并开始了他的探索。尽管缺乏外部资金和技术资源，林帆仍坚持不懈，凭借自己的热情打造了自己的产品线。他知道老牌零售商不会在他的新品牌上冒险。赢得这些零售商需要大量的营销预算和人脉，但林帆两样都没有。通过坚定的决心和无数次尝试，他说服了商家来尝试他的产品。那些购买过他产品的顾客对他的品牌给予了很高的评价。他的品牌名称很快就传开了。虽然与更强大的竞争对手相比，莱茵之声的知名度相对较低，但它正在努力"做大做强"。

（3）高风险信息

想象你从一个可靠的来源阅读了下面的信息：最近的研究表明，去年电子产品类别消费报告中，23%的产品故障、产品退货和产品召回是由音响引起的，这将音响归入了高风险类别。

附录2　团团圆圆：食品形状诱发的心理模拟对购买意向的影响实验材料

1. 实验1 食品形状材料

图1　圆形食品　　　　　　　　　　图2　角形食品

2. 实验2 食品形状材料

图3　圆形食品　　　　　　　　　　图4　角形食品

3. 实验3 材料

（1）食品性质的操纵材料

实用性情景：想象一下，在加班或学习时熬夜后，你有点饿了，也有点累了。有这样一些代餐饼干摆在你面前。虽然味道一般，但它们含有营养物质和膳食纤维，可以快速提升你的能量。咬了几口后，你感到精神饱满和精力充沛。

享乐性情景：想象一下，现在是下午三到四点钟。你三四个小时前刚吃完午饭，还没到吃晚饭的时间；你不饿，但还是想吃点零食来满足你的胃口。现在在你面前有这样一些小饼干。它们酥脆、精致、豪华，品种丰富，令人难以抗拒。由于它们的体积小，可能无法满足饥饿，但它们可以在临时休息时给您带来一种享受。

中性情景：现在你面前有这样一些饼干，它们是在前不久才新鲜出炉的。在混合了面粉、水和牛奶后，经历了发酵烘烤，这些饼干就被制作完成并包装了起来。

（2）图片材料

图5 圆形实用性组

图6 圆形享乐性组

图7 圆形中性组

图8 角形实用性组

图9 角形享乐性组

图10 角形中性组

附录3 图像类型与产品类型诱发的心理表象对产品评价的影响实验材料

1. 实验1材料

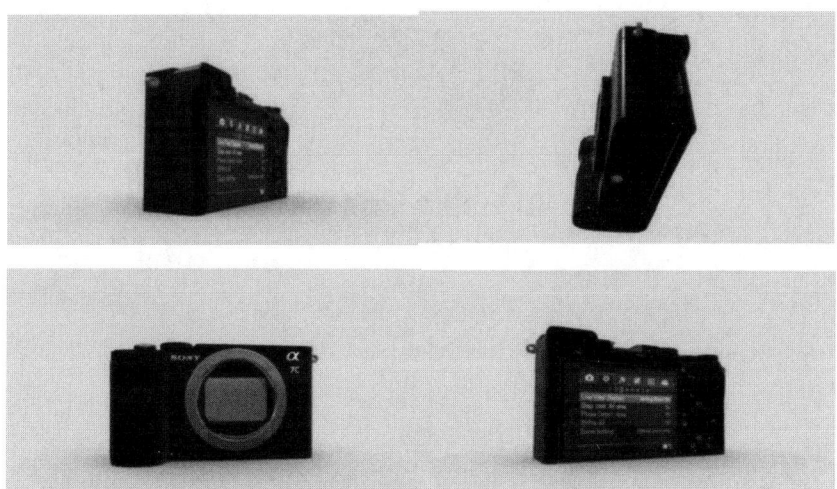

图1 2D图像

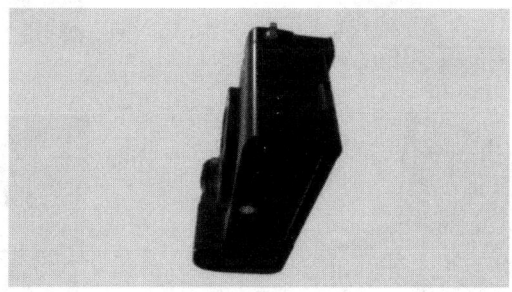

图2 3D图像（部分截图）

图3　2D图像

图4　3D图像（部分截图）

2. 实验2材料

图5　2D图像

图6　3D图像（部分截图）

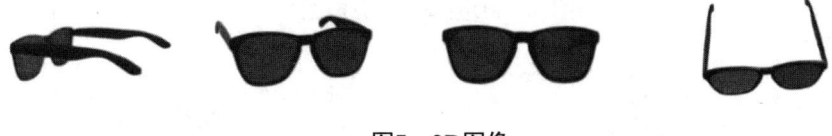

图7　2D图像

图8　3D图像（部分截图）

3. 实验3材料

图9　2D图像

图10　3D图像（部分截图）

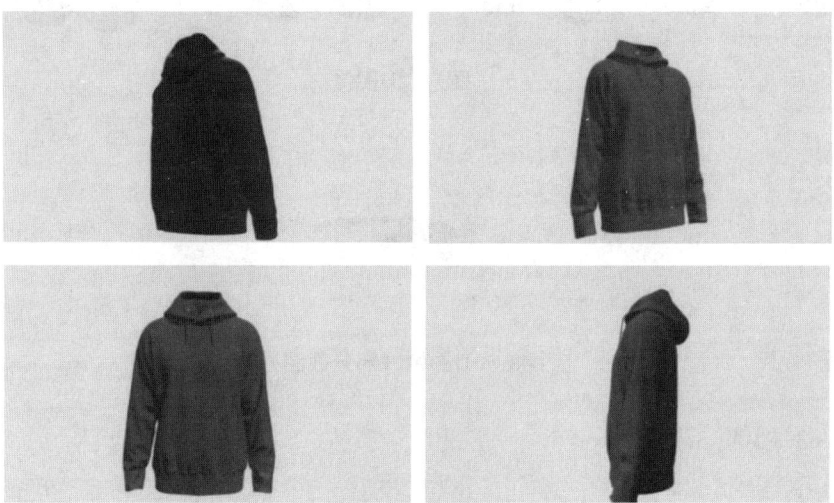

图11　2D图像

图12　3D图像（部分截图）

附录4　心理模拟对绿色环保食品购买意愿和感知创新性的影响实验材料

1. 实验1 心理模拟文字启动材料

（1）绿色环保食品心理模拟组

请阅读以下图片内容，并想象或畅想购买绿色环保食品对环境和社会的积极影响（呈现图b）。

请使用一句话（限制8-16个字）描述你想象中购买绿色环保食品对环境的积极影响。

请使用一句话（限制8-16个字）描述你想象中购买绿色环保食品对社会的积极影响。

（2）绿色环保食品心理控制组

请阅读以下图片内容，并回忆本周内真实发生的任意两件积极的事（呈现图b）。

请使用一句话（限制8-16个字）描述你回忆的本周内第一件积极的事。

请使用一句话（限制8-16个字）描述你回忆的本周内第二件积极的事。

（3）传统食品心理控制组

请阅读以下图片内容，并回忆本周内真实发生的任意两件积极的事（呈现图a）。

请使用一句话（限制8-16个字）描述你回忆的本周内第一件积极的事。

请使用一句话（限制8-16个字）描述你回忆的本周内第二件积极的事。

2. 实验2 心理模拟操纵材料

（1）感觉模拟

请阅读以下材料：

假如你作为一款啤酒的设计师，该啤酒是一款绿色环保食品，它是用安全期内的剩余面包酿造而成的啤酒。

　　闭上眼睛，想象消费者在饮用该啤酒时的主观感受和体验，注意，是从消费者的感受出发，包含消费者的主观情绪等等，然后根据消费者的感受和体验尽可能多的列出自己的设计想法。

　　为了帮助您更好地想象，我们为您提供了一些思路，并且可以参考以下例句来完成作答：作为设计师，我会将该款啤酒的___（包装/材质/形状/颜色/图案/标语……）___设计为_____，以便消费者在饮用时能感觉到（清爽，微甜，麦香……）_____。

　　被试完成填空题（必答题）：作为设计师，我将设计该款啤酒的_____为_____，以便消费者在使用时能感觉到_____。

　　如果不想局限于该句式，可以发挥你的其他想象（非必答题）：
_____。

（2）客观模拟

请阅读以下材料：

　　假如你作为一款啤酒的外包装设计师，该啤酒是一款绿色环保食品，它是用安全期内的剩余面包酿造而成的啤酒。

　　闭上眼睛，想象消费者如何客观地看待和评价这款啤酒，注意，是从消费者的客观看法出发，不夹杂消费者的主观情绪和感受。然后根据消费者的客观评价尽可能多地列出自己的设计想法。

　　为了帮助您更好地想象，我们为您提供了一些思路，并且可以参考以下例句来完成填空：作为设计师，我会将该款啤酒的___（包装/材质/形状/颜色/图案/标语……）___设计为_____，以便消费者在使用时能感觉到（健康，便携，安全……）_____。

　　被试完成填空题（必答题）：作为设计师，我将设计该款啤酒的_____为_____，以便消费者在使用时能感觉到_____。

　　如果不想局限于该句式，可以发挥你的其他想象（非必答题）：
_____。

3. 实验 3 材料

（1）消费者质疑操纵材料

①高消费者质疑

食品药品监督管理部门和质量检测部门最近的调查表明，70%至80%的绿色环保食品的营销信息是不真实的，该类食品与传统食品相比未存在明显创新，所采用的原材料、加工工艺也不算新颖。不仅不能满足消费者的个性化需求，也不能对减少全球性的食品浪费起到实际作用。

②低消费者质疑

食品药品监督管理部门和质量检测部门最近的调查表明，70%至80%的绿色环保食品的营销信息是真实的，该类食品与传统食品相比存在明显创新，所采用的原材料、加工工艺也更加新颖。既能满足消费者的个性化需求，也能对减少全球性的食品浪费起到很大作用。

（2）心理模拟操纵材料

①感觉模拟

请阅读以下材料：

假如你作为一款蛋白棒的设计师，该款蛋白棒是一款绿色环保食品，它是用安全期内的豆渣制成的，这些豆渣是在制作豆腐、豆浆、豆干等豆制品中产出的副产品。

闭上眼睛，想象消费者在食用该款蛋白棒时的主观感受和体验，注意，是从消费者的感受出发，包含消费者的主观情绪等，然后根据消费者的感受和体验尽可能多地列出自己的设计想法。

为了帮助您更好地想象，我们为您提供了一些思路，并且可以参考以下例句来完成作答：作为设计师，我会将该款蛋白棒的＿＿（包装/材质/形状/颜色/图案/标语……）＿＿设计为＿＿＿＿＿＿，以便消费者在食用时能感觉到＿＿（香脆可口，饱腹解馋，浓郁豆香……）＿＿。

被试完成填空题（必答题）：作为设计师，我会将该款蛋白棒的＿＿＿＿＿＿＿设计为＿＿＿＿＿＿，以便消费者在食用时能感觉到＿＿＿＿＿＿。

如果不想局限于该句式，可以发挥你的其他想象（非必答题）：

＿＿＿＿＿＿＿＿＿＿＿＿＿＿＿＿＿＿＿＿＿＿＿＿＿＿＿＿＿＿＿＿＿＿＿。

②客观模拟

请阅读以下材料：

假如你作为一款蛋白棒的设计师，该款蛋白棒是一款绿色环保食品，它是用安全期内的豆渣制成的，这些豆渣是在制作豆腐、豆浆、豆干等豆制品中产出的副产品。

闭上眼睛，想象消费者如何客观地看待和评价这款蛋白棒，注意，是从消费者的客观看法出发，不夹杂消费者的主观情绪和感受。然后根据消费者的客观评价尽可能多地列出自己的设计想法。

为了帮助您更好地想象，我们为您提供了一些思路，并且可以参考以下例句来完成作答：作为设计师，我会将该款蛋白棒的___（包装/材质/形状/颜色/图案/标语……）设计为_____，以便消费者在食用时能感觉到（健康，便捷，安全……）。

被试完成填空题（必答题）：作为设计师，我会将该款蛋白棒的_____设计为___，以便消费者在食用时能感觉到_____。

如果不想局限于该句式，可以发挥你的其他想象（非必答题）：
_____。

附录5 广告类型诱发的心理模拟对广告信任的影响实验材料

1. 实验1材料

 白束
深层去屑 清洁舒爽

使用前　使用后

前后对比式广告

 白束
深层去屑 清洁舒爽

使用前　　　　　　　　　使用后

渐变式广告

图1　广告类型图片（实验1）

2. 实验2材料

 草头娃娃　萌趣可爱

发货状态　两周后

前后对比式广告

 草头娃娃　萌趣可爱

发货状态　　　　　　　　　两周后

渐变式广告

图2　广告类型图片（实验2）

3. 实验3材料

 清源
强效去污　去黄增白

   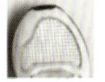 
使用前　使用后

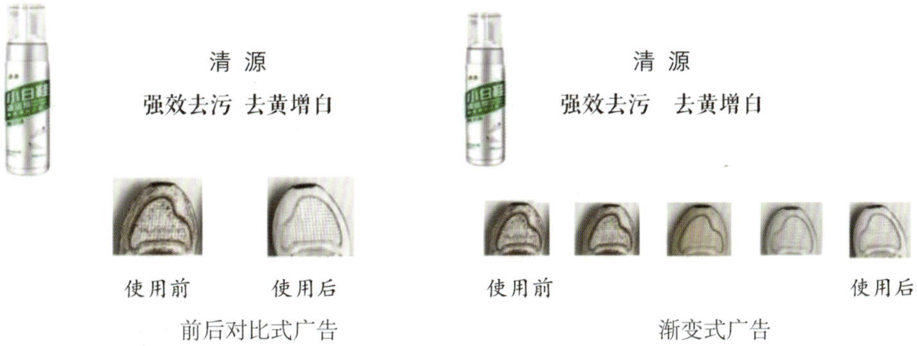

前后对比式广告

 清源
强效去污　去黄增白

使用前　　　　　　　　　使用后

渐变式广告

图3　广告类型图片（实验3）

附录 6 食品包装的图片类型诱发的心理表象对感知吸引力的影响实验材料

1. 实验 1 材料

注：以下图片主要是显示"实物照片"和"抽象插画"的差异性。

图 a　　　　　　　图 b　　　　　　　图 c

图 1　不同食品图像类型的刺激材料（实验 1 预实验）

图 a　实物照片组包装图片图　　　　图 b　抽象插画组包装图片

图 2　不同食品图像类型的刺激材料（实验 1 主实验）

2. 实验 2 材料

图 a　　　　　　　　图 b　　　　　　　　图 c

图 3　不同食品图像类型的刺激材料（实验 2 预实验）

图 a　实物照片组包装图片　　　　图 b　抽象插画组包装图片

图 4　不同食品图像类型的刺激材料（实验 2 主实验）

3. 实验 3 材料

图 a　　　　　　　　　图 b　　　　　　　　　图 c

图 5　不同食品图像类型的刺激材料（实验 3 预实验）

图 a　实物照片　　　　　　图 b　抽象插画

图 6　不同食品图像类型的刺激材料（实验 3）

后 记

本书为天津市哲学社会科学规划项目"文化心理视角下消费者自我-品牌联结构建的心理机制"（TJJX20-007）的研究成果，由王丛著。

回顾课题立项至今的研究历程，虽有收获却依然凸显出在研究选题、研究方法、理论解释等方面的稚嫩。心理表象的诱发方法及其在消费者自我-品牌联结构建中的作用机制研究仍存在很大的拓展空间，希望本书能够从理论想象和营销实践两个角度为相关议题的未来研究抛砖引玉。

非常感谢对课题研究和本书的编写提供帮助的老师与同学，尤其要感谢郭育廷、何宇彤、范赵丽、杨海琳、舒婉芝、高啟凤、万紫璇、刘道威、邹品君、吴芷竞等在数据分析、协助统稿方面做了大量的工作。

真诚感谢南开大学出版社对本课题研究的帮助，使得我们有机会能将系列成果梳理汇总为较为完整的专著得以出版。希望在各位老师和同学的支持下，未来能够继续将该研究议题深入推进。

王　丛

2024 年 10 月